大学语文与应用写作

张 虹 苏维顺 赵 娜 主编

中国纺织出版社有限公司

图书在版编目（CIP）数据

大学语文与应用写作/张虹，苏维顺，赵娜主编
. ——北京：中国纺织出版社有限公司，2024.1
    ISBN 978-7-5229-1494-7

Ⅰ.①大⋯ Ⅱ.①张⋯ ②苏⋯ ③赵⋯Ⅲ.①大学语
文课－高等学校－教材②汉语－应用文－写作－高等学校
－教材Ⅳ.①H193.9②H152.3

中国国家版本馆CIP数据核字（2024）第052410号

责任编辑：张　宏　责任校对：王蕙莹　责任印制：储志伟

中国纺织出版社有限公司出版发行
地址：北京市朝阳区百子湾东里A407号楼　邮政编码：100124
销售电话：010—67004422　传真：010—87155801
http://www.c-textilep.com
中国纺织出版社天猫旗舰店
官方微博http://weibo.com/2119887771
三河市宏盛印务有限公司印刷　　各地新华书店经销
2024年1月第1版第1次印刷
开本：787×1092　1/16　印张：15
字数：323千字　定价：49.80元

前 言

　　党的二十大报告指出："教育是国之大计、党之大计。培养什么人、怎样培养人、为谁培养人是教育的根本问题。育人的根本在于立德。全面贯彻党的教育方针，落实立德树人根本任务，培养德智体美劳全面发展的社会主义建设者和接班人。"语文作为一门人文课程，具有工具性、人文性与思想性统一的基本特点，它以培养学生文学素养为核心，同时担负着提升学生的道德品质和人格修养的职责和使命，对培养学生的语言文字运用能力、审美能力、思维能力等具有重要的意义。

　　大学语文课程如何落实"立德树人"的根本任务，引领学生回归精神家园，树立正确的宇宙观、天下观、社会观、道德观等价值体系呢？如何让学生学到"活"的语文，学会欣赏和表达方法，提高文学鉴赏能力、写作能力和表达能力呢？如何丰富大学生的精神世界和审美意趣，培养健全人格，拓宽社会视野，拓展思维，加深文化底蕴，树立文化自信呢？如何利用大学语文课堂弘扬传统文化正能量，结合语文教育开展传统文化推广活动呢？这是语文教育工作者孜孜以求的课题。本书以此为立足点，从大学语文的基础性和实用性出发，进行了编写。

　　本书作者是长期工作在大学语文课程的一线教师，熟悉语文课程的特点和功用，具有成熟的教学思路和丰富的教学经验。具体而言，本书具有以下几个方面的特色。

　　1. 立德树人，铸德育魂

　　育人的根本在于立德。本书有机融入党的二十大精神，以培养学生的人文素养为目标，将中华优秀传统文化、百折不挠的爱国精神、"祖国利益高于一切"的历史责任感等融入书中，以陶冶情操，健全人格，树立正确的人生观、世界观、价值观。引导学生成为有思想和高尚情操的人，树立文化自信，传承中华优秀传统文化。

　　2. 基础实用，目的明确

　　本书以培养和提高学生的人文素养和语言运用能力为目的，兼具人文性和工具性的内容。全书分为两篇：篇章阅读和表达应用。上篇为篇章阅读，选编了富有人文内涵的文学作品，具体分为六章：文化、自然、家国、真情、典籍、社会。下篇为表达应用，立足现实生活，选编了具有实用性的应用文相关内容，具体分为两章：应用文基础知识和常见应用文体写作应用。让学生能够全面掌握实用性语文知识和写作技能，以满足大学生将来工作和日常生活的基本需要。

　　3. 选材经典，体例新颖

　　本书立足于中国特色社会主义的文化沃土——中华优秀传统文化，精心编选了既经典又有现代意义的文学内容。比如，在"文化"单元中，精选了具有中国特色元素的姓名、服饰、节日民族、汉字的文学内容，其蕴含着中国传统文化思想和精神，是中华优秀传统文化的重要组成部分；在篇章阅读的其他单元中，选择了具有中华思想内涵的文学作品。体例上，以开篇导读的方式引入单元主题，让学生了解本单元主要内容；通过学习目标，让学生了解本单元的知识、能力、素质目标，以及通过知识广角拓展语文技能；结合综合实践内容，让语文课堂"活"起来，培养学生表达能力、写作能力、探索精神、实践能力等。并且，书中所选的名家名篇，设计了作者简介、注释、作品鉴赏等栏目，让学生理解文章的同时，拓展了学生的知识面，懂得如何鉴赏文章。

本书选文丰富，难易适中，适合各类高等院校的学生学习，也适合一切渴望提高中文阅读水平的读者学习，我们深信这本书能够给学生和教师带来新材料、新见解。

由于编者水平所限，书中难免存在不妥之处，恳请广大读者提出宝贵意见。

编者

2023 年 9 月

目　录

上篇

篇章阅读

第一章 文化

📖 开篇导读

广义的文化可定义为物质文化和精神文化的总和。文化的内容包罗万象：有浪漫璀璨的诗词歌赋，历史悠久的文物遗产，震撼人心的高山大川，浩如烟海的优秀典籍，铸就了中华民族的根和魂。

姓名文化是中华传统文化的重要组成部分，具有丰富的社会文化属性，展示了不同时代人们所向往的生活状态及理想追求。时势造英雄，名字"照"时势。在名字中，我们可以看见时代的风骨，也可以看见家人对你的盼愿。

服饰文化体现了中国礼仪之邦的特点，在一定程度上具有规范言行举止、体现传统礼仪文化、划分封建等级的作用。中国传统服饰，特别是"汉服"的回归与热度，反映了青年一代对传统文化的认同感与自豪感。

民俗文化内容丰富、包罗万象，涵盖了思想观念、生活方式、风俗习惯、宗教信仰、文学艺术、教育科技等方面。春节归家、中秋赏月、清明祭祖、端午纪念屈原等活动流露出的先祖意识、亲情情结、忧国忧民等，最容易唤起人们对亲人、家庭、故乡、祖国的情感，民俗文化是民族凝聚力、文化凝聚力的体现。

汉字文化与中华文化的形成、传播、发展息息相关。我国地大物博，乡音众多，但统一的文字架起了沟通的桥梁，有效促进了不同地域的思想文化交流和国家政令畅通，对实现国家统一和多民族融合发挥了重要作用。文字的统一与各地方言乡音并存，在相同中保留各自的特色，体现了文化统一性与多样性的有机融合。

📘 学习目标

》》 知识目标： 掌握中国传统文化的定义；掌握中国传统文化中的姓名、服饰、民俗、文字等概貌和发展历程。

》》 能力目标： 能够运用所学习的传统文化知识认识分析相应的文化现象，能够运用科学的世界观和方法论辨析中国传统文化的精华与糟粕，能够正确理解中国传统文化与其他民族传统文化的关系。

》》 素质目标： 培养对中国传统文化的浓厚兴趣；增强对中国优良传统文化精神的认同感、归属感和自豪感，培养人文精神和爱国主义精神；用健康的传统文化观念诠释人生，正确对待学习和工作。

>> **知识广角：** 中华优秀传统文化作为我国优秀的历史文化，有着源远流长的历史，既是中国社会发展中必不可少的因素，也是中国灿烂的历史文化基因。对待中国传统文化的态度问题，近代一直存在着两种极端对立的思想倾向：一是国粹派，认为中国传统文化一切都好，甚至对封建主义的二十四孝也不加批判地完全肯定；二是西化派，把中国落后的一切根源归于文化传统，主张完全抛弃中国的传统文化而全盘西化。这两种观点都是错误的。我们对待传统文化的科学态度和方法应该是取其精华，去其糟粕，批判继承，推向世界。这样才能为中华民族的伟大复兴和中华传统文化的发展贡献力量。

第一节　　中国姓名文化

中华文化源远流长，姓名文化是中华民族文化历史积淀的产物。姓名不是单纯的符号，它凝聚了家族、父辈对后代给予的期待和希望，也是起名者文化素养、价值观念的体现。中国人的姓名包括"姓""氏""字""号""名"等内容。

一、姓

（一）"姓"的由来

每个人都有姓，姓往往取自父辈，是家族血缘关系的一种象征。姓具有稳定性，虽然在历史上还有"氏"的存在，但是，相对"姓"来说，"氏"是后起的，并且会因历史条件的影响而变更。顾炎武说："氏一传而可变，姓千万年而不变。"因此，姓从远古流传下来并且在历史上一直存在，而氏在秦汉以后，就与姓合二为一了。

姓是从何而来呢？它最早产生于母系氏族社会，每一个氏族或部落都有自己的姓，同姓的人往往有共同的女性祖先。《白虎通义》曰："姓者，生也。人禀天气所以生者也。"中国最古老的姓都与"女"部首有关，当时的部落首领的姓一般都带有"女"字旁，比如神农姓"姜"、黄帝姓"姬"、虞舜姓"姚"等。随着人口的增多，进入了父系氏族社会以后，氏族部落也逐渐多起来，以"女"为偏旁的姓不再能满足人们的需要，姓的来源更加多样化，主要按如下四种情况。

第一，以祖先的族号或谥号为姓。族号就是有共同血缘、血统的种族称号，是整个氏族部落的称号。例如，秦始皇嬴政、齐桓公姜小白，"嬴""姜"分别是他们各自祖先的族号。谥号是君主时代帝王、贵族、大臣等死后，朝廷根据其生前事迹所给予的称号。后来，这些后代就以这种谥号作为姓，如周代的文王和武王都是谥号，他们的子孙便分别以"文""武"为姓。再比如春秋时期鲁国大臣叔孙侨如死后曾被追谥为"宣伯"，所以他的子孙就以"宣"为姓氏。历史上宣姓的子孙一般就是鲁大夫叔孙侨如的后裔。

第二，以国名或地名为姓。例如，西周时期周公姬旦的长子伯禽、三子伯龄分别被封在"鲁"（今山东曲阜）和"蒋"（今河南潢川），周武王之弟叔振铎、鲜分别被封在"曹"（今山东定陶）和"管"（今河南郑州），周武王的次子姬虞被封在"唐"（今山西翼城）。这些诸侯国建立者的后裔，后来分别以国名"鲁""蒋""曹""管""唐"

等为姓氏。周朝初年共分封了 108 个诸侯国，如"蔡""卫""吕""薛""郑""魏""韩""吴""宋""陈""梁""邓""徐""谢"等，这些国名基本都演变为了姓氏。有的是以居住地的地名为姓。春秋时期齐国的贵族分别居住在都城临淄东城、西城，因此他们以"东郭""西郭""南郭""北郭"为姓，"郭"在古代汉语中就是外城的意思。再如"城""池""东门""南宫""百里""柳下""阪上"等姓氏也源于家族居住地。

第三，以官职或职业为姓。古代，掌管邦教、军事、土木、人事、司法等事务的官职，分别称为司徒、司马、司空、司士、司寇。这些职官的后代就以这些官职为姓氏。其他如"相""宰""尉""帅""上官"等姓氏也都是取自官职的名称。还有以技艺或职业为姓的，如"巫""卜""陶""匠"等。

第四，以动植物为姓。与动植物有关的姓氏的起源多数是由于古人对动植物的崇拜。古代人们看来，每种动植物都有它们自己特定的灵性，便会把它们当作一些部落的图腾或者代号，久而久之，慢慢转化成为姓氏，如牛、马、龙、熊、杨、柳、花等。

(二) "姓"可以变更吗？

一般来说"姓"具有相对的稳定性，它标志着与祖先的血缘关系，不会轻易改变。但是，在漫长的历史长河中，姓氏也有发生变化的情况。古代改姓的原因主要出于统治者的恩赐、惩罚或避讳等。

被皇帝赐姓可以说是皇恩浩荡，无上荣光。往往是由于对皇室做了有恩、有利的事。如汉代项伯曾经阻止项羽击刘邦，又在鸿门宴上对刘邦有救命之恩，因此被刘邦赐姓"刘"。唐代突厥的一支沙陀人李克用，原本姓朱邪，但是因为有战功，所以被唐朝赐为"李"姓，与皇帝同姓。

因惩罚改姓也往往是因为改朝换代、谋反或做了其他对皇室不利的事。比如，商、周、秦三个朝代灭亡之后，分别有殷姓、姬姓、嬴姓的贵族后裔把自己的姓改为商、周、秦。南朝齐永明八年，齐武帝因大臣萧子响叛逆，赐姓为"蛸"，蛸就是长脚的蜘蛛，其贬低之意不言而喻。明太祖朱元璋厌恶元朝，于是"元"姓绝迹多年，"元来"一词也被改成了"原来"。

避讳是中国人特有的心理。因避讳而改姓，是自春秋开始历代都有的现象。五代十国时后晋皇帝石敬瑭时期，有姓"敬"的大臣，为避讳皇帝改姓"文"。后汉时期又改回"敬"本姓。到了北宋，为了避讳宋太祖赵匡胤的祖父赵敬，这一家族又不得不改姓"文"，因此北宋大臣文彦博本应叫作"敬彦博"。

现代人改姓，《中华人民共和国民法典》第一千零一十五条对此有相关规定，自然人应当随父姓或者母姓，但是有这几种情形之一的，可以在父姓和母姓之外选取姓氏：①选取其他直系长辈血亲的姓氏；②因由法定扶养人以外的人扶养而选取扶养人姓氏；③有不违背公序良俗的其他正当理由；④少数民族自然人的姓氏可以遵从本民族的文化传统和风俗习惯。

(三) 关于"姓"的记录

古代关于"姓"的记录可以观看成书于北宋初年的《百家姓》，这本书原收集姓氏411 个，后增补到 504 个。迄今为止，我国的一些姓氏距今已经有 4000 多年的历史了。

国内首份关于现代人姓名的全景式报告是由清华大数据产业联合会发起人之一、清华大学"幸福科技实验室"支持项目、国内唯一以大数据和心理学为基础进行姓名研究和起名服务的专业机构"起名通"，耗时 3 个月完成的《2016 大数据"看"中国父母最爱给宝宝起什么名》。该份报告抽取整理了平台 2015 年 540 万新生儿姓名数据、"20 后""10 后"2000 万姓名数据，并综合覆盖了 11 亿人口的历史数据，是国内首份关于名字的全景式报告。

二、氏

我国上古时期，不仅有姓，而且有氏。由于人口的繁衍，原本的部落中又分出若干新的部落，这些子部落为了互相区别，就为自己的部落单独起一个本部落共用的代号，这便是"氏"。氏，是后来子孙繁衍、各个分支的特有称号。只有贵族男子才有"氏"，氏的作用是为了区分贵贱，并且每个贵族男子的"氏"可以不止一个。例如，著名的历史人物商鞅，因助秦孝公变法被封于商邑，就以"商"为氏，"鞅"是他的名；又因为其祖有公爵，也以"公孙"为氏，叫公孙鞅；他原为卫国人，入秦之后以国名为氏，也叫"卫鞅"。平民是有名无氏的，多用职业加名字称呼，如"弈秋""庖丁""匠石""医和"。随着分封制的覆灭，周天子也丧失了权威性，姓和氏逐渐合二为一，至少在秦汉时代姓和氏已经成为一回事了。所以在春秋时期，姓氏分开，而秦以后，姓氏不分，到了汉代，统称为姓。

三、字

古人除了"名"之外，还有"字"。"字"是在本名以外所起的表示德行或本名的意义的名字。古人认为，每个人在举行过"成人礼"之后，就应该受到尊重，不能让人再直呼其名，于是就有了"字"。古人讲究"字以立德"，字代表一个人的德行，由于未成年之前，小孩的品性还在形成中，所以没有"字"。成年之后，用"字"来称呼对方，就像是在赞美对方的品行，这样既有礼貌，又很亲近。《礼记·檀弓上》记载："幼名、冠字。""名"，幼时所起，供长辈呼唤。古人长辈对晚辈或尊辈称名。男子 20 岁成人举行冠礼时取字，女子 15 岁许嫁举行笄礼时取字。在我国古代，名和字并不是一回事，名是名，字是字，历史上的姜子牙，姜姓，吕氏，名尚，字子牙，号飞熊。但名和字之间又有着很多有趣的联系。字是名的补充、解释或取相反的意思，古人通常是以同义、反义、释义来取字。名与字意义相同。例如，屈原，名平，字原。广平曰原，意思相同。名与字意义相反。例如，曾点，字皙。点为黑污，皙为白色。名与字意义相关，字是对名的解释。例如，赵云，字子龙。《周易》云："云从龙，风从虎。"

四、号

号又叫"别号""表号""别称"。号最初为自取，称自号，后来还出现了赠号、尊号、雅号、谥号、绰号等。字与号的根本区别是前者由父亲或尊长取定，后者由自己取。对人称号也是一种敬称。

（一）自号

自号一般是本人所取，不受家庭行辈的限制，而是根据自己的志趣或抒情的需要所拟定。自号一般都有寓意在内。或以居住地环境自号，如东晋崇尚清谈，著名田园诗人陶渊明，因为住宅旁边种植有五棵柳树，为表达自己天性爱好自然的志趣，自号"五柳先生"。或以旨趣抱负自号，如欧阳修晚年自号"六一居士"，"六一"即"一万卷书，一千卷古金石文，一张琴，一局棋，一壶酒，一老翁"。有些人还以生辰年龄、文学意境、形貌特征，甚至惊人之语自号。例如，辛弃疾自号"六十一上人"，唐寅自号"江南第一风流才子"等。

（二）赠号

赠号主要有三种情况：有的以其轶事特征为号，如李白，因诗歌豪放飘逸有仙人之风，人称"谪仙人"。或以官职、任所、出生地为号，王安石因其出生地在江西临川（今江西抚州）被称为"王临川"，杜甫因做过工部员外郎称杜工部。有的以封爵、谥号为号。如三国时期的诸葛亮被封武乡侯，人称"武侯"。汉武帝刘彻在位五十四年，因其雄才大略、文治武功使汉朝成为当时世界上最强大的国家。因此，汉武帝驾崩后的谥号是"武"，因《谥法》说"威强睿德曰武"，就是说威严、坚强、明智、仁德为武。王安石一生文学成就斐然，名列唐宋八大家，谥号为"文"，大家称为"王文公"。

（三）庙号

庙号最初非常严格，按照"祖有功而宗有德"的标准，开国君主一般是祖，继嗣君主有治国才能者为宗。庙号常用"祖"字或"宗"字。开国皇帝一般被称为"太祖"或"高祖"，如汉高祖、唐高祖、宋太祖等；后面的皇帝一般称为"宗"，如唐太宗、宋太宗等。

（四）绰号

绰号也称"诨号"，是外人根据本人特征取的别名。比如四大名著中《红楼梦》里的王熙凤，因其性格泼辣精明，绰号"凤辣子"；《水浒传》里的绰号更是比比皆是，一百零八将各有各的特色，宋江经常救人于水火绰号"及时雨"，吴用善用巧计绰号"智多星"，林冲武艺高强绰号"豹子头"等。

五、名

在中国文化中，人们对"名"的关注更多。"名"既是代号，更是一种社会符号。"姓"往往来自祖先，而"名"更突出个体特征。中国人特别看重"名"，名代表个体的独立存在，还有小名、别名、乳名等。在中国古代，名和字分开使用，今合称"名字"，指姓名或名。孩子出生之后，一般由亲属取名，等到男孩20岁举行加冠成年礼的时候，再取字。

（一）"名"有时代性也有地域性

"名"是有时代性的。先秦的名字淳朴自然，经常取法于天地自然之物。例如，帝王直接以所生之日的天干命名，如"太甲""盘庚""武丁"等。

汉代人的名字中大多有豪放与进取精神，反映了当时武力征伐、治国兴邦的特征。名字中多有"胜""武""勇""超""猛""固""彪""举""霸""国""安""威"等字，如汉武帝时御史大夫韩安国，汉昭帝时右将军张安世，东汉著名军事家班超。班超的兄弟就是著名的史学著作《汉书》的作者班固，他们的父亲班彪也是一位大学问家。

西汉末年，王莽篡权夺位，实行的新政中也涉及关于人名的改革。《汉书·王莽传》记载："匈奴单于，顺制作，去二名。"王莽下令实施二名之禁。由于王莽的政令，人们逐渐养成了使用单字名的习惯，这成为一种风气，一直延续到三国时代。东汉的皇帝全是单名：刘秀、刘庄、刘坦、刘肇、刘隆、刘祜、刘保、刘炳、刘缵、刘志、刘宏、刘协等。三国时期的刘备、孙权、关羽、张飞、周瑜、曹操等。

魏晋南北朝玄学盛行，这一时期的人名也带有玄学的色彩，名字中常带有"元""真""道""玄"等字，如东晋大将桓温字元子，其子桓玄字敬道，大臣温娇字太真，将领刘牢之字道坚。东汉末年"五斗米道"兴起，张鲁在汉中建立了政教合一的政权，宣扬的炼制仙药、长生不老的神仙思想深得民心。据史学大师陈寅恪先生考证，"之"字是五斗米道中用于道徒名字的暗记，因此到了魏晋以后，"之"字往往被作为人名，如画家顾恺之、将军刘牢之、科学家祖冲之、史学家裴松之、文学家颜延之、杨衒之等。南北朝时期佛教盛行，名字中有僧佑、僧护、僧智、梵童、摩诃之名的比比皆是。据正史记载，南北朝带"僧"字者有122人，"昙"者39人，"佛"者24人。

宋代重文轻武、国运衰颓，宋人名字中喜欢用"老""叟""翁"等表示年老的字入名，一方面是期望能够健康长寿，另一方面也是这一时代精神的反映，如撰写《东京梦华录》的孟元老，编撰《三朝北盟会编》的徐梦莘字商老，精于算术、历法的刘羲叟，诗人张舜民字芸叟，此外还有苏元老、王岩叟、徐荣叟、南安翁、陆游号放翁等。

中华人民共和国成立初期，人们沉浸在爱国热情中，男性名字中带有"国庆""解放""建国""建华""建军""援朝""跃进"等字眼的孩子特别多；而女性呼吁独立自主，和男性取得平等地位，因此，名字中"桂英"出现的频率特别高。

改革开放以来，追求标新立异、表现自我的名字多了起来。男孩子常叫"勇""伟""飞""鹏"等，女孩子常叫"娜""丽""雪""佳"等，这些名字都极富男性或女性色彩。

20世纪末，读着金庸、琼瑶的小说长大的一代人成为父母，孩子名字中"依云""雨寒""若宣""紫萱""书豪""宇轩"等多了起来。

21世纪初，我国实行计划生育国策后出生的独生子女也成了父母，为了让自己孩子的名字与众不同，体现男女平等，彰显个性，孩子名字常常由父母双方的姓再加上两个字构成，比如"田陈浩宇""张杨一铭""赵李依人"等。

名字也具有地域特点。江苏人比较喜欢多用"英"字，比如"秀英""贵英""凤英"；北京人喜欢用"荣"字，如"荣瀚""荣耀""荣春""胜荣"等；上海人比较喜欢用"宝""妹"字；辽宁人喜欢用"树""凤""珍"字；陕西人喜欢用"剑""军"字；四川人则喜欢起"青""琼""德""成"字；广东人喜欢用"雅"字；福建人喜欢用"志""美""水"；海南人则喜欢用"琼"等字。

（二）关于起名

最近几年我们看到不少标新立异的名字，如"王者荣耀""支付宝"等，那么是不是可以按父母或长辈的意愿随意起名呢？《中华人民共和国民法典》第一千零一十二条规定："自然人享有姓名权，有权依法决定、使用、变更或者许可他人使用自己的姓名，但是不得违背公序良俗。"此外，父母在给孩子起名的时候还需注意以下三点。

第一，在语音上：尽量避免拗口字，避免姓和名的声母、韵母相同，如"汪文微""张昌商"。忌讳谐音字，如"宫岸菊""蔡道"等，在语音上容易引起误会或不雅。避免姓名的声调相同，如"柳景选"，全是三声，"张湘霜"，全是一声，读起来不顺口。

第二，在字形上：注意名字笔画不宜太多，不要用太生僻的字，如"懿""鞠"等。

第三，在语义上：不要用太俗或容易引起歧义的字，如"王小三""贾翠花"等。中国人起名自古即有"女诗经，男楚辞，文论语，武周易"之说，比如琼瑶的名字来自《诗经·卫风·木瓜》："投我以木桃，报之以琼瑶。"中国传统文化有仁、义、礼、智、信等道德要求，所以男性名字中多用以上几个字，如"刘仁""卢俊义""周学礼""王智""李信"等名字。女性名字多含有"珍""淑""慧""芳"等，如"郭淑珍""刘慧芳"等。

探究与思考

1. 你还知道哪些关于姓、氏、名、字、号有趣的小故事呢，说来听听？
2. 谈谈自己名字的意义。
3. 谈谈你对"名字是个人的，具有鲜明的时代特点和个性风采"这句话的理解。

第二节　中国服饰演变

衣食住行，"衣"排在最前面，可见服饰在人类文明进程和日常生活中的重要性。中华历史五千年，中国的服饰也演变了五千年。自从有了人类，服饰就产生了，并且各个朝代的服饰都有其专属特色。

一、原始社会

原始社会早期，人类用于蔽体的服装，是树叶茅草、鸟羽兽皮。后来，在长期谋求生存的发展中不断地改进使用工具，比如人类能磨制出骨针，并用骨针来缝制衣服，这时服饰到了一个新的阶段。根据目前考古学上的发现，在周口店山顶洞中发掘了一枚骨针，之后骨针又陆续地被大量发掘出来。到了再晚一些时候，又出现了石和陶制的纺轮，人们使用植物纤维来纺线和织成布帛，开始利用麻、葛织成衣物。

至黄帝时期，《易·系辞传》中曰："黄帝、尧、舜垂衣裳而天下治，盖取之乾坤。"这里所说的"乾"即指天，"坤"即指地。天在未明时为玄色，故上衣象征"天"

而服色用玄色；地为黄色，故下裳象征"地"而服色用黄色。这种用上衣下裳的形制以及上玄而下黄的服色，是人们对天地崇拜而产生的服饰。这种上衣下裳，可以说是我国最早的衣裳制度的基本形式。

二、夏商周时期

夏商周是中国奴隶社会形成、发展和鼎盛的时期，其冠服制度也是中国最早的服饰制度。冠服制度是权利和身份的象征，即王室公卿在不同的礼仪场合，头上戴的帽子要根据官阶的不同有所差别，身穿的服饰也必须采用不同的样式、颜色和图案。中国冠服制度初步建立于夏商时期，逐步完善于西周时期，至春秋战国被纳入礼仪制度中。

夏代处于从原始社会向奴隶社会过渡的时期，其服饰特征与原始社会相比有了较大的进步，但由于各种原因，夏代的服饰迄今为止留存下来的很少，据现今的历史文献和专家们的推测，其服饰的主要特点是：

第一，服饰从防寒护体的原始功能，发展为被统治者利用的政治工具。

第二，服饰中出现明显的等级分化。

第三，祭祀礼仪服装受到高度重视。

目前可知的夏代服装的主要样式有：礼冠是"收"；礼服是纯衣；常服的首服是"毋追"。夏代，中国纺织技术有了一个质的飞跃，现代意义上的衣料出现，夏代贵族服饰的衣料以麻布和平纹丝织品为主。

图1-1　商代服饰

商代，是奴隶社会的形成和发展时期。此时奴隶主贵族能穿上丝织品衣裳，玉器成为奴隶主的装饰品。商代服装有上衣下裳、上衣下裤和袍服之分。其中，上衣下裳制是人们主要服饰特点。不管尊卑或性别，其上穿交领右衽窄袖短衣，下身配穿裳，服饰的腰身和衣袖基本上设计为紧窄的样式，长度齐膝，方便活动（图1-1）。

周代分为西周和东周，东周又分为春秋和战国。西周时期，是奴隶制度更为完善的时代，其等级制度逐步完善，冕服制度是服饰制度的核心。冕服之制，即帝王将相祭祀和朝堂之服，又称"章服"，是配有标志形象的服饰，采用上衣下裳的基本形制。上衣下裳形制的衣服依然是人们的常服。此时，还出现了一种新的服装形制——深衣。深衣的"深"是"披体深邃"之意，其不同于周代以前服饰的上衣下裳，是一种连体式长衣。深衣上衣和下服连在一起的，能够将穿衣人的身体巧妙深入地掩盖在衣物之下，既方便又典雅。交领右衽、续衽钩边、下摆不开衩是深衣的典型样式，到了后来，深衣还分为曲裾和直裾两种。

图1-2　胡服

春秋战国时期，深衣和胡服（战国时期，赵灵武王推行胡服骑射）开始推广。胡服主要是指衣裤式的服装，尤以穿着长裤为特点。其一般为短上衣（左衽）、长裤子配高筒靴，衣服偏窄瘦，方便活动，见图1-2。

三、秦代

公元前 221 年，秦始皇统一六国，建立了我国历史上第一个统一的封建国家——秦。同时他也制定了各种制度，其中包括衣冠制度。秦始皇常服通天冠，废除周代六冕之制，强调"皇帝穿龙袍，平民着素色"以表尊卑等级，并且这个制度一直被后世封建社会沿用。对于官员来说，秦朝规定：三品以上官员着绿色，其他官员着黑色等，官员需佩戴书刀，头戴冠。在衣裳主体、鞋履、环佩等服饰部件上，采用不同规制，以彰显官员等级身份。

秦人很重视戴冠。不同头冠，可以彰显主人的不同社会身份。秦朝有三种比较流行的冠帽，分别是武冠、法冠以及高山冠。武冠是武将佩戴的帽子；法冠多为御史等执法官员佩戴；高山冠多由谒者（为皇帝传令或引见外宾受事之官）、仆射等官员佩戴；平民，则头上戴头巾（即用布包住头发）。

秦朝深衣分为曲裾和直裾两种。曲裾深衣是衣襟的一种式样，下摆向右延伸为三角形，穿着时，三角形的尖端向右后方环绕，与身前向下直垂的右襟形成里外两层、错落有致的样式。直裾深衣也是衣襟的一种式样，就是垂直的衣裾将衣服下摆向右侧延长矩形的一块，穿着时绕到身后，使衣服下摆成为一个垂直的圆筒。直裾深衣较曲裾用料更省，行走也更加方便，因而普及程度也更高。直裾深衣一般用作常服，曲裾深衣是正式的礼服。

秦朝日常女装也有襦裙，劳动女子会上着短襦，下穿长裙，腰带长垂。

秦朝平民的主要服装是短衣和袴。袴也叫"胫衣"，即包裹两腿的筒形服饰，如图 1-3 所示西安秦始皇兵马俑坑出土的"秦坐俑"身着的服饰。

"秦坐俑"穿右衽襦，短至膝盖以上的衣称为襦，内衣（即中衣）领围绕在颈部如围巾一样。下穿长袴，秦代的袴为裹住腿部筒形服饰，属于无裆袴。头部包着巾，秦代的巾是地位低下者所戴。因为当时的制度是，有地位的戴冠，无地位的戴巾或什么也不戴。

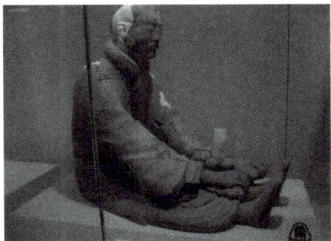

图 1-3　1974 年西安秦始皇兵马俑坑出土的"秦坐俑"

四、汉代

西汉服制大体承袭秦制，直到东汉时期才确立了汉代服饰，冠冕、衣裳、佩绶和鞋履等各有严格的标志。汉代服饰整体的特点是外衣领大，穿着时要显示出中衣的领型。袖口宽大，讲究服装配饰，如腰带的带钩以金制成各种兽形，既可以是螳螂形，也可以是琵琶形等，设计制作精美，深受喜爱，佩戴者众多，如图 1-4 所示。

汉代百官及士人常衣就是袍服，它们的基本样式，以大袖为多，袖口有明显的收敛，领、袖都饰有花边。袍服的领子以袒领为主，大多裁

图 1-4
汉代服饰

成鸡心式，穿时露出内衣。袍服下摆，常打一排密裥，有的还裁制成月牙弯曲状，如图1-5所示。

汉代妇女的礼服，仍以深衣为主，通过色彩、花纹、质地、头饰、佩饰等来表明身份的不同。这时的深衣已与战国时流行的款式有所不同。其显著的特点是：汉代女子所穿的深衣，长可及地，衣摆一般呈喇叭状，行走的时候不会露出鞋子。由于衣服通身紧窄，所以能够很好地凸显出女子身体的曲线美。

图1-5　汉代袍服

汉代的深衣分为曲裾深衣和直裾深衣，此外还有朱子深衣，如图1-6所示。曲裾深衣在先秦至西汉前期较为流行。东汉以后曲裾深衣逐渐被直裾深衣所取代。直裾深衣一般用作常服，正式的礼服还是曲裾深衣。朱子深衣是南宋大儒朱熹对《礼记》深衣篇的考证复原而成。其特点为：上衣四幅下裳十二幅（裳幅皆梯形）；领型为直领，穿的时候左右压覆，形成交领；衣缘宽度是固定的，且没有纹饰。

汉代有一种交领深衣，穿的时候把领口放低，这样就可以把里面穿的衣服领子一层层地露出来，呈现一种重重叠叠的造型效果，丰富而有层次。当时最时髦的是露出三层，称为"三重衣"，这充分反映了古人的审美趣味。

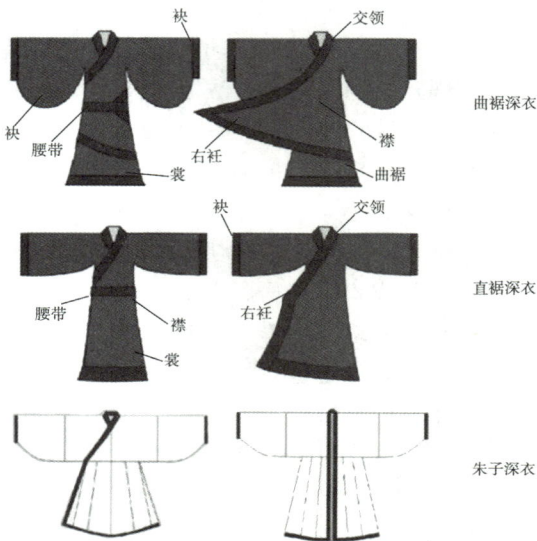

图1-6　汉代深衣形式

除这种长衣之外，为了便于生产劳动，汉代人也穿短衣，常见的是襦。襦的长度通常至腰部，穿时下身配裙。汉时劳动女子总是上穿短襦，下穿长裙，膝上装饰下垂的长腰带，如图1-7所示。

五、魏晋南北朝

魏晋时期，男子已经不流行穿深衣，大袖宽衫成为汉族男子最具代表性的服装；女子所穿深衣和汉代相比也有较大差异，"杂裾垂髾（shāo）"是最具代表性的款式。在深衣的下摆接上上宽下尖，如三角形的装饰布，称为"纤"，腰上系围裳，围裳下伸出许多长长的飘带，称为"髾"。由于三角形的装饰布状如刀圭，这种服饰也称"袿（guī）衣"。图1-8是魏晋垂髾女服。

图1-7　汉代儒裙

南北朝时期，服饰去掉了摇曳的飘带，而将尖角的燕尾加长，使"纤""髾"合二为一。

如顾恺之的名画《洛神赋图》（图1-9），洛神穿着的就是仙气飘飘的杂裾垂髾服。

图 1-8 魏晋垂髾女服图

图 1-9 《洛神赋图》

南北朝时期，民族大融合，"裲（liǎng）裆""袴褶"是民族融合的产物。裲裆，也叫"两裆"，是一种盛行于两晋南北朝的背心式服装，其名称最早见于东汉刘熙的《释名·释衣服》。

"裲裆"制式为前后各一片布帛，在肩部有两条带子相连，无领，腰间用带子束紧。可穿在衣内或衣外，挡住前心后背。裲裆最初为内衣，到了西晋末年，出现了穿在外面的"裲裆衫"，到南北朝时期，裲裆外穿现象普及，男女均可穿着。北魏迁都洛阳后，"裲裆衫"被纳入等级体系，作为正装和朝服（图1-10）。

（正面）　　（背面）

图 1-10 裲裆

袴褶，也叫"裤褶"。其晋朝崔豹《古今注》云："袴，盖古之裳也。周武王以布为之，名曰褶。"袴褶原是北方游牧民族的传统服装。褶是北方少数民族的特有服饰，与汉族传统服饰的宽袍大袖不同，典型特点是短身、左衽，衣袖相对较窄。在长期的民族大融合中，褶被汉族人接受并做了一些创新，原本细窄的衣袖被改为宽松肥大的袖子，衣襟也改为右衽。褶上衣的下摆或者整齐划一，或者正前方两个衣角错开呈燕尾状。东晋葛洪的《抱朴子》有记："丧乱以来，事物屡变，冠履衣服，袖袂财（通"裁"）制，日月改易，无复一定。乍长乍短，一广一狭，忽高忽卑，或粗或细，所饰无常，以同为快。"如图1-11所示，河南洛阳出土的北魏元邵墓陶俑所穿的服饰。

图 1-11 元邵墓陶俑

六、隋唐

隋唐经济繁荣，服饰雍容大气、五彩纷呈。朝廷男子戴幞（fú）头，穿圆领长袍，百官的官服以颜色区分身份、等级，袍服下部，通常施一道横襕（革带）。图1-12"出土文官俑"展示了唐代官员服饰。

隋代女装多小袖高腰长裙，裙系到胸部以上。唐代女装的基本构成是裙、衫、帔。通常穿短襦长裙，裙腰系得很高，在腰部以上或腋下。初唐女装衣裙窄小，盛唐开始流行"大髻宽衣"。从中唐之后，妇女的衣裙日趋肥大，袖衫加宽，裙子也日益肥阔，大袖宽裙已经成为上层社会女性的着装风格主流。图1-13为唐代周昉所作的《簪花仕女图》，画中所展现的就是唐代中后期贵族女性的服饰妆容。

图 1-12
出土文官俑

图 1-13　《簪花仕女图》

七、宋代

受"程朱理学"的影响，宋代服饰呈现出清新、自然、雅致的特点。与唐代服饰相比显得更拘谨、更保守，色彩也与唐代的浓艳鲜丽相反。当时，不少文人提倡服饰上要简练、质朴、洁净、自然，反对过分奢华。《宋史·舆服志五》记载："公服。凡朝服谓之具服，公服从省，今谓之常服。"宋代男子常服基本承袭唐代的款式：曲领（圆领）大袖，下裾加横襕，腰间束以革带，头上戴幞头，脚登靴或革履。常服"袍"有宽袖广身和窄袖窄身两种类型。有官职者穿锦袍，无官职者穿白布袍。

一般百姓多穿交领或者圆领的长袍，做事的时候就把衣服往上塞在腰带里，衣服是黑白两种颜色。下层各行各业的劳动人民衣着则以轻便、利于劳作为前提。上身多着缺胯衫，下穿长、短裤或三角形的犊鼻裤，脚穿草鞋或麻鞋，有的甚至赤脚。图1-14北宋《清明上河图》摹本中所展现的就是各层人物的服装。

图 1-14　《清明上河图》摹本

值得一提的是宋朝男子尤爱簪花。据《宋史·舆服志》记载，彼时簪花已是一种宫廷礼制。宋徽宗将"男子簪花"推崇到了极致。每次他出游归来，都是娇俏感十足的"御裹小帽，簪花，乘马"的形象。宋朝在与其他国家或民族往来时，将这种风气传到了同时期的金和辽。男子簪花成为宋代世人竞相追逐的风尚，人们的审美观念发生改变，以俗为美的观念推动了宋代簪花礼俗的发展。晚清苏六朋《簪花图》描绘了宋真宗赏花给臣下的场景，如图 1-15所示。

图 1-15　苏六朋《簪花图》

宋代女子服装，一般有襦、袄、衫、褙子、半臂、背心、抹胸、裹肚、裙、裤等，其中以"褙子"最具特色。宋代男女皆穿"褙子"，尤其在女性中盛行，裙子多以罗纱制成，上面加以刺绣。发式多梳高髻，髻上插簪插。如图 1-16 所示为男性所穿的褙子。

宋人服饰的审美标准是带有清逸之气的瘦削骨感，更加崇尚修长适体。宋代著名女词人李清照的词作，如实地再现了当时的服饰风格。她在《点绛唇·蹴罢秋千》中写道："蹴罢秋千，起来慵整纤纤手。露浓花瘦，薄汗轻衣透。"纤纤手者必有纤纤腰，故知少女身形苗条纤细之美；而词中"露浓花瘦"则体现当时以瘦为美的审美价值。

图 1-16　宋代男性褙子

八、辽夏金元

五代十国以后，服饰上反映了少数民族与汉民族的融合。辽、西夏、金分别为中国古代契丹、党项、女真民族建立的政权，其服饰反映了在与汉民族进行长期文化交流中，各自发扬民族传统的发展轨迹。辽、金、元时期基本处于与宋代共存的北方政权，由于是游猎民族政权，在服装上也自然具有北方游猎民族特色。

辽代官服为窄袖大襟、圆领、紧身的袍服，其在服装上基本放弃了宋代宽衣大袖的款式，改为方便骑马射箭的窄袖和更便于系腰带的交襟款式。为了防御北方的寒冷气候，多数着较厚重的皮袍和棉袍。辽代男子袍内着衫袄，领露于外，裤管放于靴筒之内。

西夏是党项族人建立的政权。西夏服装与周边各民族相比，在很大程度上已经汉化，西夏平民衣服主要有衫、裤、袄子等。衫是没有袖头的上衣，既有衬在里面的小衫，也有穿在外面的长衫；袄子是带袖头的，有夹的，也有棉的，都作为衬在里面的衣着。西夏女服主要有褙、衫、裤裙等。褙子以直领对襟为主，衣长至足，左右腋下开以长衩；衫为单层、宽袖，且袖子较短。

金女真族男子的常服通常由四个部分组成，即头裹皂罗巾，身穿盘领衣，腰系吐鹘带，脚着乌皮鞋。因女真族属于游牧民族，以狩猎为生，所以服装多用近环境色，材料多采用皮毛，以抗御寒冷。

值得注意的是，契丹、女真族所穿服饰都是左衽，这正与汉族相反。

由蒙古族建立的元代是我国历史上第一个由少数民族建立的大一统帝国，由于各地经济、文化的不断交流，服装也互相影响。1321年元英宗时期参照古制，制定了天子和百官的上衣连下裳、上紧下短，并在腰部有很多衣褶的"质孙服"制，质孙服是较短的长袍，汉人称"一色衣"。

元代由于种族有高低、贵贱之分，其在服饰上有所反映，蒙古贵族衣着华丽，色目人次之，汉人、南人大多衣着朴素。蒙古族入关以后，除保持固有的衣冠之外，还引进了汉族朝觐服饰，如冕服、朝服、公服等。男子公服以长袍为主，大袖盘领，右衽。图1-17为元代贵族的便服，包括窄袖织龙纹锦袍、瓦楞帽、云肩、缎靴。

图1-17　元代贵族便服

蒙古人认为：帽子和头颅同样重要。"二人行，长者为上，一人行，帽子为上"，所以元朝服饰中比较重要的便是帽冠。男人冬天戴栖鹰冠，也称"暖帽"。鹰可以算得上蒙古族灵神，栖鹰冠蕴含着蒙古人对鹰的特殊情感以及对鹰所拥有的力量的崇拜。夏天时多戴钹笠冠，名字源于形状像钹。这类帽本来无前檐，因忽必烈射猎时感受到了日光的刺眼，察必皇后特意为他改制，加了前檐，功能相当于现代的太阳帽。

元代的贵族妇女，常戴着一顶高高长长，看起来很奇怪的帽子，这种帽子叫作"罟罟（gǔ）冠"。不过这种"罟罟冠"高二尺左右，戴时多有不便，出入庐帐时须低头，并且十分忌讳他人触碰。

**图 1-18　元代贵族
妇女服饰**

元朝妇女服装分贵族和平民两种服饰。贵族多为蒙古人，以皮衣皮帽为民族服装，材料多为貂鼠皮和羊皮。式样多为宽大的袍式，袖口窄小，袖身宽肥，衣长曳地。这种袍式在肩部做有一云肩，十分华美。作为礼服的袍，面料质地十分考究，有锦缎、丝绒、毡呢，颜色多为红色。它一改马上民族紧身窄衣的风格，体现了汉族文化对蒙古族服饰的影响。一般的平民妇女，多穿汉族的襦裙，或外加半臂。图 1-18 为元代贵族妇女服饰。

九、明代

明代建国初期洪武年间，明太祖朱元璋就对服饰十分关切，曾说："昔帝王之治天下，必定礼制，以辨贵贱，明等威，是以汉高初兴，即有衣锦绮縠、操兵乘马之禁。历代皆然。近世风俗相承，流于奢侈，闾里之民服食居住与公卿无异。贵贱无等，僭礼败度，此元之所以失败也。"他把服饰看作是明等级、分贵贱的标准之一，穿错了衣服就是僭越礼法，是要被治罪的事情。

明代恢复汉族传统，明太祖重新制定服饰制度。规定官员穿补服，以补子的图案区别官吏等级。所谓补子，就是在官服的胸前和后背补上一块表示职别和官阶的标志性图案，补子一般长 34 厘米，宽 36.5 厘米，上面织有禽兽两种图案，文官官服绣禽，武官官服绘兽。

士人服装（图 1-19）：明代的读书人一般都穿蓝色或黑色袍子，四周镶有宽边，也有穿浅色衫子的，衣长一般到脚面，袖子比较宽肥，袖长也一律过手。通常会与儒巾和四方平定巾相配，风格清静儒雅。四方平定巾是以黑色纱罗制成的便帽，因其造型四角都呈方形，所以也叫"四角方巾"，明代以此来寓意"政治安定"。这种巾帽多为官员和读书人所戴，平民百姓戴得比较少。

明代妇女的服装也有了充分的发展，承前代服制，明在开国之初就对命妇服饰做了规定，且有创新。从皇后到末品命妇，在冠服、衣服方面更加细化。贵族妇女服饰中与前代相比有所发展的是凤冠和霞帔。这二者是承袭宋代贵妇服饰发展而来的，既是汉族妇女服饰的继承和保护，也为清代汉族妇女开拓了道路，具有里程碑的作用，后来也成为贵妇人的象征。凤冠是一种以金属丝网为胎，上缀点翠凤凰，挂珠宝流苏的礼冠。皇后、皇妃的凤冠上还饰有龙、翚（huī，野鸡）翠等饰物。一般命妇则不缀龙凤，只缀珠翟（dí，野鸡）、花钗，习惯上也称为凤冠（图 1-20）。

图 1-19　士人服装

由于凤冠以金银或铜盘制，又缀许多珠宝，所以十分沉重，只能用于大型礼仪之中，日常都不戴。霞帔（图 1-21）是一种 3 寸 2 分宽，5 尺 7 寸长的披带，上面绣有纹饰，戴时绕过头颈从前胸垂下，两端呈尖形，各缀金银珠石一颗。霞帔上的纹样坠珠代表命妇的品级。

图 1-20　凤冠　　　　　　　　图 1-21　霞帔

明代女子服装沿袭宋代女装，以衫、袄、霞帔、褙子、比甲、袍为主要款式。其中最为流行的是褙子。其基本形制与宋代相同，有合领对襟大袖和直领对襟小袖两种款式。前者为贵妇之服，后者为平民之服。图 1-22 为合领对襟大袖褙子、图 1-23 为直领对襟小袖褙子。

图 1-22　合领对襟大袖褙子　　　图 1-23　直领对襟小袖褙子

褙子的形制变化后，形成比甲（图 1-24），即去袖的长褙子。比甲与隋唐的半臂相似，宋元之后日渐流行，明代成为妇女居家常服。由于其既可护胸背保暖，又便于操作家务，因此颇受妇女喜爱。清代的马甲，也是由此发展而来。褙子从另一方向改制就形成袍，低领、对襟、宽袖，领袖处少用或不用花边装饰，下长至足，露出里面衬裙一角。褙子在明末很盛行，并延至清初。

明代妇女另一装束为襦裙（图 1-25）或衫裙（图 1-26）。襦裙上衣襦衫短仅齐腰，宽袖，右衽，色、纹皆淡雅，裙则掩襦衫而扎于胸下，长到掩足。裙常用八至十幅拼成，腰间细褶数十条，颜色浅淡，纹样不多，呈现含蓄隐约的特点。衫裙的长短变化在明代二百余年间几经反复，但总体呈衣短裙长、衣长裙阔的穿着搭配，以求对立中的统一。

图 1-24　比甲

图 1-25　襦裙

图 1-26　衫裙

　　明代流行的水田衣也是当时的一种时尚，以各色零碎锦料拼合缝制而成，形似僧人所穿的袈裟（图 1-27）。因整件服装织料色彩互相交错形如水田而得名。水田衣也叫百衲衣，据说在唐代就有人用这种方法拼制衣服，王维诗中就有"裁衣学水田"的描述。到了明朝末期，奢靡颓废之风盛行，许多贵胄人家女眷为了做一件中意别致的水田衣常常不惜裁破一匹完整的锦缎，只为了一小块衣料而已。

图 1-27　水田衣

　　明代是在结束了蒙古族建立的元朝统治后重拾中华文化的时代，为重新振兴中原文化，明朝政府对整顿和恢复礼仪极其重视，并根据汉族传统重新规定了服饰制度。在政治、经济、文化技术发展的前提之下，明代的服饰面貌仪态端庄，气度宏美，成为中国近世纪服饰艺术的典范。

十、清代

　　清朝是我国服装史上改变最大的一个时代。清朝是由满族建立的王朝，其服装文化是保留原有服装传统最多的非汉族王朝。顺治九年（1652 年）钦定《服色肩舆条例》颁行，从此废除了具有浓厚汉民族色彩的冠冕衣裳。男子以剃发梳辫、长袍马褂的满族服饰为基本装束（图 1-28），官员服制以"补子"为饰（图 1-29）。

图 1-28　清代男子服装

图 1-29　清代补服

满族女子着旗装，汉族女子装束沿袭明代，于是出现满汉服饰融合的民族服装的经典——旗袍。因它是旗人的常服，故被称为"旗袍"。据史料记载，宣统元年即对满族女性所扮装束统称为"旗装"，包括有旗头、旗袍、旗鞋。旗装衣身修长，衣袖短窄，与历时数千年的宽袍大袖、拖裙盛冠的中国服装形成鲜明的对比。旗装用料节省，制作简便和穿着方便，从而取代了古代的衣裙。

满服改变了几千年来形成的中国古代服饰的基本形式，清朝服装是中国古服与近代服的交接点，它的存在是之后近代男士的马褂长袍、女士的旗袍发展的前提。

十一、民国

民国时期是中西方文化交融的年代，中西合璧的旗袍也生动地展现了东方女性之美。立领的矜持高雅，无袖的楚楚动人，恰到好处的开衩，展现了每位女子的含蓄而性感，玲珑而有曲线，甚至到了今天依然经久不衰。

民国初年出现西装革履与长袍马褂并存的局面。西装在鸦片战争后传入中国，民国成立后流行开来，成为男子的礼服之一。长袍马褂是近代男子的日常服饰，20世纪上半叶乃然流行。辛亥革命后，近现代中国革命先驱者孙中山先生综合了西式服装与中式服装的特点，设计出一种直翻领有袋盖的四贴袋服装——中山装，此后几十年广为流行。如图1-30所示为民国男子主要服饰。

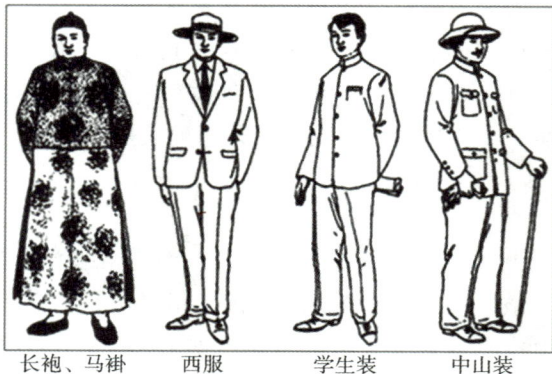

图1-30 民国男子主要服饰

十二、20世纪50年代至70年代

中华人民共和国成立后的后50～70年代，由于中华人民共和国成立初期的物质生活极为匮乏，全国上下的年轻人以建设新中国为己任，象征着革命热情与理想的中山装、列宁装、军服成为他们的首选。

列宁装是革命时装，属于公认的"苏式"衣服，开领、双排扣、腰中束一根布带。那时大家对列宁装的追求，也是源于对革命工作的热爱。

当时女装中还盛行布拉吉连衣裙，"布拉吉"一词也源于苏联。

十三、改革开放后

1978年改革开放，不仅提高了人民的生活水平，也改变了人们的穿衣观念。中国人的爱美之心，开始在服饰上得以释放。人们纷纷脱下中山装、列宁装，穿起化纤类服装。这时，的确良布料成了时代宠儿。西服、夹克衫、牛仔服、健美裤、连衣裙、喇叭裤、超短裙等不时掀起全民热潮，中式服饰的发展受到西式服装的极大挑战。

十四、20世纪90年代

港台文化的流行迎合了年轻人追求个性的心理，服装上开始有了更多的选择，烫发、染发、打耳洞都开始兴起，此外，垫肩成为当时服装潮流标志。此时，男生几乎人手一套大码西装。

十五、当代

现如今，服装材质、款式、风格种类不断被细化，出现正装、礼服、休闲装、运动装、家居服等若干门类，服装款式多样化。

人们对不同场合的服装类型也有不同要求，衣服不仅仅是穿在身上的装饰，更是表达自己的工具。衣服也不再仅仅是一种遮体、装饰的生活必需品，更是一个人文化涵养、生活态度的表现。

探究与思考

1. 谈谈你所在地区的服饰特点。
2. 关于服装穿搭你有什么心得？请谈一谈。
3. 服饰文化是怎样表现出与整个中国古代各个时期发展变迁的密切联系的？

第三节　中国节日民俗

一、民俗的概念

民俗，即民间风俗，是指一个国家或民族的民众在生存活动中所创造、享用和传承具有模式化的生活文化。民俗文化，是依附着人民的生活、习惯、情感与信仰而产生的文化，它增强了大众对民族的认同感，强化了民族精神，塑造了民族品格。

民俗起源于人类社会群体生活的需要，在特定的民族、时代和地域中不断形成、发展和演变，为大众的日常生活服务。民俗一旦形成，就成为规范人们的行为、语言和心理的一种基本力量，同时是民众习得、传承和积累文化创造成果的一种方式。民俗文化对于一个民族来说是继承和发扬民族传统的精神方式，民俗文化同时起着连接本民族、体现民族凝聚力的作用。民俗一旦形成，就会对本民族的生活形成重要影响。

民俗文化不是一成不变的，由于各种原因，民俗文化会产生变迁。变异性是民俗文化的显著特征，它是指民俗在传承和发展过程中引起的自发和渐进的变迁。民俗是靠语言和行动传承的，这种方式决定了民俗在历时的和共时的传承过程中，需要不断适应周围环境而发生改变。

二、民俗文化分类

中国民俗文化的内容丰富而多元，可分为生产民俗、生活民俗、礼仪民俗、信仰民俗、岁时民俗等。其中，岁时民俗在中国民俗中内容最丰富。下面主要谈谈传统的岁时节日文化。

岁时节日又分为农事节日、祭祀节日、纪念节日、庆贺节日、社交游乐节日等。中国有四大传统节日：春节、中秋节、端午节、清明节。传统节日一般寓意着对安详健康生活的追求、祈求风调雨顺五谷丰登、强调孝道亲情等。

三、中国四大传统节日民俗

（一）春节

现在的"春节"这一节日名称，在古代是没有的（古时一般称为"过年""年节"）。"春节"这一概念在民国时期被提起而创造。1949 年 9 月 27 日，中国人民政府协商会议第一届全体会议决定采用"公元纪年法"，公历 1 月 1 日为元旦，农历正月初一为春节。从此，"过年"称为"春节"。春节起源于岁首祈年祭祀，这个传统延续了三千余年。春节是中华民族最隆重的第一大节，按照旧习俗，从年

春节

尾腊月廿三或廿四的小年开始，直至正月十五元宵节夜，将近一个月的时间称为"过年"，即现在所说的"春节期间"。春节的习俗一般有以下十三个方面。

1. 小年

我国春节，一般是从腊月廿三或廿四小年拉开序幕的。小年是民间祭灶的日子。民谣中"二十三，糖瓜粘"指的就是每年腊月二十三或二十四日的祭灶。关于日期有所谓"官三民四船家五"的说法，也就是官府在腊月二十三日，一般民家在二十四日，水上人家则为二十五日举行祭灶。小年是整个春节庆祝活动的开始和伏笔，其主要活动有两项：扫年和祭灶。除此之外，还有吃灶糖的习俗。有的地方还要吃火烧、糖糕、油饼，喝豆腐汤等。

2. 扫尘

祭灶后，就开始正式做迎接过年的准备。扫尘就是年终大扫除，北方称"扫房"，南方叫"掸尘"。在春节前扫尘搞卫生，气象一新地迎接新春的到来，是中国人民的传统习惯。"腊月二十四，掸尘扫房子"的风俗由来已久，据《吕氏春秋》记载，中国在尧舜时代就有春节扫尘的风俗。按民间说法，因"尘"与"陈"谐音，新春扫尘有"除陈布新"的涵义，其用意是要把一切"穷运""晦气"统统扫出门。这一习俗寄托

着人们破旧立新的愿望和辞旧迎新的祈求。

3. 备年货

过年前十天左右，人们就开始忙于采购物品，称为"年货"，包括春联、新衣服、过年期间的食品、走亲访友的礼品等。有些地方还有蒸花馍的习俗，花馍上不同图案代表对新年的不同祈福。

4. 挂灯笼

过年各处商场、公园、街道等公共场所都喜欢挂满红灯笼，装饰出隆重热烈、喜气洋洋的过年氛围。随着中国人的足迹遍布海外，越来越多的外国人也对中国的红灯笼有了认同感。

5. 贴窗花

贴窗花是古老的传统节日习俗。新春佳节时，中国许多地区的人们喜欢在家中贴上各种剪纸窗花。剪纸是一种非常普及的民间艺术，千百年来深受人们的喜爱。因为它大多是贴在窗户上的，所以人们一般称其为"窗花"，以此达到装点环境、渲染气氛的目的，并寄托着辞旧迎新、接福纳祥的愿望。

6. 贴春联

春联起源于桃符，贴春联更是人们辞旧迎新时的必有之物。春联的上下联字数不限，但必须相等。当人们在自己的家门口贴上春联的时候，意味着过年正式拉开序幕。

7. 贴年画

民间年画俗称"喜画"，旧时人们盛行在室内贴年画，户上贴门神，以驱凶迎祥，新年吉庆。每值岁末，多数地方都有张贴年画、门神以及春联的习俗，以增添过年节日的喜庆气氛。

8. 穿新衣

过年人们都要穿新衣，它寄托了人们辟邪除灾、迎祥纳福的美好愿望。过年"除夕"中的"除"字是"去、易、交替"的意思，除夕的意思是"月穷岁尽"，人们都要除旧布新，过年穿新衣服就是其中的一项。

9. 吃年夜饭

农历除夕（农历腊月最后一天夜晚）这一天一家团聚，共进晚餐。一年一度的团圆饭表现出中华民族家庭成员的互敬互爱，一家老小共叙天伦之乐。

10. 放爆竹

中国民间有"开门爆竹"一说，人们以"噼噼啪啪"的爆竹声除旧迎新。爆竹是中国特产，也称"爆仗""炮仗""鞭炮"，相传是为了驱赶年兽。时值除夕午夜，新年的钟声敲响，整个神州大地上，鞭炮声震天，将除夕的热闹气氛推向了高潮。鞭炮声寄托着汉族劳动人民驱邪避灾祈福的美好愿望。

11. 守岁

过年守岁，就是新年前除夕夜里不睡觉以迎接新一年到来的习俗，也叫除夕守岁，俗名"熬年"。古时守岁有两种含义：年长者守岁为"辞旧岁"，有珍惜光阴的意思；年轻人守岁，是为父母延长寿命。通宵守夜，灯火通明，象征着把一切瘟疫邪恶照跑驱走，期待着新的一年吉祥如意。

12. 压岁钱

压岁钱又称"押岁钱""守岁钱"。压岁钱最初的用意是镇恶驱邪，因为"岁"与"祟"谐音，古时候人们认为小孩儿容易受鬼祟的侵害，所以用压岁钱压胜驱邪，帮助孩子平安过年，祝愿小孩儿在新的一年健康吉利。压岁钱往往用红包包住，因为红色象征活力、愉快与好运。

13. 拜年

大年初一，人们都早早起来，穿上新衣，出门走亲访友，相互拜年，恭祝来年大吉大利。有的是亲戚之间，有的是同事之间，也有大家聚在一起相互祝贺，称为"团拜"，拜年的方式多种多样。宋代时候，亲朋好友之间会相互送帖致贺，随着时代的发展，人们除了沿袭以往的拜年方式外，又兴起了通过电话、短信、微信、视频通话等方式拜年，这为远在他乡的亲人朋友提供了远程拜年便利。

（二）端午节

端午节，又称端阳节、龙舟节、重午节、龙节、正阳节、天中节等。端午节的起源可以说是众说纷纭，莫衷一是，最终归纳起来有两个基本说法：一是认为端午节主要源自先民避疫祈福的诉求，如辟邪说、龙图腾祭祀说、祭天祈年说事；另一起源说认为端午节源自纪念屈原。据《史记·屈原贾生列传》记载，屈原是春秋时期楚怀王的大臣，因变法改革，受到了同朝上官大夫靳尚和奸佞小人的离间，被楚怀王流放。在流放中听到楚国郢都沦陷。他眼看救国无望，便投身汨罗江而死，以自己的生命谱写了一曲壮丽的爱国主义乐章。屈原死后，楚国百姓悲痛异常，纷纷涌到汨罗江边去凭吊屈原。人们为了不让屈原的真身被鱼龙虾蟹吃掉，于是把饭团、鸡蛋等食物丢进江里，让鱼龙虾蟹吃饱，后来就演变成用楝树叶包饭、外缠彩丝的粽子。有的郎中还把雄黄酒倒入江中，以便药昏蛟龙使屈原的尸体免受伤害。以后，在每年的五月初五，就有了龙舟竞渡、吃粽子、喝雄黄酒的风俗，以此来纪念爱国诗人屈原。在中华民族的历史上，屈原是忧国忧民的爱国主义化身，他对国家的忠贞、对百姓的怜悯早已随着他的诗篇，在历史的长河中化为不朽。

除此之外，关于端午节的由来还有纪念春秋爱国大臣伍子胥、东汉孝女曹娥救父投江等传说。无论是纪念屈原还是伍子胥、曹娥，都体现了中华民族对于爱国、孝道的崇尚。端午节的传统习俗一般有以下七个方面。

1. 赛龙舟

赛龙舟是一种多人集体划桨竞赛，起源于浙江地区。最初是中国人民祛病防疫的习俗，春秋之前吴越之地，有在农历五月初五以龙舟竞渡形式举行部落图腾祭祀，后来因为诗人屈原在这一天逝世，便成了纪念屈原的传统节日习俗。赛龙舟不仅是一种体育竞技，更是一种展示中国文化和民族精神的活动。

2. 挂艾草与菖蒲

民间有"端午挂两物，家人无灾害"的说法，两物指的就是艾草和菖蒲。古人把农历五月称为"毒月"，五月共有九个毒日，端午五月初五就是首个毒日。相传这天邪佞当道，五毒并出（五毒即蝎子、蛇、蜈蚣、蟾蜍、壁虎），这时用艾草烟熏房间，能起到消毒、杀菌、驱邪辟虫的作用，因此在民间有"家有三年艾，郎中不用来"之说。菖蒲也是民间一味传统草药，其浓郁的香气可以驱逐蚊虫。同时古人认为，菖蒲是至阴之物，可以驱逐邪气。所以，端午时节把艾草跟菖蒲一起挂在门口，可以保佑家人平安。

3. 洗草药水

洗草药水是一种古老的传统习俗。根据传统，草药有祛病保健的功效，所以在端午节期间，人们会采集各种草药来泡水。这种草药水可以当作饮料来喝，也可以用来洗澡，据说可以驱除邪气，清洁身体和心灵。

4. 拜神祭祖

端午节祭祖，由来已久，主要是后代子女们为了表达对先人的感恩之情和缅怀先人们生前的功绩所举行的祭祀活动，通常这一天，后代子女们聚集在一起，举行隆重的祭祖仪式，摆上供品，然后根据辈分依次上香、鞠躬，并且祈求先人们的庇佑，保护后辈身体健康，兴旺发达，最后大家再在一起共进晚餐。

5. 佩戴香囊

香囊又叫香袋、香包、荷包，一般是内装香料或中药粉，用五色丝线缠绕而成，下边还垂上红、绿、青、蓝、紫各种线穗，佩在胸前，有清香、驱虫、避瘟、防病的功效。中国一些地区，青年男女还用香囊来表达浓浓的爱意。

6. 拴五色丝线

五彩线，由红、黄、黑（蓝）、绿、白等五个颜色组成，古代也叫五色丝线、五彩长命缕。五彩线是端午节吉祥物兼饰物，具有辟邪作用，兼有祈福纳吉的美好寓意。五色丝线起源于我国古代的五行观念，或上古时代南方古越人的文身之俗。五色彩丝一般在节日期间缠绕于儿童手臂，据说戴五彩绳的孩子就可以避开蛇蝎类毒虫的伤害。在旧时，每逢端午节也会在门上挂上五彩绳。

7. 吃粽子

吃粽子的习俗据说来自纪念爱国诗人屈原。为了不让屈原的尸体被鱼吃掉，于是人们就用艾叶包住糯米和馅料，用五色丝线捆绑投入江中。后来，便成为表达对屈原爱国精神的怀念和敬仰的习俗。由于各地饮食习惯的不同，粽子形成了南北风味：北方多包蜜枣、豆沙的甜粽；南方则有鲜肉、火腿、蛤蒌、蛋黄等多种馅料的咸粽。端午食粽的风俗不仅千百年来在中国盛行不衰，而且流传到朝鲜、日本及东南亚各个国家。

（三）中秋

在中国的农历里，一年分为四季，每季又分为孟、仲、季三个部分，农历八月在秋季中间，为秋季的第二个月，称为"仲秋"，而八月十五又在"仲秋"之中，所以称"中秋"。中秋节还有很多别称，如"八月节""八月半""月节""月夕""女儿节""团圆节"等。"中秋"一词最早出现在《周礼》一书中。后来，贵族和文人学士开始对月观赏祭拜，寄托情怀，这种祭月的风俗一直到了唐代，中秋节才成为固定的节日。《唐书·太宗记》中有"八月十五中秋节"的记载。至宋朝

时期，中秋节开始盛行，中秋节在宋代民俗志和诗歌中大量出现。比如宋人宋伯仁《中秋月》吟："人生几个中秋节，那得都将笑眼看。"南宋吴自牧《梦粱录·中秋》有记载"八月十五日，中秋节，此日三秋恰半，故谓之中秋。此夜月色倍明于常时，又称月夕"。到明清时，中秋节已与元旦齐名，成为我国的主要节日之一。中秋节习俗主要有以下几个方面。

1. 祭月赏月

祭月，在中国是一种十分古老的习俗，实际上是古人对"月神"的一种崇拜活动。《礼记》中早有"秋暮夕月"的记载，意为秋日的傍晚，拜祭月神。每逢此时，人们都要设香案，举行迎寒和祭月活动。中秋这一晚在香案上摆上月饼、西瓜、苹果、红枣、李子、葡萄等祭品，全家人依次拜祭月亮，再一起赏月和品尝月饼等美食，共享阖家团圆之乐。在唐代，中秋赏月、玩月颇为盛行。至北宋，八月十五夜，满城人家，无论贫富贵贱、男女老少，都要焚香拜月，说出心愿，祈求月神的保佑。

2. 吃月饼

中秋吃月饼的习俗要晚于祭月赏月，其最早可以追溯到周代，但那时的月饼还不叫"月饼"，"月饼"首次记载是在宋代，但还没有成为节日必备食物。关于月饼的由来，民间曾流传是源自元末中秋节在互赠的月饼里面夹纸传递"八月十五杀鞑子"起义的密讯。中秋节拜月供月饼、赏月吃月饼，是明清两代才形成的风俗。发展至今，吃月饼已经成为我国南北各地过中秋的习俗。明代中秋节又称为"团圆节"，民间普遍用又大又圆的月饼祭拜月亮，月圆、饼圆象征人团圆。月饼或作为祭品，或馈赠亲友，都是取"团圆"之意。明代文学家田汝成在《西湖游览志余》中写道："八月十五谓之中秋，民间以月饼相遗，取团圆之意。"清代时拜月的"月饼"有的直径超过一尺，还把传说中的月宫、蟾蜍和玉兔这些角色刻画在饼面上。现今，月饼的品种及花样越来越丰富，制作工艺繁多，风味更多，八月十五吃月饼已经成为中华民族的一种古老而又非常有意义的传统。

3. 观潮

在古代，江浙一带除中秋赏月外，观潮可谓是又一中秋盛事。中秋观潮的风俗由来已久，早在汉代枚乘的赋《七发》中就有了相当详尽的记述。汉代以后，中秋观潮之风更盛。明代朱廷焕的《增补武林旧事》和宋代吴自牧的《梦粱录》也有观潮的记载。

4. 赏桂花

八月，正是桂花飘香的时节。人们经常在中秋时吃月饼赏桂花，食用桂花制作的各种食品。古时人们还用桂花酿酒，屈原《九歌》中便有"援骥斗兮酌桂浆""奠桂酒兮椒浆"的诗句。可见，我国饮桂花酿酒的年代也是相当久远。在八月十五这一天，阖家共饮桂花酒，甜甜蜜蜜，欢聚一堂，已成为节日的一种美的享受。

明清以来，中秋节的风俗更加盛行，许多地方还形成了烧斗香、树中秋、点塔灯、放天灯、走月亮、舞火龙等特殊风俗。有些地方还有舞草龙、砌宝塔、玩花灯等活动。早在北宋《武林旧事》中，记载中秋夜节俗，就有将"一点红"灯放入江中漂流玩耍的活动。有关中秋还有相当多的故事，如嫦娥奔月、吴刚伐桂、玉兔捣药等也在民间流传。

（四）清明

清明节距今已有 2500 多年历史，时间在公历四月五日，民间又称为"鬼节""冥节""踏青节""三月节""祭祖节""扫墓节"等。它与七月十五的中元节、十月初一的寒衣节，并称为中国三大著名"鬼节"。清明正逢初春，既是郊游的好日子，又是扫坟祭祖的日子。二十四个节气中，既是节气且又是节日的只有清明。关于清明的习俗一般有以下几个方面。

1. 扫墓祭祖

清明节的起源，据传始于古代帝王将相"墓祭"之礼，后来民间纷纷效仿，于此日祭祖扫墓，历代沿袭而成为中华民族一种固定的风俗。清明祭祖，按照传统习俗，一般要整修坟墓、挂烧纸钱、供奉祭品等。

2. 荡秋千

荡秋千在南北朝时已经流行。据《荆楚岁时记》记载："春时悬长绳于高木，士女衣彩服坐于其上而推引之，名曰打秋千。"唐代荡秋千已经是很普遍的游戏，并且成为清明节习俗的重要内容。由于清明荡秋千随处可见，元明清三代定清明节为"秋千节"，皇宫里也安设秋千供皇后、嫔妃、宫女们玩耍。

3. 蹴鞠

鞠是一种皮球，球皮用皮革做成，球内用毛塞紧。蹴鞠，就是用脚去踢球。这是古代清明节时人们喜爱的一种游戏。相传是黄帝发明的，最初目的是用来训练武士。

4. 踏青

踏青就是脚踏青草，在郊野游玩，观赏春色，所以也叫"春游"，古代叫"探春""寻春"。清明之时，万物复苏，春回大地，非常适合郊外远足。

5. 插柳

清明节是杨柳发芽抽绿的时间，民间有折柳、戴柳、插柳的习俗。人们踏青时顺手折下几枝柳条，可拿在手中把玩，也可编成帽子戴在头上，或带回家插在门楣、屋檐上。谚语有"清明不戴柳，红颜成皓首""清明不带柳，来生变黄狗"的说法，说明清明折柳在旧时是很普遍的习俗。

探究与思考

1. 你还知道哪些传统节日民俗？

2. 近年来，情人节、愚人节、圣诞节等西方节日在国内被炒得相当红火。尽管从 2008 年开始，清明、端午、中秋等都被定为国家法定节假日，但是放假的节日也只不过是让人们多了一个购物节、狂欢节而已，缺少对传统文化内涵的认同和文化自觉。重拾和复兴传统节日和传统文化，我们应该如何继承与创新传统节日文化呢？请谈谈你的看法。

第四节　　中国汉字文化

一、什么是文字

文字是记录语言的书写符号系统，是最重要的辅助性交际工具。"文字"一词，始见于秦始皇二十八年（公元前 219 年）刊立的琅琊刻石（今山东诸城市东 150 里），其刻石云："书同文字。"清代著名学者段玉裁在《说文解字注》中说："析言之，独体曰文，合体曰字；统言之，则文字可互称。"若是将"文字"二字拆开来看，我们可以说凡是直接摹写事物的独体字叫"文"，在"文"的基础上繁衍而来的合体字叫"字"。

二、什么是汉字

汉字是记录汉语的书写符号系统，是音、形、义的结合体。音即读音，每个汉字都有一定的读音，同时以符号的形式记录下来，就是形。无论是读音还是符号，都有表达一定的意义，就是义。音、形、义，也是汉字的三要素。汉字是世界上起源最早、历史最悠久的文字之一。从全世界来看，文字的起源有四大中心：尼罗河流域古埃及象形文字、两河流域苏美尔人楔形文字、美洲玛雅文化的玛雅文字、中国汉字。但是，只有汉字至今依然使用。从中国最古老的甲骨文算起，汉字距今已有 3000 多年的历史。

汉字的演变

三、汉字的特点

（一）汉字属于表意体系的文字

世界上的文字可分为两个体系：一个是表意体系，另一个是表音体系。汉字属于表意体系。汉字在造字之初，形体与它所表示的意义之间有着密切的关系，所以分析汉字形体结构有助于对汉字本义的了解。比如"颗"与"颅"都有代表"头"的意义的"页"字旁，"页"在甲骨文中写作"🐚"，所以可以组成"一颗头""头颅"等词语。

汉字最大的特点是它的表意性，表义的部件可以指示字的意义范围。利用汉字的表义形旁可以推测出字的意义范围，帮助理解词义。例如，推、拉、拔与手部动作有关，家、室、宿与房子有关。还可以利用偏旁推测词义，如艾滋病是 20 世纪的瘟疫。"瘟疫"是学生没有学过的词语，但是"瘟疫"二字都是"疒"字旁，"疒"字旁表示的都是与身体疾病相关的意义，因此学生能推测出"瘟疫"的意思与疾病相关。

（二）汉字是形体复杂的方块结构

汉字不像拼音文字那样呈线形排列，有长有短。它无论笔画多还是少，所有笔画都写在同样大的方块中。现行汉字的结构单位是笔画和部件及整字，需要依靠笔画和部件的变化形式区别不同汉字。方块内部汉字的结构自然是很复杂的。因此，汉字有相当多的形近字、异体字等。

（三）汉字分化同音词能力强

汉语中同音现象比较多。同音不同形体的汉字可以起到分化不同意义的作用。例如，音节"yī"，可以在新华字典中找到伊、衣、医、咿、依、祎、洢、咿、鄣、漪、悘、铱、猗、蛜、壹、揖等多个同音字，但这些字可以依靠不同的字形加以区别。

（四）汉字具有超时空性

汉字是世界上起源最早的四大文字之一，且是四大文字中唯一保存下来并延续至今的。无论翻看哪个朝代的典籍，我们都能看到用汉字记载的内容；无论是哪个方言区的人们，也同样能在文字中找到共同的发音。它超越了时间和空间，是历代中华民族共同的交际工具。

四、汉字的前世

从仓颉造字的古老传说到 100 多年前甲骨文的发现，历代中国学者一直致力揭开汉字起源之谜。关于汉字的起源，中国古代文献中有种种说法，主要有下面几种学说。

（一）结绳说

文字的产生是源于古人记事的需要，远古记事最早的方法经考古发现是利用结绳的方式。中国古代的许多文献对"结绳记事"都有记载。《易经》中的"上古结绳而治"，《庄子》中的"当是时也，民结绳而用之"，《周易·系辞下》中的"上古结绳而治，后世圣人易之以书契，百官以治，万民以察"。郑玄注："结绳为约，事大，大结其绳；事小，小结其绳。"一些人据此推断文字起源于结绳。专家考证后，认为远古人类是利用绳子上打各种各样大小不一的结可以表达不同的意思。有些结绳还被涂上了颜色，代表不同的意思。例如，黑结表示死亡，白结象征银子或和平，红结指代战争，黄结代表金子，绿结代表谷物等。结绳记事在某种程度上确实能帮助人类记录一些事情，但文字是记录语言的符号，结绳并非在记录语言，如果非要把结绳跟文字扯上关系，则有点牵强附会。

（二）实物记事说

实物记事是用实物表达思想，传递信息。如用一块牛排表示友好和希望联合，用砍断了的牛肋骨表示断交，苦果表示同甘共苦，藤叶表示永不分离等。这种借实物的音、义表达思想感情的方法，后来成为"会意""假借"等造字方法来源。实物记事也有以下几种方式：①以物表物，如用牛角表示牛，用鸡毛表示鸡等；②以物表意，是以实物象征某种抽象意义，如以槟榔、草菸、茶叶、盐表示友好，以火药、子弹、辣椒表示敌对，以砍断的牛肋骨表示关系破裂，以鸡毛、火炭、竹箬表示事情急迫等；③以物表音，是借用实物名称的音，表示与之音同或音近的词的词义，如年画上经常画有一个胖娃娃抱着一条鱼或者一只大公鸡，表示年年有余（鱼）、开门大吉（鸡）的意思。此外还有更复杂的，如云南景颇族中流行的"树叶子信"。汪宁生《从原始记事到文字发明》一文中列举了 16 种景颇族载瓦支树叶子信的物品。

（三）仓颉造字说

"仓颉造字说"在战国时即已流行。《吕氏春秋·君守》载："仓颉作书，后稷作稼。"《荀子·解蔽》载："好书者众矣，而仓颉独传者，壹也。"《韩非子·五蠹篇》："仓颉之作书也，自环者谓之私、背私谓之公。"到了秦汉时代，这种说法更加盛行。许慎《说文解字·叙》："仓颉之初作书，盖依类象形。"《淮南子》《论衡·对作》《论衡·订鬼》等书中均有记载。

仓颉到底是什么人呢？传说他是黄帝的史官。黄帝是古代中原部落联盟的领袖。由于社会进入较大规模的部落联盟阶段，联盟之间外交事务日益频繁，于是收集及整理的工作便交到史官仓颉的手上了，由此仓颉创造了汉字。不过专家们一致认为，汉字数量浩繁，笔画繁复，不可能单凭一个人的力量创造出来，而是广大人民在长期的社会生活中不断积累、不断总结的结果。所以，仓颉很可能的确是在汉字发展中做了很多收集、整理、规范的工作。仓颉在收集整理汉字的过程中起了重要作用，在中国文化史上乃至于全世界都产生了重要影响。美国国会图书馆三座馆舍之一的约翰·亚当斯大楼主要出口处铜门上，镶嵌着 12 个对世界文字有影响的各国传说人物，中国的仓颉也位列其中。

（四）图画说

现代学者认为，汉字真正起源于原始图画。一些出土文物上刻画的图形，很可能与文字有着渊源关系。公元前 4000 年左右，出土于陕西华县泉护村遗址、新石器时代的仰韶文化的彩陶盆上，有四个鸟形图案，与古汉字中的"鸟"（上行）和"佳"（下行）对照，十分相似。《说文解字》说，"隹"是短尾鸟的总名。如图 1-31 所示为泉护村一期文化三阶段典型彩纹的变化。

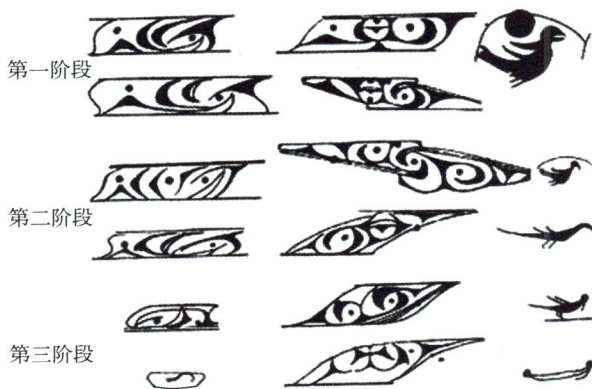

第一阶段

第二阶段

第三阶段

图 1-31　泉护村一期文化三阶段典型彩纹

西安半坡遗址出土的仰韶文化人面鱼纹彩陶盆上（图 1-32），和晚商青铜器上的鱼形图案，形态逼真，栩栩如生。拿它们与古汉字中的一些"鱼"比较，其相似的程度，足以使人相信汉字是从原始图画演变出来的。

汉字大约产生于原始社会末期，如果把记号和图画看作是原始文字，则距今已有 5000～6000 年的历史。汉字体系的形成大概在宗法传位制国家建立的时期，即夏代初期或中期，距今约有 4000 年的历史。

图 1-32　人面鱼纹彩陶盆

五、汉字的今生

（一）汉字的结构单位

现行汉字的结构单位有两级：一是笔画，二是部件。笔画是构成汉字的最小单位，部件则是构成汉字的预制构件。

1. 笔画

笔画是构成汉字的各种点与线，分为单一笔画和复合笔画。1988 年国家语委和新闻出版署公布《现代汉语通用字表》，规定了五种基本笔画，即一（横）、丨（竖）、丿（撇）、丶（点）、乛（折）。

笔画在空间有三种组合方式：第一，相接，即笔画和笔画之间互相连接，如人、入、上、刀；第二，相离，就是笔画与笔画之间互相分离，没有接触，如八、二、心、氵；第三，相交，就是笔画与笔画之间互相交叉，如九、又、丈、卅。

关于笔画，我们要正确地数出笔画数目的多少，笔画数指的是每个汉字有几个笔画。学习汉字时要能够准确地计算出每个汉字的笔画数。什么时候需要数笔画数呢？查字典、索引以及排列人名都要用到笔画数。2013 年教育部、国家语言文字工作委员会组织制定了《通用规范汉字表》，该表共收录汉字 8105 个，体现着现代通用汉字在字量、字级和字形等方面的规范。社会一般应用领域的汉字使用均以《通用规范汉字表》为准。

2. 部件

部件是由笔画构成的独立的构字单位。多数部件由一笔以上的笔画构成，少数部件由单笔笔画构成。部件小于或等于整字。部件按照不同的标准可以分成不同的类别。

第一，按部件能否独立成字可以划分为：①成字部件，如组成汉字"岩"的部件"山"和"石"可以单独成字；②非成字部件，如"宀""刂"单独不成字，必须与其他部件组合才能成字（如"宝""刘"）。

第二，按能否再切分成小的部件可以划分为：①基础部件（末级部件），即最小的不能再拆分的部件，如"分、仍"的"八、刀、亻、乃"；②合成部件（复合部件），即由两个或两个以上基础部件组合而成的部件，如"瓒"字，第一次切分出"王、赞"，其中"赞"是合成部件，第二次切分出"兟、贝"，其中兟是合成部件，第三次切分出"先、先"，"瓒"字中的"王、先、贝"都是基础部件。

第三，按照部件笔画多少可以划分为：①单笔部件，如"亿"的"乙"与"旦"的"一"，笔画都是只有一笔；②多笔部件，如"亿"的"亻"与"旦"的"日"，笔画都是大于一笔。

第四，按照部件切分先后层次，可以划分为：①一层部件；②二层部件；③三层部件等。例如"瓒"字，"王、赞"是一层部件，"兟、贝"是二层部件、"先、先"是三层部件。

（二）部首

部首是字书中各部领头的部件或笔画，具有字形归类作用的偏旁。我国历史上第一部字典《说文解字》首创了部首的概念，用来编排汉字的顺序。

在数量上，《说文解字》确定了 540 个部首；明代梅膺祚的《字汇》归并为 214 个部首；2009 年 5 月 1 日试行的《汉字部首表》规定了 201 个主部首，99 个附形部首；《新华字典》189 部；新《辞海》则为 250 部；《汉语大词典》和《汉语大字典》为 200 部。

由于部首的归并与调整，改变了许多字的分部。使用不同的字书时，应当了解该书的部首调整情况，才能顺利地查到所要查的字。例如："衷"原为"衣"部，后来调整为"亠"部；"赢"原为"贝"部，后来调整为"亠"部；"亥、言"原为部首，现在归入"亠"部。

（三）笔顺

一个汉字书写时笔画的先后顺序叫笔顺。笔顺受字形结构的制约，是在长期书写实践的基础上约定俗成的。按笔顺写字比较容易找准中心，便于整个字的布局，也容易写得顺手。正确地掌握汉字的笔顺，也便于使用字典词典的笔顺查字法。

笔顺的一般规则：

（1）先上后下：旦、星、章、军、叁。

（2）先左后右：阳、明、打、谢、啪。

（3）先横后竖：十、干、击、王、拜。

（4）先撇后捺：入、八、人、分、参。

（5）先外后内：周、风、问、同、用。

（6）从外到内后封口：田、目、团、国、围。

（7）先中间后两边：小、水、木、永、兼。

（8）先中间后加框：山、凶、幽、丞、函。

（四）整字

整字可以分为独体字和合体字。

1. 独体字

独体字就是由一个构字成分组成、不能进行拆分的字，例如"力""水"等。传统汉字学把象形字和指事字都归入独体字。由于形体演变，或者改变写法，或者增加偏旁。许多古代的独体字在现代汉字中已经变成合体字了，如"它"。

2. 合体字

合体字是由两个或两个以上的部件组成的字，如："相"字包含"木"和"目"两个字。会意字和形声字都是合体字。

（五）汉字的结构方式

汉字的结构方式，主要是针对合体字的结构方式而言的。汉字是一个平面图形，如果是由一个构字成分组成的字，就不存在结构分布问题。如果是两个或者两个以上的构字成分组合在一起，就有一个如何安排位置的问题了。所谓结构方式，就是两个或两个以上构字成分在汉字中的位置排列方式。

传统汉字中的合体字通常采用"二分法"分析结构方式。形声字分成形符和声符两部分；会意字中绝大多数也都是两部分，只有少数会意字使用了三个部件会意。因此，一般讲到汉字的结构方式的时候，就采用二分法进行归纳，得出下列四种合体字的主要结构方式。

（1）左右结构：信、任、明、确。

（2）上下结构：全、息、雷、轰。

（3）全包围结构：国、团、围、圈。

（4）半包围结构：

庄字结构：厅、反、庆、病、左、居、眉、发、彦、房、厄、考、看、靡、虚、麝。

司字结构：司、句、刁、可、包、虱。

边字结构：边、建、赵、尴、处、怹、匙、勉、翘、毯、魁、甦。

同字结构：同、问、闹、周、向、风。

区字结构：区、匚、医、匠、匡、匿、匪、匹。

凶字结构：凶、函、幽、凼、画。

太字结构：太、套、尽、参、巷、泰、春、昼。

六、造字法

对汉字的构造方式，传统上有"六书"之说。六书：象形、指事、会意、形声、转注和假借。一般认为，前四种为造字法，后两种为用字法。在此着重介绍造字法。

（一）象形

许慎在《说文解字》中说："象形者，画成其物，随体诘诎（jié qū），日月是也。"象形就是用描绘事物形状来表示字义的造字法。象形字源自图画，但与图画有本质的区别。象形字是汉字的先行者，构成了汉字的基础。汉字的部首基本是象形字。例如：

日：甲骨文 金文 大篆 小篆 隶书

月：甲骨文 金文 大篆 小篆 隶书

心：金文 大篆 小篆 隶书

泉：甲骨文 金文 大篆 小篆 隶书

门：甲骨文 金文 大篆 小篆 隶书

象形这种造字法的缺陷：复杂的事物难以象形，抽象的概念无法象形，近似的事物不便区别。由于汉字形体的变迁，绝大部分的古象形字从现行汉字已经看不出原物的样子，只有极少数的字如"井、田、伞、雨、网"等尚依稀可辨。

（二）指事

许慎在《说文解字》中说："指事者，视而可识，察而见意，上下是也。"指事是用象征性符号或在象形字基础上加提示性符号来表示某个字义的造字法。指事法的优势是可以表示一个抽象的概念。"上""下"都是指事字。长横，代表大地或地平线。上面加一短横，或一短竖，就是指示符号，强调"在大地之上"。"下"则正好相反。例如：

上：甲骨文 金文 战国文字 篆文 隶书 楷书

下：甲骨文 金文 战国文字 篆文 隶书 楷书

"甘"：甲骨文 大篆 小篆 隶书。在口内加一点，表示口中含有甘美的食物的意义。

"亦"：甲骨文 金文 大篆 小篆 隶书。用两个点指出腋下位置。

"本"：金文 大篆 小篆 隶书。用点表示树木根部。

"末"：金文 大篆 小篆 隶书 **末**。用点表示树梢枝末。

指事造字法的缺陷是不能大量造字。现代也有一些指事字，如"卡、乒、乓"等。

（三）会意

许慎在《说文解字》中说："会意者，比类合谊，以见指㧑，武信是也。"会意就是几个部件合成为一个新字的方法，新字的意义由部件融汇而成。会意建立在人们的联想和推理的基础上。例如：

武：甲骨文 金文 大篆 或 小篆 隶书 **武**，从戈从止。"止"是"趾"本字，戈下有脚，表示人拿着武器走，有征伐或显示武力的意思。

信：	（无）		
	甲骨文	金文	篆文

从人，从言。表示人言可信。本义指言语真实。

会意字按照构成部件的异同可以分为异体会意字和同体会意字两类。

（1）异体会意字：用不同的字组成。如：休、明、涉、益。

休：甲骨文 金文 大篆 小篆 隶书 **休**，从人在木

（指树）下，表示休息。

明：甲骨文 金文 大篆 小篆 隶书 **明**，从日从月。

涉：甲骨文 金文 大篆 小篆 隶书 **涉**，从

水从步，甲骨文象两脚过河。

益：甲骨文 金文 大篆 小篆 隶书 **益**，从水皿，水从皿中流出，是溢的本字。

（2）同体会意字：用相同的字组成。如：从、众、犇、淼。

从：甲骨文 金文 小篆 隶书 **从**，表示两人前后相随。

比：甲骨文 金文 大篆 小篆 隶书 **比**，表示两人接近并立。

林：甲骨文 金文 大篆 小篆 隶书林，表示树木众多。

森：甲骨文 金文 小篆 隶书森，表示多木状。

晶：甲骨文 大篆 小篆 隶书晶，表示群星闪亮。

简化字也有采用会意法造字的，如歪、尘、众、孬等。

（四）形声

许慎在《说文解字》中说："形声者，以事为名，取譬相成，江河是也。"由表字义类属的形旁（义符）和表读音的声旁组成新字的方法，即为形声。如"洋"（yáng），形旁"氵"表示海洋有水，声旁"羊"表示声音，组成从"氵""羊"声的形声字，现在汉字大部分是形声字。

形声既表音又表意，兼得二者之妙，具有极高的能产性。象形字、指事字、会意字、形声字都可以作形声字的声旁。如"沐、沫、沽"的"木、末、古"。形声字也有一些变形，有的形声字有省形和省声的情况。

省形，是把充当形旁的字省略了一部分。如"亭"从高省，丁声；形旁"高"省写成了"高"。"考"，从老省，丂声；形旁"老"省写了"耂"。

省声，是把充当声旁的字省略了一部分。如"嫠"，从蔜，好省声；声旁"好"省写成了"女"。"绳"从纟（系），蝇省声；声旁"蝇"省写成了"黾"。这样的字还有炊（吹）、窦（渎）、船（铅）、疫（役）、绳（蝇）。

还有一种亦声字，是会意兼形声字。如"牭"，四岁牛，从"牛"从"四"，"四"亦声；"政"，从"攴（pū）"从"正"，"正"亦声；"娶"，从"女"从"取"，"取"亦声；"功"，从"力"从"工"，"工"亦声。

下面重点谈谈形声和声旁的有关问题。形声字中形旁和声旁的部位大体有下列六类。

左形右声：河、晴、财、购、优、征。

右形左声：都、切、致、胡、战、剃。

上形下声：空、芳、宇、爸、翠、箱。

下形上声：勇、盛、基、袋、盒、照。

外形内声：阁、固、匣、囤、赴、廷。

内形外声：闻、问、辩、辨、赢、赢。

此外还有一些特殊位置的形声字：疆、旗、荆、颖。

声旁的作用一般可以显示与字音的信息，但是相当多的声旁已经和整字读音没有什么关联了。例如：城（从土成声）、春（从日屯声）、江（从水工声）、姜（从女羊声）。

形旁的作用一般表示字义，但是也有相当多的形旁的意义由于社会的发展、客观事物的变化，已经完全看不到形旁和整字的意义关联了。例如：赢（"贝"旁表钱义）、祀（"礻"旁表祈福义）；同一个形旁"口"的字，"嘧、啶、呋、喃"等字义和"口"毫无关系；"蚯蚓""龙虾""牡蛎""彩虹""蜻蜓"等字都以"虫"为形旁，但是与"虫"的意义关联就很牵强。

七、现行汉字的规范化

中华人民共和国成立后，党和国家领导人非常重视文字的整理和规范。1949 年 10

月，中国文字改革协会成立。1952 年，成立中国文字改革研究委员会，1985 年改名为国家语言文字工作委员会。中华人民共和国成立后，汉字的整理和规范包括以下内容。

（一）整理异体字

1955 年 12 月，公布了《第一批异体字整理表》，有异体字 810 组，合计 1865 字，淘汰异体字 1053 个。2013 年，《通用规范汉字表》对第一批异体字整理表进行了调整，收录了 794 组共计 1023 个异体字。

（二）规范简化汉字

（1）1956 年 1 月 31 日，《人民日报》发表了国务院《关于公布汉字简化方案的决议》和《汉字简化方案》，该汉字简化方案分三部分。第一部分即《汉字简化第一表》，共收 230 个简化字；第二部分即《汉字简化第二表》，共收 285 个简化字；第三部分即《汉字偏旁简化表》，共列 54 个简化偏旁。

（2）1964 年 5 月公布了《简化字总表》，从此简化字作为正体字在全国报刊、图书使用。

（3）1977 年 5 月文会改公布了《第二次汉字简化字（草案）》，我们称为"二简字"，1977 年 12 月 20 日，《人民日报》等报纸发表了该草案，1978 年 7 月，中宣部通知《人民日报》、新华社、《光明日报》《红旗》杂志以及有关出版社停止使用新简化字，1986 年 6 月由国务院转批国家语委《关于废止（第二次汉字简化方案（草案））和纠正社会用字混乱象形的请示》，正式宣布停止使用"二简字"。

（4）1986 年 10 月，重新发布 1964 年版《简化字总表》，个别字作了调整，加上附录，总计 2235 个。

（三）整理汉字字形

（1）1964 年 5 月，编成《印刷通用汉字字形表》，收录 6196 字。1965 年 1 月，文化部和中国文字改革委员会联合发文，把该表定为汉字铅字子模的范本。

（2）1988 年 1 月，国家语委和国家教委联合公布了《现代汉语常用字表》，其中常用字表 2500 字，次常用字 1000 字，共计 3500 字。

（3）1988 年 3 月，国家语委、新闻出版总署联合发布《现代汉语通用字表》，规定了 7000 个通用汉字的总量。

（4）2013 年 6 月，国务院发布了《通用规范汉字表》的通知，该表共收字 8105 个，整合《第一批异体字整理表》《简化字总表》《现代汉语常用字表》《现代汉语通用字表》制定而成，这是我国继 1986 年发布《简化字总表》以后，对汉字的又一次规范。

（四）字音规范

（1）1958 年 2 月 11 日，第一次全国人民代表大会第五次会议批准颁布了以拉丁字母为汉语拼音字母的《汉语拼音方案》。

（2）1985 年 12 月 17 日，国家语委和国家教委联合公布了《普通话异读词审音表》。

（3）2001 年 1 月 1 日，《中华人民共和国国家通用语言文字法》起实施，推广普通话，推行规范汉字获得了法律保障。

现在通常所称的简化字，指的是 1986 年 10 月，重新发布 1964 年版《简化字总表》

中的简化字，至于 1977 年文会改公布的《第二次汉字简化字（草案）》所收简化字，已于 1986 年 6 月由国务院转批国家语委《关于废止（第二次汉字简化方案（草案））和纠正社会用字混乱象形的请示》，正式宣布停止使用。

探究与思考

1. 请数一数下面这些汉字的笔画数：凹、凸、沛、九、佳、臣、式。

2. 有些广告语如"骑乐无穷"（某摩托车广告语）、"一明惊人"（某眼病治疗广告语）、"牙口无炎"（某牙膏广告语），在取得广告效果的同时，请你谈谈在规范汉字方面的建议和意见。

—— 综合实践 ——

单元主题文化践行活动：发扬优秀传统文化

一、文化践行主题

本单元文化践行活动的主题是发扬优秀传统文化。传统文化的继承和发扬是当今时代的一个重要课题，习近平总书记以坚定的话语指引未来："对历史最好的继承，就是创造新的历史；对人类文明最大的礼敬，就是创造人类文明新形态。"作为 21 世纪的大学生，"饮水必须思源，数典不能忘祖"，大学生要找回失落的人文精神，就不能不接受祖国灿烂优秀传统文化的教育。

二、文化践行目的

通过本单元的实践教学，使学生通过文化调查，培养自主能力，培养对优秀传统文化的兴趣，增强对中国优良传统文化精神的认同感、归属感和自豪感，培养人文精神和爱国主义精神。

三、文化践行活动

根据本校实际情况，结合学生特点，在以下文化践行活动中选择一项进行。

文化践行活动一：调查姓名

1. 活动目标

通过调查不同年龄层次、不同地域的姓名用字，能够对当今时代的姓名特点进行分析总结，掌握姓名文化的时代特点。通过集体活动培养团结协作精神。

2. 活动类型

校内实践。

3. 活动方案

（1）实践分组：每班以小组为单位开展文化践行活动，每组选定组长 1 人。

（2）小组成员决定分工，设计调查问卷，分析总结得出结论。

4. 作品要求

（1）小组成员共同完成调查报告。

（2）调查报告要求设计合理、分析科学、逻辑清晰。

文化践行活动二：我所知道的民俗

1. 活动目标

通过调研，了解本校大学生对于家乡本地民俗的了解情况，培养学生热爱家乡、热爱中国优秀传统文化的精神。

2. 活动类型

校内实践。

3. 活动方案

（1）实践分组：每班以地域为单位开展文化践行活动，同一小组均是来自同一地域的成员，每组选定组长 1 人。

（2）请以"我所知道的民俗"为主题，小组成员共同参与写作。

（3）根据整理归纳，完成一份关于"我所知道的民俗"的报告。

文化践行活动三：调查社会规范用字

1. 活动目标

社会的不断发展，广告、影视等各种媒体应运而生，各种出版物接踵而来，广告招牌、商品包装五彩缤纷。这是时代的产物，代表着社会的进步，但随之也出现了许多不规范字，这给识字尚少的小学生造成了不少困惑和障碍，也为人们办事带来许多不便。本次调查的目的是使大家进一步了解社会用字的状况，加强规范字的思想意识，认识规范用字的重要性，正确使用规范汉字。

2. 活动类型

校外实践。

3. 活动方案

（1）实践分组：每班以小组为单位开展文化践行活动，每组选定组长 1 人。

（2）小组成员决定分工，到社会上调查不规范用字现象，记录并进行分析总结。

第二章 自然

📖 开篇导读

自然是什么？风、光、雨、电、草、树……一湖碧水，一树繁花，一缕炊烟，山与水交融，风与雨常伴，雷与电交错，花与草相依，世界上最纯粹、最完美、最和谐的就是自然的样子。自然在文人的笔下，可以是张若虚的"江月何年初照人"的人生慨叹，可以是李白的"我歌月徘徊、我舞影零乱"的起舞高蹈，可以跟随散文家张岱在西湖边踏月而行，也可以是学者余秋雨带我们穿越历史斑驳的遗迹领略古人的潇洒与沧桑。自然之趣在中华文明史中积淀了丰富的生态智慧。"天人合一""道法自然"的哲理思想，"劝君莫打枝头鸟，子在巢中望母归"的经典诗句，"一粥一饭，当思来之不易；半丝半缕，恒念物力维艰"的治家格言，这些质朴睿智的自然观，至今仍给人以深刻警示和启迪。让我们走进自然、感受自然、热爱自然，因为自然是每个人的天堂，是可以盛放一切的灵魂的故乡。

📖 学习目标

▶▶ **知识目标**：掌握《春江花月夜》如何将诗情、画意、哲理相交融合；掌握李白浪漫主义诗风，张岱散文构思巧妙、寓情于景的写法以及余秋雨游记散文的特点。

▶▶ **能力目标**：能够抓住自然景物的主要特征，从不同角度、观察顺序进行描写，通过观察联想，感悟景物或景物变化中所蕴含的人生哲理；掌握将自然景观与人文景观结合起来进行描写的写法和特色；能够运用借景抒情、移情于景等方法表达自己的情感。

▶▶ **素质目标**：培养对自然的审美能力，具有一定的审美观；培养亲近自然的习惯和热爱自然的情感，提高审美情趣。

▶▶ **知识广角**：掌握景物描写方法。第一，抓住景物的特征，注意对景物进行细致观察。第二，选好描写角度。①定点观察，即观察景物的立足点是固定的；②移步换景，就是立足点随着行踪的变化而变化；③散点观察，选取某一范围内的若干景点分别观察。第三，安排好描写顺序。①按照空间顺序写景，注意景物的方位顺序；②按时间顺序写景，注意同一景物在不同时间的变化不同。另外，在进行景物描写时还要注意巧用联想、想象等多种修辞。调动各种感官体验和感悟，动静结合，虚实相生。利用烘托映衬，使景物形象更为鲜明。最后融情于景，表达主观感受，"一切景语皆情语"（王国维语）。

第一节　　春江花月夜·其一[1]　　张若虚

作者简介

　　张若虚（约670—约730），扬州（今江苏扬州）人，唐朝诗人，曾任兖州兵曹，与贺知章、张旭、包融并称为"吴中四士"。今仅存诗二首，其一为《春江花月夜》。该诗一改初唐浮靡的诗风，描写细腻，音节和谐，富有情韵，是一篇脍炙人口的名作，乃千古绝唱，历来评价较高。清代文学家王闿运在《论唐诗诸家源流（答陈完夫问）》中评价："张若虚《春江花月夜》用《西洲》格调，孤篇横绝，竟为大家。李贺、商隐，挹其鲜润；宋词、元诗，尽其支流，宫体之巨澜也。"闻一多先生誉其为"诗中的诗，顶峰上的顶峰"（《宫体诗的自赎》）。另一首诗是《代答闺梦还》。

引文入境

春江潮水连海平，海上明月共潮生。
滟滟[2] 随波千万里，何处春江无月明！
江流宛转绕芳甸[3]，月照花林皆似霰[4]；
空里流霜[5] 不觉飞，汀[6] 上白沙看不见。
江天一色无纤尘[7]，皎皎空中孤月轮[8]。
江畔何人初见月？江月何年初照人？
人生代代无穷已[9]，江月年年望相似[10]。
不知江月待何人，但见[11] 长江送流水。
白云一片去悠悠[12]，青枫浦[13] 上不胜愁。
谁家今夜扁舟子[14]？何处相思明月楼[15]？
可怜楼上月徘徊[16]，应照离人[17] 妆镜台。
玉户[18] 帘中卷不去，捣衣砧[19] 上拂还来。
此时相望不相闻[20]，愿逐[21] 月华[22] 流照君。
鸿雁长飞光不度，鱼龙潜跃水成文[23]。
昨夜闲潭[24] 梦落花，可怜春半不还家。
江水流春去欲尽，江潭落月复西斜。

春江花月夜

斜月沉沉藏海雾，碣石潇湘²⁵ 无限路。

不知乘月²⁶ 几人归，落月摇情²⁷ 满江树。

注释

1. 全文选自《乐府诗集》卷四十七《清商曲辞四》。《春江花月夜》是乐府（《清商曲辞·吴声歌曲》）旧题，相传此曲调创始于陈后主，原词已失传。张若虚这首为模拟旧题作诗，与原先的曲调不同，突破了宫体诗的牢笼，洗脱了它的脂粉气。

2. 滟滟（yàn）：波光荡漾的样子。

3. 芳甸：芳草丰茂的原野。甸，郊外之地。

4. 霰（xiàn）：天空中降落的白色不透明的小冰粒。这里形容月光下花朵的晶莹洁白。

5. 流霜：飞霜，古人以为霜和雪一样，是从空中落下来的，所以叫流霜。在这里比喻月光皎洁，月色流荡，好像下霜一样。

6. 汀（tīng）：沙滩。

7. 纤尘：微细的灰尘。

8. 月轮：指月亮，因为月圆时像车轮，所以称为月轮。

9. 穷已：穷尽。

10. 江月年年只相似：另一种版本为"江月年年望相似"。

11. 但见：只见，仅见。

12. 悠悠：渺茫，深远。

13. 青枫浦：指长满枫林的水边。浦，水边。青枫浦，泛指游子所在的地方。"青枫"，这里暗用典故"湛湛江水兮上有枫，目极千里兮伤春心，魂兮归来哀江南"，出自屈原的《楚辞·招魂》。"浦"，暗用典故"子交手兮东行，送美人兮南浦"，出自屈原的《九歌·河伯》。

14. 扁（piān）舟子：飘荡在外的游子。扁舟：孤舟。

15. 明月楼：月夜下的闺楼。这里指闺中思妇。曹植《七哀诗》："明月照高楼，流光正徘徊。上有愁思妇，悲叹有余哀。"

16. 月徘徊：指月光偏照闺楼，徘徊不去，令人不胜其相思之苦。

17. 离人：此处指思妇。

18. 玉户：形容楼阁华丽，以玉石镶嵌。

19. 捣衣砧（zhēn）：捣衣石，捶布石。

20. 相闻：互通音信。

21. 逐：追随。

22. 月华：月光。

23. 文：同"纹"。

24. 闲潭：幽静的水潭。

25. 碣石、潇湘：碣（jié）石，山名，在渤海边上；潇湘，湘江与潇水，在今湖南。这两个地名一北一南，暗指路途遥远，相聚无望。

26．乘月：趁着月光。

27．摇情：激荡情思，犹言牵情。

译文

　　春天的江潮水势浩荡，与大海连成一片，一轮明月从海上升起，好像与潮水一起涌出来。月光照耀着春江，随着波浪闪耀千万里，什么地方的春江不在月光的照耀之下呢！江水弯弯曲曲地绕着花草丛生的原野流淌，月光照射着开遍鲜花的树林，好像细密的雪珠在闪烁。月色像白霜一样从空中流下，感觉不到它的飞翔，它照得江畔的白沙也看不见。江水、天空连成一色，没有一点微小灰尘，只有一轮明亮的孤月高悬空中。江边上什么人最初看见月亮，江上的月亮又是哪一年最初照耀着人？人生一代代地无穷无尽，只有江上的月亮一年年地总是相像。不知江上的月亮等待着什么人，只看见长江为流水送行。

　　一片白云向远空缓缓飘去，青枫浦那种远游者逗留的地方，一定有游子耐不住心中的忧愁。谁家的游子今晚漂流在外？什么地方有人在明月照耀的楼上相思？可怜楼上不停移动的月光，它应该照耀到了离人的梳妆台。月光照进思妇的门帘，卷不走；留在捣衣石上，用手将它拂去它还会返回。游子思妇们此时相互思念，却听不到对方的音讯，多么希望随着月光流去关照对方啊。可恨送信的鸿雁早就飞走，月光又不能渡过；传情的鱼儿也藏到水底，只剩水面层层波纹。前一夜安静的水潭边，就梦见了花朵零落将尽；春天已过了一半还不能回家，怎不令人伤心。江水不停地流走春景，春景就快要流尽；江潭上方美好的夜月，也开始偏西了。残月深深隐入了茫茫海雾；天高路远的离人啊，回家的路途该是多么的遥远。不知其中能有几人趁着月光转回家乡？残月掩映着大江两岸的树木，深深激荡着人的心绪。

作品鉴赏

　　《春江花月夜》的作者是初唐诗人张若虚。他留给后人的作品不多，《全唐诗》中仅存二首，而这首《春江花月夜》又是最著名的一首，奠定了张若虚在唐代文学史的不朽地位。

　　这首诗以"月"贯穿全篇，按时间的顺序，从月升、月照、月轮、月徘徊、月华、月斜，写到月落，再辅以其他意象，如江潮、江流、芳甸、花林、沙汀、江树等，众多场景的衬托，多个意象的构建，形成了这首流传千古的佳作。全诗以"月"统摄众景，以众景含哲理、寓深情，构成朦胧、深邃、奇妙的艺术境界，令人探索不尽，意味无穷。"月"是全诗的灵魂，是全诗的时间线索，景物描写的主体，哲理思考的凭借，离情别绪的依托。

　　全诗可分三部分。第一部分写了月下春江的美景（1～8句）。诗人开篇由江月写至花林，描绘出一幅春江月夜的壮丽图卷。开头两句"春江潮水连海平，海上明月共潮生"，展现了"春江潮涨，月共潮生"的辽阔视野。一个"生"字，将明月拟人化了，赋予了明月与潮水活泼的生命力；一个"共"字，又强调了春江与明月的天然联系。在月光的照射之下，江流千万里，光芒闪烁，开满鲜花的树林也像镀上了一层雪珠那样。近处看，那月色和沙滩连在一起，江天一色，让人分不清哪里是海，哪里是天。作者紧扣题目写作，虽然景物极多，但却有主有从，以月光统摄各种景物，由大到小，由远到近，逐层展开，展现了一幅幽美恬静的画面，也为下文引发哲思和借景抒情创造了一个静谧深远的意境。

第二部分写了江月之下产生的感慨（9～16句）。诗人立于江畔，仰望明月，不禁产生了"江畔何人初见月？江月何年初照人？"的疑问，这是个涉及宇宙生成、人类起源的问题。诗人转入对宇宙和人生的沉思："人生代代无穷已，江月年年望相似，不知江月待何人，但见长江送流水。"宇宙永恒，明月常在，个体生命虽有限，但一代一代连接起来，却是无穷无尽的生命的延续。不像这明月，永远只是高悬当空遥不可及。诗人以群体生命的延续回答了这个令人类永远感伤的宇宙命题。这静谧的春江花月之夜，本该是月圆人也圆的时候，但是"人有悲欢离合，月有阴晴圆缺"，人生总是充满遗憾，于是诗人用了"不知江月待何人，但见长江送流水"承上启下，由对宇宙人生的深远哲思，引出了世间最普遍、最动人，也是最难排解的相思愁情。

第三部分写了思妇游子的离愁别绪（17～36句）。"白云"四句总写在月夜中思妇与游子的两地思念之情。江潮起落，水天一线，视线随白云飞至青枫浦，扁舟游子正望月怀人。接下来"可怜"八句写思妇对离人的怀念。"徘徊"用拟人手法，写出月游移不定的动态，同时赋予了月亮人的灵性，它似乎也在为思妇伤心、为她怜悯，不忍离去。与后文的"卷不去""拂还来"相呼应，写出月亮的不忍之心。但此种做法却惹得思妇盼家人归来之心更强。"此时相望不相闻"，月光引起的情思让思妇难以入眠，生发托月传情的痴心。可是鸿雁长飞，月华难度；鱼儿跃动，只见阵阵波纹。向来有传信功能的鱼雁都无法传情，可见二人音讯断绝，相思无着落。"昨夜"八句写游子对思妇的想念。诗人选取了春梦、落花、流水、月落等几种伤情的意象来表达游子思归的感情。尽管时光飞逝，离人各天涯，但今夜不知有几人趁着月色归家。诗人运用以景结尾的方式，把不绝如缕的思念之情、月光之情，交织成一片，洒落在江树上，也洒落在读者心上，情韵袅袅，摇曳生姿，令人心醉神迷。

这是一首抒情诗。诗人细致地描绘了江南春江花月之夜清幽静谧的自然景色，并由此而生发出对宇宙无穷、人生短促的思索和对明月今宵、游子思妇却天各一方的惋惜。诗中尽管不无人生苦短的伤感，但是读来缥缈如烟，悠悠惆怅中交织着对生命的依恋，对青春的珍惜，对"人生代代无穷已"得以与明月长久共存的一丝欣慰。尽管也有夫妇别离的哀愁，但是写来柔婉似水，绵绵相思中饱含着"借明月寄相思"的脉脉温情，蕴含着对重逢的美好期盼。全诗诗情画意，儿女情长与历史沧桑浑然一体、水乳交融。

全诗在思想与艺术上都超越了以往单一的景物诗、哲理诗、爱情诗，融诗情、画意、哲理为一体。诗歌以富有生活气息的清丽之笔，创造性地再现了江南春夜的景色，如同月光照耀下的万里长江画卷。然后由"江月"联想到"人生"，写景转入抒情并深入对哲理的探寻，同时寄寓着游子思妇的离别相思之苦。最后仍以写景结束，景中含情。全诗紧扣"春、江、花、月、夜"题目中的五种景物来写，但又以月为主，"月"是诗中情景兼融之物，它与月下之景共同展现出一幅充满人生哲理与生活情趣的画卷。

全诗三十六句，每四句一韵。诗的韵律悠长，节奏抑扬回旋，内在感情热烈。诗篇意境空明，缠绵悱恻，洗净了六朝宫体的浓脂腻粉，词清语丽，韵调优美，脍炙人口。

探究与思考

1. 《春江花月夜》的诗歌线索是什么？你为什么这样认为？

2. 历来评价《春江花月夜》的情感基调是"哀而不伤"，请说说你的看法。

3. 为什么说《春江花月夜》在思想与艺术上都超越了以前那些单纯的景物诗、爱情诗、哲理诗？

第二节　　月下独酌[1]·其一　　李白

作者简介

李白（公元701—762），字太白，号青莲居士。祖籍陇西成纪人（今甘肃秦安县），出生于蜀郡绵州昌隆县（一说生于西域碎叶）。逝世于安徽当涂县。二十五岁起"辞亲远游"，仗剑出蜀。天宝元年任供奉翰林，因遭权贵谗毁愤懑而离开长安。安史之乱中，曾为永王李璘幕僚，后因李璘叛乱被牵涉远谪夜郎，中途，遇赦。晚年投奔其族叔当涂令李阳冰，后卒于当涂，葬龙山。李白是唐代最伟大的诗人之一，世称"诗仙"，与杜甫并称"李杜"，被誉为唐代诗坛的双子星座。其诗多抨击社会腐朽势力，关切时局安危，描绘壮丽山川，真诚袒露内心世界。艺术上想象丰富奇特，风格飘逸自然，富有浪漫主义精神，语言刚健有力、清新自然，艺术成就极高。现存诗九百多首，以古体、绝句见长。代表作有《蜀道难》《行路难》《将进酒》等，有《李太白集》传世。

✎ 引文入境

花间一壶酒，独酌[2] 无相亲[3]。

举杯邀明月，对影成三人[4]。

月既[5] 不解饮，影徒[6] 随我身。

暂伴月将影[7]，行乐须及春[8]。

我歌月徘徊[9]，我舞影零乱[10]。

醒时同交欢[11]，醉后各分散。

永结无情游[12]，相期[13] 邀[14] 云汉[15]。

注释

1. 全文选自《唐诗三百首》。

2. 独酌：一个人饮酒。酌：饮酒。

3. 无相亲：没有亲近的人。

4. "举杯"两句：这两句说，我举起酒杯招引明月共饮，明月和我以及我的影子恰好三人。一说月下人影、酒中人影和我为三人。

5. 不解饮：不会喝酒。

6. 徒：徒然，白白的。徒：空。

7. 将：与，共。

8. 及春：趁着春光明媚之时。

9. 月徘徊：明月随我来回移动。

10. 影零乱：因起舞而身影纷乱。

11. 同交欢：一起欢乐。一作"相交欢"。

12. 无情游：忘却世情的交游。

13. 相期：相约会。

14. 邀（miǎo）：远。

15. 云汉：银河，泛指天空。

译文

在花丛中摆上一壶美酒，我自斟自饮，身边没有一个亲友。举杯向天邀来明月，暂时与我的影子相伴，便成了三人。明月既不能理解开怀畅饮之乐，影子也只能默默地跟随在我的左右。暂时以明月影子相伴，趁此美景良辰及时行乐。我吟诵诗篇，月亮随着我徘徊，我手舞足蹈，影子便随我翩翩起舞。清醒之时，你我一起享受欢乐，醉了之后，免不了要各自离散。我愿与你结成永远的朋友，来日相聚在浩邈的银河边。

作品鉴赏

这首诗约作于公元 744 年（唐玄宗天宝三载），当时胸怀壮志的李白在长安被举荐做了供奉翰林。李白的才华被唐玄宗看重，一时风光无两，但唐玄宗只是让李白侍宴陪酒，并没有重用他的意思。李白的荣宠又招来了朝中许多人的妒忌，因此受到了排挤和诋毁，此刻的他感到孤独、愤懑。于是在月圆之夜李白以酒消愁，写下了《月下独酌》四首组诗，本诗是第一首。

本诗写诗人在月夜花下独酌，以月为友，对酒当歌，感慨世无知己的苦闷，抒发及时行乐的情感。全诗运用丰富的想象，表达出诗人由孤独到不孤独，再由不孤独到孤独的一种复杂感情。

开头一句"花间一壶酒"交代了诗人饮酒的背景，那是在花前月下的良辰美景，本应是与知己好友推杯换盏、开怀畅饮之时，正所谓"两人对酌山花开，一杯一杯复一杯"（《山中与幽人对酌》）。但是下句"独酌无相亲"马上把诗人拉回到现实情境中，月色再好也总要有一两位知己共赏，而此时诗人身边却并没有人真正了解他内心的苦闷。一个"独"字揭开了无情的现实，也奠定了全诗的情感基调。但是诗人擅于自得其乐，既然人间找不到知音，于是他把酒问月，把月亮和自己的影子凑成了所谓的"三人"。酒与月是李白笔下永恒的主题，如"青天有月来几时？我今停杯一问之"（《把酒问月》），再如"人生得意须尽欢，莫使金樽空对月"（《将进酒》）。李白爱酒，因为酒使他沉迷，他宁可一个人醉在酒里，也不愿醒来面对现实。李白也爱月，因为月之于一般人，是一个难以企及的高处，而李白宁愿一个人在月亮之上高蹈，也不愿来到人世间去感受那一点点可怜的温存。李白有抱负，有才能，想做一番事业，但是既得不到统治者的赏识和支持，朝中也找不到多少知音和朋友。所以他常常陷入孤独的包围之中，感到苦闷、彷徨。从他的诗里，我们可以听到一个孤独的灵魂的呐喊，这喊声里有对那个不合理的社会制度的抗议，也有对自由和个性解放的渴望。就这样，李白把月与影连自己在内化成了三个人，举杯共酌，冷清清的场面，顿觉热闹起来。这使他完成了一次由悲到喜的情感的轮回。

然而月不解饮，影徒随身，诗人仍感孤独，面对困扰，诗人勉为其难，一个"暂"，说明李白也清醒地知道，这种解脱不过是暂时的。也许正是因为其短暂，所以更显得珍贵，不能轻易放过。"行乐须及春"表明诗人已经调整好了心态，不是借酒消愁，而是要苦中作乐。这是诗人由悲到喜的第二次情感起伏。

诗歌的第三波起伏是独酌的高潮与升华。在这一阶段，诗人已完全被自己所创造出来的这个"月下独酌"的境界所陶醉，在月色之下吟诗作对，有月儿徘徊左右；在月色之下翩翩起舞，有影子追随。诗人亦醉亦醒，与月、影在尽欢之后，唏嘘于不免要各自分散。但李白怎舍得和他们分散呢？他在这世间"无相亲"，已经把月与影当成了朋友，诗人宁愿与这无情之物结为朋友，共同相约于虚无缥缈的云海，也不愿在人间留恋。

这首诗的题目叫"月下独酌"，表面上看起来，诗人是在自得其乐，实际是诗人的心中有着无限的凄凉。透过这番在花间月下的独酌与独白，人们可以清楚地感到，李白虽历尽挫折，却始终初心不改。李白作为盛唐诗人的代表，为后人推崇备至，正是因为他诗歌中表现出来的那种与生俱来的旷达与出神入化的浪漫。随着李白的文字，我们欣赏到了与众不同的月景，更读出了他深沉的孤独，也获得了一种人生的感悟：要热爱生活，执着地追求美好的事物。面对逆境，要善于排遣寂寞，达观处世，潇洒人生。

本诗的艺术特色具有以下三个方面。

1. 诗风浪漫，想象丰富

诗篇描写的月下独酌本是寂寞的，但诗人却运用丰富的想象，把月亮和自己的影子凑成了所谓的"三人"，赋予"月"和"影"以生命，创造了一个欢乐饮酒的幻想之境。在月下的自斟自饮变成了月、影的追随，把寂寞的环境渲染得热闹非凡，不仅笔墨传神，更重要的是表达了诗人旷达不羁的个性和情感。

2. "以乐写悲"的反衬手法

"花间一壶酒"本是良辰美景，诗人却只能自斟自饮。"对影成三人"表面上看来是热闹的场面，诗人好像真能自得其乐，可是"月既不解饮，影徒随我身"，内心却充满着无限的凄凉。在人世间找不到知音，孤独到只能邀来月和影，可是还不止于此，甚至连今后的岁月，也不可能找到同饮之人了。所以，只能与月亮永远结游，相约邀游于天上。诗人以乐写愁，以闹写寂，以群写独，以物为友，在饱满热烈的表达中暗含着落寂与感伤。

3. 强烈的虚实对比

月下独酌所描绘的境界是现实与想象交融的，"明月""花间""我歌""我舞"是实景，与"月"和"影"的交游欢乐是诗人自己主观营造的幻想之境。当"月"和"影"各自分散后，诗人的幻想破灭了，又重新回到了现实。而现实中自己又是孑然一身，内心充满着无限的孤独，于是诗人不得不再次回到幻想，邀请月与自己共同邀游于天上，把月亮当成了自己摆脱苦闷的避难所。这种虚实相间反映了作者内心抑扬起伏的痛苦挣扎。

探究与思考

1. 李白的诗豪迈奔放、雄奇飘逸、想象丰富、富有浪漫主义与李白的"孤独与快乐"有着怎样的内在联系？

2. 本诗的艺术特色是什么？

3. 李白与苏轼是中国文学史上的两位巨匠，一位是豪放飘逸的"诗仙"，另一位是开创了豪放词风的"词仙"；一位是唐诗魁首，另一位是宋词冠冕，你觉得他们两位谁更胜一筹呢？

第三节　西湖七月半[1]　张岱

作者简介

　　张岱（1597—1679）又名维城，字宗子，又字石公，号陶庵，别号蝶庵居士，晚号六休居士，浙江山阴（今浙江绍兴）人。张岱出生于一个显贵的书香门第，明亡朝后隐居著述。明清之际史学家、文学家，最擅长散文，晚明散文的最后一位大家和集大成者。著有《夜航船》《琅嬛文集》《西湖梦寻》《陶庵梦忆》《石匮书》等。史学上，张岱与谈迁、万斯同、查继佐并称"浙东四大史家"。文学创作上，张岱以小品文见长，以"小品圣手"名世。

引文入境

　　西湖七月半，一无可看，止[2]可看看七月半之人。看七月半之人，以五类看之。其一，楼船箫鼓[3]，峨冠盛筵[4]，灯火优傒[5]，声光相乱，名为看月而实不见月者，看之。其一，亦船亦楼，名娃闺秀，携及童娈[6]，笑啼杂之，环坐露台，左右盼望，身在月下而实不看月者，看之。其一，亦船亦声歌，名妓闲僧，浅斟低唱，弱管轻丝[7]，竹肉[8]相发，亦在月下，亦看月而欲人看其看月者，看之。其一，不舟不车，不衫不帻，酒醉饭饱，呼群三五，跻[9]入人丛，昭庆、断桥[10]，嚣呼嘈杂，装假醉，唱无腔曲[11]，月亦看，看月者亦看，不看月者亦看，而实无一看者，看之。其一，小船轻幌[12]，净几暖炉，茶铛旋煮[13]，素瓷静递[14]，好友佳人，邀月同坐，或匿影[15]树下，或逃嚣里湖，看月而人不见其看月之态，亦不作意[16]看月者，看之。

　　杭人游湖，巳出酉归[17]，避月如仇。是夕好名，逐队争出，多犒[18]门军[19]酒钱。轿夫擎燎[20]，列俟[21]岸上。一入舟，速[22]舟子急放断桥，赶入胜会[23]。以故二鼓[24]以前，人声鼓吹[25]，如沸如撼[26]，如魇[27]如呓[28]，如聋如哑[29]。大船小船一齐凑岸，一无所见，止见篙[30]击篙，舟触舟，肩摩肩，面看面而已。少刻[31]兴尽，官府席[32]散，皂隶喝道[33]去。轿夫叫，船上人怖[34]以关门，灯笼火把如列星[35]，一一簇拥而去。岸上人亦逐队赶门[36]，渐稀渐薄，顷刻散尽矣。

　　吾辈始舣舟[37]近岸，断桥石磴[38]始凉，席[39]其上，呼客纵饮。此时月如镜新磨[40]，山复整妆[41]，湖复靧面[42]，向[43]之浅斟低唱者出，匿影树下者亦出。吾辈往通声气[44]，拉与同坐。韵友[45]来，名妓至，杯箸[46]安，竹肉发。月色苍凉[47]，东方将白，客方散去。吾辈纵舟，酣睡于十里荷花之中，香气拍人[48]，清梦甚惬[49]。

注释

1. 本文选自张岱的《陶庵梦忆》。西湖，在今浙江杭州，著名风景区。七月半，指农历七月十五日的中元节，也叫"鬼节"，是祭祀先人的日子。晚明时期，每逢中元节，杭州西湖的各大寺院都要举行盂兰盆佛会，信徒们为祖先亡魂诵经超度。

2. 止：同"只"。

3. 楼船：指考究的有楼的大船。箫鼓：指吹打音乐。

4. 峨冠：头戴高冠，此指达官显贵。盛筵：摆着丰盛的酒筵。

5. 优傒（xī）：优伶和仆役。

6. 童娈（luán）：容貌美好的家僮。

7. 弱管轻丝：谓轻柔的管弦音乐。

8. 竹肉：指管乐和歌喉。竹，指箫笛之类的管乐器；肉，指歌喉。

9. 跻：通"挤"。

10. 昭庆：寺名。断桥：西湖中白堤的第一座桥名。

11. 无腔曲：没有腔调的歌曲，形容唱得乱七八糟。

12. 幌（huàng）：窗幔。

13. 茶铛旋煮：茶壶煮着茶。铛（chēng），温茶、酒的器具。旋（xuàn），随时，随即。

14. 素瓷静递：雅洁的瓷杯无声地传递。

15. 匿影：藏身。

16. 作意：故意，作出某种姿态。

17. 巳时酉归：巳时出来，酉时归去。巳，巳时，约为上午九时至十一时。酉，酉时，约为下午五时至七时。

18. 犒（kào）：用酒食或财物慰劳。

19. 门军：守城门的军士。

20. 轿夫擎燎：轿夫举着火把。擎（qíng），举。燎（liào），火把。

21. 列俟：排队等候。列，列队。俟，等候。

22. 速：这里用作使动词，催促。

23. 胜会：热闹的集会。

24. 二鼓：二更天。古时把一夜分为五更。二更约为晚上九时至十一时。

25. 鼓吹：指音乐声。

26. 撼：摇动。

27. 魇（yǎn）：梦魇，做恶梦时发出呻吟或惊叫。

28. 呓（yì）：说梦话。

29. 如聋如哑：像聋子大声呼叫，像哑巴一样说不清。

30. 篙：撑船用的竹杆。

31. 少刻：片刻，不一会儿。

32. 席：宴席。

33. 喝道：官员外出，衙役们在前面开路，喝令行人闪开，叫喝道。

34. 怖：吓唬。

35. 列星：罗列天空的星。

36. 赶门：急忙赶路进城门。

37. 舣（yǐ）舟：拢船靠岸。

38. 石磴：石阶。

39. 席：这里用作动词，摆开宴席。

40. 月如镜新磨：月亮好像刚刚磨过的铜镜一样明亮。

41. 山复整妆：青山好像重新梳妆打扮过一般。

42. 靧（huì）面：洗脸。此处指湖面复归明洁。

43. 向：刚才。

44. 往通声气：过去打招呼。

45. 韵友：风雅的朋友。

46. 箸（zhù）：筷子。

47. 苍凉：凄凉。

48. 拍人：扑人。

49. 惬（qiè）：惬意，心满意足。

译文

　　西湖七月半的时候，没有什么可看的，只可以看看来七月半的人。看七月半的人，可以分五类来看。第一类，坐在有楼饰的游船上，吹箫击鼓，戴着高冠，穿着漂亮整齐的衣服，灯火明亮，优伶、仆从相随，乐声与灯光相错杂，名为看月而事实上并未看见月亮的人，可以看看这一类人。第二类，也坐在游船上，船上也有楼饰，上面坐着带有名媛闺秀以及俊俏的童子的游客，嬉笑中夹着打趣的叫喊声，环坐在大船前的露台上，左盼右顾，置身月下但其实并没有看月的人，可以看看这一类人。第三类，也坐着船，也有音乐和歌声，跟著名歌伎、清闲僧人一起，慢慢喝酒，低声地唱着歌，箫笛、琴瑟之乐轻柔细缓，箫管伴和着歌声齐发，也置身月下，也看月，而又希望别人看他们看月，这样的人，可以看看这一类人。第四类，不坐船不乘车，不穿长衫也不戴头巾，喝足了酒吃饱了饭，叫上三五个人，成群结队地挤入人丛，在昭庆寺、断桥一带高声乱嚷喧闹，假装发酒疯，唱不成腔调的歌曲，月也看，看月的人也看，不看月的人也看，而实际上什么也没有看见，可以看看这一类人。第五类，乘着小船，船上挂着细而薄的帏幔，茶几洁净，茶炉温热，茶铛很快地把水烧开，白色瓷碗轻轻地传递，约了好友佳人同坐赏月，有的隐藏在树荫之下，有的去里湖逃避喧闹，尽管在看月，而人们看不到他们看月的样子，他们自己也不刻意看月，这样的人，可以看看。

　　杭州人游西湖，上午十点左右出门，下午六点左右回来，躲避月亮像躲避仇人似的。这天晚上爱慕虚名，一群群人争相出城，多赏给守城的士卒一些小费，轿夫高举火把，在岸上列队等候。一上船，就催促船家迅速把船划到断桥，赶去参加盛会。因此二鼓以前人声和鼓乐声恰似水波涌腾、大地震荡，又犹如梦魇和呓语，周围的人们，像聋子一样既听不到别人的说话声，又像哑巴一样，无法让别人听到自己说话的声音；大船小船一齐靠岸，什么也看不见，只见船篙相撞，船与船相碰，肩膀与肩膀摩擦，脸与脸相对而已。一会儿兴致尽了，官府宴席已散，由衙役吆喝开道而去。轿夫招呼船上的人，以关城门来恐吓游人，使他们早归，灯笼和火把像一行行星星，一一簇拥着回去。岸上的人也一批批急赴城门，人群慢慢稀少，不久就全部散去了。

这时，我们才把船靠近湖岸。断桥边的石磴这才凉下来，在上面摆设酒席，招呼客人开怀畅饮。此时月亮像刚刚磨过的铜镜，光洁明亮，山峦重新整理了容妆，湖水重新整洗面目。刚才慢慢喝酒、曼声歌唱的人出来了，隐藏在树荫下的人也出来了，我们过去和他们打招呼，拉来同席而坐。风雅的朋友来了，有名的歌妓也来了，杯筷安置，歌乐齐发。直到月色变得灰白清凉，东方即将破晓，客人们才散去。我们这些人将船划进在十里荷花之间，畅快地安睡，花香飘绕于身边，清梦非常舒适。

作品鉴赏

本文是一篇小品文。小品文是一种寓有抒情意味和讽刺性的短小散文，内容题材不限。小品文是明代文学的主要成就之一，以袁宏道、张岱的作品最为出色。其显著特点是题材趋于生活化、个人化，渗透着文人特有的生活情调，对中国近现代散文有重大影响。

《西湖七月半》可以看做是描绘明代杭州市民的风俗图。文章描写了晚明时期七月半杭州人西湖泛舟赏月的盛况，作者通过对真假看月者的对照比较，讽刺了达官豪富"楼船箫鼓"、附庸风雅的丑态和市井百姓"嚣呼嘈杂"、赶凑热闹的俗气，表现了文人雅士陶醉湖光月色、清高拔俗的情致，生动地再现了当时的世风民习。

作者并没有从寻常的西湖美景下笔，反而选择了七月半时的西湖来写，开头便说"西湖七月半，一无可看，止可看看七月半之人"。作者开门见山，在短短的一句交代过后，直入描写中心："看七月半之人，以五类看之"，总领下文。接下来作者逐一描绘了达官贵人、富豪、名妓闲僧、市井之徒、清雅之士五类看月之人。第一类人是"名为看月而实不见月者"。作者用"楼船箫鼓，峨冠盛筵"点明了他们的身份——达官贵族，而"灯火优傒，声光相乱"，表明这些权贵在明亮的灯火之下，有优伶演唱、仆人在旁侍候。如此费尽周章、声势浩大，只为彰显他们显赫的身份，这样的寻欢作乐，根本无暇顾及赏月，才会"名为看月而实不见月"。接下来的第二类人是"身在月下而实不看月者"。这里所描述的人物身份与上句不同，"亦船亦楼"表明了他们的身份，拥有钱财，但他们并非权贵，而是在歌伎、男童、闺秀的簇拥下，左拥右抱的富豪。"笑啼杂之"的"杂"字和上文的"声光相乱"的"乱"字有异曲同工之妙。嬉笑声和啼叫声混成一片，描绘出了笑中取乐的糜烂情态。而"左右盼望"这样心不在焉的情态，表明他们"身在月下而实不看月"，流露出作者的轻蔑之情。第三类人"亦看月而欲人看其看月者"。这类人和前两类的身份不同，他们有自己月夜游湖的方式：陪伴者不同，取乐方式不同；而赏月的心理也很特别，不仅赏月，也想让别人看到他们正在赏月。第四类人"月亦看，看月者亦看，不看月者亦看，而实无一看者"。这是一群市井平民，因为他们"不舟不车，不衫不帻"。他们注意力不集中，并不一心赏月，纯属凑热闹，因而在实际上什么也没有真正看到。作者接着写第五类人，即"看月而人不见其看月之态，亦不作意看月者"。这种人逸情雅志，动作轻柔，指的文人雅士。这正是作者所要歌颂的对象，也被作者视为同类。他们是作者的好友及佳人，其观景赏月时的情态气度与西湖的优美风景和谐一致，与前四类附庸风雅的世俗之辈形成鲜明对比，作者以此表达文章主旨和自己的心志，他对第五类人的描述，字里行间不见褒贬之词，但是倾向态度一目了然。

第二段写杭人游湖的实质：好虚名，凑热闹。"巳出酉归，避月如仇"，是在前文写杭人不看月基础上的提炼。二更以前，湖上人声乐声，闹成一片，"如沸如撼，如魇如呓，如聋如哑"，连用六个比喻，表现了声音嘈杂，含糊难辨。这是写听觉感受上不堪。而"止见篙击篙，舟触舟，肩摩肩，面看面而已"，连用四个短句，将湖上密密麻麻舟船相碰，摩肩接踵的拥挤状况形容得淋漓尽致。这是从视觉感受的不堪入笔。作者的冷嘲热讽，直接形诸笔墨之中，毫无掩饰了。最后一段从前面第三人称叙述，突然转为第一人称叙述："吾辈始舣舟近岸"，作者写自己"西湖七月半"游湖赏月的经历。"始"字，值得玩味，表示喧闹嘈杂的场面一结束，西湖就恢复了宁静优美的本貌，湖山美景就开始属于"吾辈"，"吾辈"开始登场了。作者在这里把前面嘈杂浮躁、只图热闹的市井小民与"吾辈"形成鲜明对比，同样也再一次点名了文章的主旨。"此时月如镜新磨，山复整妆，湖复靧面"一句，仿佛月亮和湖光山色特意为它真正的知音，整妆而出。这是"西湖七月半"让作者难以忘怀的真正原因。

本文的艺术特色具有以下四个方面。

1. 写人生动传神

本文的写人手法语言俭省、寥寥几笔却生动传神、惟妙惟肖。如写豪绅携满门老小倾巢而出，"身在月下而实不看月"的情态，仅以"笑啼杂之，环坐露台，左右盼望"，三言两语便将这类人物招摇过市、张扬形迹、凑热闹、煞风景的种种俗气表现得一览无余。再有对市井闲徒的描绘更为精彩："不衫不帻，酒醉饭饱，呼群三五，跻入人丛""嚣呼嘈杂，装假醉，唱无腔曲"。

2. 善于营造氛围

作者善于营造氛围以突出文章主旨，如第二段，作者意在讥讽杭人赶凑热闹的俗气，有意渲染了"二鼓以前人声鼓吹"嘈杂喧哗的气氛。湖上是"篙击篙，舟触舟，肩摩肩，面看面"拥挤不堪；耳畔则"如沸如撼，如魇如呓，如聋如哑"喧闹难耐。以此显示俗人看月只是"好名"，其实全然不解其中赏月的雅趣。

又如第三段作者欲标榜文人之高雅，在叙述与好友名妓月下同坐，轻歌纵饮的同时，又佐以月明如镜，山清水秀，荷花十里，香气袭人的幽雅环境，以环境气氛之幽雅映衬情怀之高雅。通过不同氛围的对比，凸显看月者的雅俗，而作者的褒贬也不言而喻了。

3. 运用对比手法

本文妙处全在以看月为中心展开的各种对比之中。第一、第二自然段与第三自然段之间是大对比，有客我、闲忙、浓淡、繁简等变化；第一自然段五类看月者，文人雅士与达官贵人、名娃闺秀、名妓闲僧、市井俗人又有对比；第二自然段逐队争出与逐队赶门、赶入胜会与少刻兴尽，也是对比；第三自然段客方散去与吾辈纵舟酣睡于十里荷花之中，还是对比。其中有雅俗、闹静、高下的差别。通过这些对比，生动、细致地将各种人看月的态度、方式、情趣等揭示了出来。这样写，使文章既富有变化，又线索清晰，艺术效果加倍。

4. 构思新奇巧妙

这篇文章构想新奇，不落俗套。"西湖七月半"，概括了文章要写的地点、时间。西湖为风景秀美的胜地，七月半是素月生辉的良夕，这该是一个写月景的好题目。但作者另辟蹊径，别出奇想，全文力避正面写看月而重点去写看人，却又妙在写看人并未离开写看月。既是在看月之夜看各色各样的看月或不看月之人，又是从写看人出发，最后还归结到写看月上。

探究与思考

1. 谈一谈本文的写人手法的运用。
2. 谈一谈本文是如何营造氛围突出主旨的。
3. 谈一谈文章是如何围绕"看月"与"看人"进行构思的。

第四节　　阳关雪[1]　余秋雨

作者简介

余秋雨（1946—），浙江余姚人，当代散文家、文化学者、艺术理论家、文化史学家、戏剧教育家。1968年，毕业于上海戏剧学院戏剧文学系。曾任上海戏剧学院院长，上海市写作学会会长。1987年被授予"国家级突出贡献专家"荣誉称号。主要作品包括：《文化苦旅》《山居笔记》《霜冷长河》《千年一叹》《行者无疆》《泥步修行》等散文集。余秋雨的散文重视理性精神的传达和人格重塑，凸现传统文人品格，充满忧患意识。《文化苦旅》于1992年首次出版，是余秋雨的第一部文化散文集。由自序、后记和37篇文章组成。全书主要包括四部分，分别为"如梦起点""中国之旅""世界之旅""人生之旅"。

引文人境

　　中国古代，一为文人，便无足观。文官之显赫，在官而不在文，他们作为文人的一面，在官场也是无足观的。但是事情又很怪异，当峨冠博带² 早已零落成泥之后，一杆竹管笔偶尔涂画的诗文，却有可能镌刻山河，雕镂人心，永不漫漶³。

　　我曾有缘，在黄昏的江船上仰望过白帝城⁴，顶着浓烈的秋霜登临过黄鹤楼⁵，还在一个冬夜摸到了寒山寺⁶。我的周围，人头济济，差不多绝大多数人的心头，都回荡着那几首不必引述的诗。人们来寻景，更来寻诗。这些诗，他们在孩提时代就能背诵。孩子们的想象，诚恳而逼真。因此，这些城，这些楼，这些寺，早在心头自行搭建。待到年长，当他们刚刚意识到有足够脚力的时候，也就给自己负上了一笔沉重的宿债，焦渴地企盼着对诗境实地的踏访。为童年，为历史，为许多无法言传的原因。有时候，这种焦渴，简直就像对失落的故乡的寻找，对离散的亲人的查访。

　　文人的魔力，竟能把偌大一个世界的生僻角落，变成人人心中的故乡。他们褪色的青衫里，究竟藏着什么法术呢？

　　今天，我冲着王维的那首《渭城曲》，去寻阳关了。出发前曾在下榻的县城向老者打听，回答是："路又远，也没什么好看的，倒是有一些文人辛辛苦苦找去。"老者抬头看天，又说："这雪一时下不停，别去受这个苦了。"我向他鞠了一躬，转身钻进雪里。

　　一走出小小的县城，便是沙漠。除了茫茫一片雪白，什么也没有，连一个皱折也找不到。在别地赶路，总要每一段为自己找一个目标，盯着一棵树，赶过去，然后再盯着一块石头，赶过去。在这里，睁疼了眼也看不见一个目标，哪怕是一片枯叶，一个黑点。于是，只好抬起头来看天。从未见过这样完整的天，一点也没有被吞食，边沿全是挺展展的，紧扎扎地把大地罩了个严实。有这样的地，天才叫天。有这样的天，地才叫地。在这样的天地中独个儿行走，侏儒也变成了巨人。在这样的天地中独个儿行走，巨人也变成了侏儒。

　　天竟晴了，风也停了，阳光很好。没想到沙漠中的雪化得这样快，才片刻，地上已见斑斑沙底，却不见湿痕。天边渐渐飘出几缕烟迹，并不动，却在加深，疑惑半晌，才发现，那是刚刚化雪的山脊。

　　地上的凹凸已成了一种令人惊骇的铺陈，只可能有一种理解：那全是远年的坟堆。

　　这里离县城已经很远，不大会成为城里人的丧葬之地。这些坟堆被风雪所蚀，因年岁而坍，枯瘦萧条，显然从未有人祭扫。它们为什么会有那么多，排列得又是那么密呢？只可能有一种理解：这里是古战场。

　　我在望不到边际的坟堆中茫然前行，心中浮现出艾略特的《荒原》⁷。这里正是中华历史的荒原：如雨的马蹄，如雷的呐喊，如注的热血。中原慈母的白发，江南春闺的遥望，湖湘稚儿的夜哭。故乡柳荫下的诀别，将军圆睁的怒目，猎猎于朔风中的军旗。随着一阵烟尘，又一阵烟尘，都飘散远去。

我相信，死者临亡时都是面向朔北敌阵的；我相信，他们又很想在最后一刻回过头来，给熟悉的土地投注一个目光。于是，他们扭曲地倒下了，化作沙堆一座。

这繁星般的沙堆，不知有没有换来史官们的几行墨迹？史官们把卷帙[8]一片片翻过，于是，这块土地也有了一层层的沉埋。堆积如山的二十五史，写在这个荒原上的篇页还算是比较光彩的，因为这儿毕竟是历代王国的边远地带，长久担负着保卫华夏疆域的使命。所以，这些沙堆还铺陈得较为自在，这些篇页也还能哗哗作响。就像干寒单调的土地一样，出现在西北边陲的历史命题也比较单纯。在中原内地就不同了，山重水复、花草掩荫，岁月的迷宫会让最清醒的头脑胀得发昏，晨钟暮鼓的音响总是那样的诡秘和乖戾。那儿，没有这么大大咧咧铺张开的沙堆，一切都在重重美景中发闷，无数不知为何而死的怨魂，只能悲愤懊丧地深潜地底。不像这儿，能够袒露出一峡风干的青史，让我用二十世纪的脚步去匆匆抚摸。远处已有树影。急步赶去，树下有水流，沙地也有了高低坡斜。登上一个坡，猛一抬头，看见不远的山峰上有荒落的土墩一座，我凭直觉确信，这便是阳关了。

树愈来愈多，开始有房舍出现。这是对的，重要关隘所在，屯扎兵马之地，不能没有这一些。转几个弯，再直上一道沙坡，爬到土墩底下，四处寻找，近旁正有一碑，上刻"阳关古址"四字。

这是一个俯瞰四野的制高点。西北风浩荡万里，直扑而来，踉跄几步，方才站住。脚是站住了，却分明听到自己牙齿打战的声音，鼻子一定是立即冻红了的。"呼"一口热气到手掌，捂住双耳用力蹦跳几下，才定下心来睁眼。这儿的雪没有化，当然不会化。所谓古址，已经没有什么故迹，只有近处的烽火台还在，这就是刚才在下面看到的土墩。土墩已坍了大半，可以看见一层层泥沙，一层层苇草，苇草飘扬出来，在千年之后的寒风中抖动。眼下是西北的群山，都积着雪，层层叠叠，直伸天际。任何站立在这儿的人，都会感觉到自己是站在大海边的礁石上，那些山，全是冰海冻浪。

王维实在是温厚到了极点。对于这么一个阳关，他的笔底仍然不露凌厉惊骇之色，而只是缠绵淡雅地道："劝君更尽一杯酒，西出阳关无故人。"他瞟了一眼渭城客舍窗外青青的柳色，看了看友人已打点好的行囊，微笑着举起了酒壶。再来一杯吧，阳关之外，就找不到可以这样对饮畅谈的老朋友了。这杯酒，友人一定是毫不推却，一饮而尽的。

这便是唐人风范。他们多半不会洒泪悲叹，执袂劝阻。他们的目光放得很远，他们的人生道路铺展得很广。告别是经常的，步履是放达的。这种风范，在李白、高适、岑参那里，焕发得越加豪迈。在南北各地的古代造像中，唐人造像一看便可识认，形体那么健美，目光那么平静，神采那么自信。在欧洲看蒙娜丽莎的微笑，你立即就能感受，这种恬然的自信只属于那些真正从中世纪的梦魇中苏醒、对前途挺有把握的艺术家们。唐人造像中的微笑，只会更沉着、更安详。在欧洲，这些艺术家们翻天覆地地闹腾了好一阵子，固执地要把微笑输送进历史的魂魄。谁都能计算，他们的事情发生在唐代之后多少年。而唐代，却没有把它的属于艺术家的自信延续久远。阳关的风雪，竟愈见凄迷。

王维诗画皆称一绝，莱辛等西方哲人反复讨论过的诗与画的界线，在他是可以随脚出入的。但是，长安的宫殿，只为艺术家们开了一个狭小的边门，允许他们以卑怯侍从的身份躬身而入，去制造一点娱乐。历史老人凛然肃然，扭过头去，颤巍巍地重又迈向三皇五帝的宗谱。这里，不需要艺术闹出太大的局面，不需要对美有太深的寄托。

于是，九州的画风随之黯然。阳关，再也难于享用温醇的诗句。西出阳关的文人还是有的，只是大多成了谪官逐臣。

即便是土墩、是石城，也受不住这么多叹息的吹拂，阳关坍弛⁹了，坍弛在一个民族的精神疆域中。它终成废墟，终成荒原。身后，沙坟如潮，身前，寒峰如浪。谁也不能想象，这儿，一千多年之前，曾经验证过人生的壮美，艺术情怀的宏广。

这儿应该有几声胡笳和羌笛的，音色极美，与自然混和，夺人心魄。可惜它们后来都成了兵士们心头的哀音。既然一个民族都不忍听闻，它们也就消失在朔风之中。

回去罢，时间已经不早。怕还要下雪。

注释

1.《阳关雪》出自《文化苦旅》的第二部分《中国之旅》。

2. 峨冠博带：高大的帽子，宽大的衣带。形容古代儒生或士大夫的装束。峨，高。博，宽大。

3. 漫漶（màn huàn）：文字、图画等因磨损或浸水受潮而模糊不清。

4. 白帝城：位于重庆市奉节县白帝镇白帝村 1 号社，地处瞿塘峡口长江北岸，李白的诗《早发白帝城》即指此地。

5. 黄鹤楼：位于湖北省武汉市武昌区，始建于三国吴黄武二年（公元 223 年），重建完工于 1985 年；因唐代诗人崔颢登楼所题《黄鹤楼》一诗而名扬四海。

6. 寒山寺：位于苏州市姑苏区，始建于南朝萧梁代天监年间（公元 502—519 年），初名"妙利普明塔院"，因唐代诗人张继《枫桥夜泊》而名扬天下。

7. 艾略特的《荒原》：托马斯·斯特尔那斯·艾略特（1888—1965），英国著名现代派诗人和文艺批评家，生于美国密苏里州。代表作为长诗《荒原》，发表于 1922 年，表达了西方一代人精神上的幻灭，被认为是西方现代文学中具有划时代意义的作品。1948 年因"革新现代诗，功绩卓著的先驱"，获诺贝尔奖文学奖。

8. 卷帙（juàn zhì）：指书籍。卷指书籍可舒卷，帙就是编次的意思。

9. 坍弛（tān chí）：山坡、建筑物或堆积的东西倒下来。

📖 作品鉴赏

余秋雨先生的《文化苦旅》集中了他的游记散文，这部散文集中的每篇文章不仅描述了中国壮美的河川大山，光辉灿烂的中国古代文化，而且向我们展现那些不为人知的一面，并以犀利的笔触和客观的评价，给我们以深刻的启示。

《阳关雪》是一篇充满历史沧桑感、民族自豪感和理性思辨的散文。它以一个当代文人的视角抒发了对古代文人墨客的敬仰和慨叹之情。文章看似是一篇游记，然而细细品味后，才能发现在描写的或苍凉、或繁华、或粗犷、或柔美的风景之后是作者的无奈慨叹和对中国文化旅程的思考。王维的《渭城曲》（一题作《选元二使安西》）"渭城朝雨浥轻尘"描写的就是阳关的情景，正是这首诗激起了余秋雨去寻找阳关遗址的热情。作者写阳关，不是一般的探幽访胜和单纯的咏物抒怀，而是借助阳关这一历史遗址来折射中华民族在人类文明史上曾经作出的贡献，来追寻中国古代文人曾经经历过的生命体验。因此，作者笔下的阳关，已经超越了阳关本身的意义，从而上升到了人生、社会和历史等高度。

全文采用游记的写法，以行踪为序，即好奇阳关、打听后走向阳关、阳关怀古和离开展开来写，全文可分为三个部分理解。

第一部分：从开头第一自然段到第三自然段，简述作者踏访古代人诗境的心情。文章一开头，便是一段议论，指出历史上种种"怪异"的现象：当为官的文人"峨冠博带早已零落成泥之后"，他们"偶尔涂画的诗文，却有可能镌刻山河，雕镂人心"。以至无数的人们会在童年时代读诗时"自选搭建"诗文景象，到了成年以后，又会"焦渴地企盼着对诗境实地的踏访"。为什么古代文人的生命体验会成为后代人们的生命体验呢？作者由己及人，写到了今人的历史文化情结，不仅为寻访阳关蓄势，而且暗示作者的阳关之旅也是一次文化之旅。作者的感慨这里戛然而止，留下的是给读者的思考和耐人寻味的话题，巧妙地承转下文。

第二部分：从第四自然段"今天，我冲着王维的那首《渭城曲》，去寻阳关了"到第十一自然段"我凭直觉确信，这便是阳关了"，详细描述了作者在茫茫雪天沙漠原中，寻访阳关故址的经过。他在出发之前，向住在阳关附近的老人仔细询问，但老人给他的答复是"路又远，也没什么好看的，倒是有一些文人又辛辛苦苦找去。""这雪一时下不停，别去受这个苦了"。可余秋雨还是义无反顾地钻进雪里，向着阳关的方向走去。老人是不可能体会到作者作为一个文人墨客对圣地的崇拜之情的，所以老人的劝阻也不能单纯地说成今人对古人的漠然，只是他与作者所处的精神境界不同罢了。当然，作者去那里不单单是寻找一下王维当年送别友人的足迹，他还要把自己的感情用笔墨的形式记录下来，创造出一种与古人不同的意境。作者说自己"冲着王维的那首《渭城曲》"去寻阳关，既是对上文"焦渴地企盼着对诗境实地的踏访"的照应，又告诉读者"为童年，为历史，为许多无法言传的原因"来追寻生命体验的目的。接下来展现在读者面前的是沙漠边陲的一派荒凉、肃杀、空旷的景象。对莽莽沙漠和沙漠雪景描绘，既是写实的，又是深化了的描写。从写实的角度顺理成章的带出坟堆，由此展开了联想："中原慈母的白发，江南春闺的遥望，湖湘稚儿的夜哭。故乡柳荫下的决别，将军圆睁的怒目，猎猎于朔风中的军旗"，简洁而形象地概括出一幕幕的历史景象，而坟堆本身，又是一种民族精神的象征，从中呈现出社会性、人性，作者的历史沧桑之感自然而然地流露了出来。第十自然段运用对比的手法，"堆积如山的二十五史，写在这个荒原上的篇页还算是比较光彩的"与"在中原内地就不同了……晨钟暮鼓的音响总是那样的诡秘和乖戾"形成对比。二十五史是历代帝王修撰的所谓正史，作者这样写，既点出历代王朝醉生梦死、荒淫奢侈的生活，又衬托了前方将士艰苦守卫边疆的英雄气概，突出了中华民族戍边屯垦、抗御外敌的民族精神。

第三部分是对阳关遗址的直接凭吊，从第十二段到文章最后。作者用寒风、苇草、群山、白雪、烽火台等物象描绘出阳关远近的荒凉之后，笔锋一转，又回到王维的《渭城曲》，用这首千古绝唱带出"唐人风范"。尽管行路艰难，但他们不会洒泪悲叹，而是目光长远，步履放达。可悲的是唐代前没有把它的属于艺术家的自信延续久远，艺术只是为了制造娱乐。"长安的宫殿，只为艺术家们开了一个狭小的边门"，西出阳关的文人大多是谪官逐臣，抒发的只是叹息。因此，"阳关的风雪，竟越见凄迷"，最后"阳关坍弛了，坍弛在一个民族的精神疆域中。它终成废墟，终成荒原"。"民族的精神疆域"和上文"历史老人凛然肃然，扭过头去，颤巍巍地重又迈向三皇五帝的宗谱"都是散文笔法，实质上，作者在这里抨击的是封建广义的保守、腐朽，封建制度的禁锢，辉煌的历史只是阳光的一现，只能停滞在长久而黑暗的历代帝王的宗谱中。余秋雨在这里抒发的是一种对民族精神的失望之情，中国的艺术家们要比外国的艺术家们悲惨很多，因为他们从来就没有真正的被重视过。即使是盛唐时期的艺术家们，境遇也没有很大的改观。难道当权者不知道文化是一个民族源远流长的精神吗？余秋雨在这里只能流露出一种叹然的心情，"即便是土墩、是石城，也受不住这么多叹息的吹拂，阳关坍弛了，坍弛在一个民族的精神疆域中。"的确，阳关的坍弛，不仅是城墙堡垒的坍弛，也是一种民族精神的垮坍。这一层次交织着作者复杂的情感：欣慰和遗憾，透过强烈的历史沧桑感不时地流露出来，具有一唱三叹的效果。恐怕以后再也不会有王维那么温厚的语句来描写阳关了，有的只是一些文人笔下对它唏嘘感慨的描写。阳关的雪逐渐迷离了人们的视线，雪虽然会停，可是恐怕再也找不回以前的阳关了。文章最后以"回去罢，时间已经不早。怕还要下雪"结尾，流露出了一种无奈的心情。

阳关之行是作者《文化苦旅》中的一段，阳关之行不仅苦在天气寒冷、路途遥远，而且作者孤身前往，看到曾经验证过人生壮美和艺术情怀弘广的阳关没能继续享用温醇的诗句，而今成为一片废墟，已然成为作者文化之旅上的遗憾和痛苦。文中不止一次写雪，在不断点题的同时，也为全文营造了一种苍凉悲壮的气氛，增添了阳关的沧桑之感。这篇散文激情洋溢，作者一路行吟，丰富敏锐的感受和对民族文化的炽热感情给人以强烈的感染，读者不仅会品读到历史的沧桑，也会理解到古迹背后那些不为人知一面，确实是值得细细品味的。

探究与思考

1. 本文重点写寻访阳关，但开头三段却不写阳关，用意何在？
2. 本文选自《文化苦旅》，结合本文内容，说一说作者阳关之旅苦在何处。
3. 文中不止一次出现了"雪"，写雪有什么作用？

综合实践

单元主题文化践行活动：亲近自然

一、文化践行主题

本单元文化践行活动的主题是"亲近自然"。"草长莺飞二月天，拂堤杨柳醉春烟""接天莲叶无穷碧，映日荷花别样红""萧萧梧叶送寒声，江上秋风动客情"，古往今来，大家既沉醉于自然的造物神奇，又常常感春伤秋。当我们走进自然，感受大自然给予我们的阳光、鲜花、空气、土壤，是不是让你有了一种人与自然的和谐之感呢？

二、文化践行目的

充分利用校园资源，使学生走进大自然，热爱大自然，激发学生建设美丽校园、保护自然环境的热情。充分体现素质教育理念，体现大综合、大课堂、大学习的新型学习方式，使学生在实践中应用已有的知识技能，帮助学生为自己的终生学习打下基础。体现课改理念，把课堂引向户外，让师生在活动中相互交流学习、共进步，让学生学会与自然相处，在实践中克服困难、战胜挫折，学会清晰地认知，培养团队精神。

三、文化践行活动

根据本校实际情况，结合学生特点，在以下文化践行活动中选择一项进行。

文化践行活动一："随手拍"活动

1. 活动目标

校园中有很多自然的美丽风景，一花一草一树，都可以定格成一个美丽的瞬间。随手拍摄你认为美丽的校园风景，培养热爱自然的意识，提高审美情趣。

2. 活动类型

校内实践。

3. 活动方案

（1）实践分组：每班以小组为单位开展文化践行活动，选定组长1人。

（2）小组交流汇报实践成果。学生作品展示，小组内交流实践感受和过程体验。

4. 作品要求

（1）小组成员在拍摄的作品中选出优秀的进行展示分享，可以是照片，也可以是视频，视频要求时长1～2分钟，视频完整流畅，形式新颖，灵活多样，整体效果好。

（2）对照片和视频可以作适当解说。

文化践行活动二：“我是校园啄木鸟”活动

1. 活动目标

通过校内调研，了解校园自然环境建设的情况，找出你认为可以进一步加强建设的地方，及时发现问题，促进人人建设美丽校园活动，培养学生的独立自主精神和热爱自然、保护环境的意识。

2. 活动类型

校内实践。

3. 活动方案

（1）实践分组，每班以小组为单位开展文化践行活动，每组选定组长 1 人。

（2）请以“我是校园啄木鸟”为主题，小组成员共同设计一份调查报告，报告内容主要针对校园自然环境建设中的优点和不足提出自己的意见和建议。

文化践行活动三：“风景这边独好”写作

1. 活动目标

每一位同学来自不同的地方，每个人都有自己的家乡。家乡总有一些独特的记忆深深烙印在我们的脑海中，特别是家乡美丽的风光。书写自己家乡独特的风景，培养热爱家乡的意识，建设我们的家乡。

2. 活动类型

校内实践。

3. 活动方案

（1）举办一次以“风景这边独好”为主题的写作大赛。

（2）以班级为单位，选出优秀作品参加校赛并在学校网络平台发起投票，选出最受欢迎的文章并进行宣传报道。

4. 作品要求

（1）书写一篇以“风景这边独好”为主题的文章来描写自己家乡的美丽风光，不少于 800 字。

（2）要有深刻独到的见解，有真情实感。

（3）主题突出，层次分明，题目自拟。

第三章 家国

📖 开篇导读

　　家与国，哺育了我们每个人的生命，亦是我们每个人的精神归宿。无论走到哪里，无论身在何处，小家与大国，始终是镌刻在中华儿女灵魂中永不磨灭的印记。天下之本在国，国之本在家，家国情怀如同一条柔韧的纽带，将每个人的成长与家国紧密相连。个人的命运、家庭的幸福、国家的前途，同频共振、相偎相依。家国情怀，与其说是一种宏大的英雄气概，不如说是一种历史积淀的生命自觉。千百年来，它已成为中华民族最纯朴的气质，驱使着新时代青年将个人理想融入家国使命之中，沿着无数前辈的奋斗足迹，勇敢肩负起民族复兴的重任。在不同时代，爱国情怀有着不同的内涵。革命时期，爱国是仁人志士"白眼观天下，丹心报国家"，以一己之力投入变革的浪潮中；和平年代，爱国是筑建"中国梦"的基石，应将自己的青春奉献给伟大事业。无论何时，青年学子都应怀有"天下兴亡，匹夫有责"的责任感，当怀丹心启航新征程。因爱这片土地，所以眼中含泪；因爱这个国家，所以肩负重任。"家国"两个字，永远是我们心中最深切的眷恋。

📖 学习目标

　　▶▶ 知识目标：掌握散文《废园外》的象征意义和作者的真挚情感；掌握海子和舒婷的人生简历和诗歌创作特色，感受海子的博爱精神和舒婷的爱国情怀，把握新诗的内容和艺术手法；体会小说《天龙八部》主人公身上所体现的悲天悯人、忧国忧民的情怀。

　　▶▶ 能力目标：掌握诗歌、散文、小说等不同体裁的作品特征，武侠小说的特征；掌握作品中表现出的强烈的爱国主义情怀以及为国为家的精神，培养学生解读诗歌意象的能力，培养学生体味意境与情理的能力以及评价能力。

　　▶▶ 素质目标：培养学生强烈的爱国主义精神，健康高尚的审美情操，独立自主的伟大人格。

　　▶▶ 知识广角：诗歌、小说、散文是三种不同体裁的文学艺术形式。诗歌是有节奏、有韵律并富有感情色彩的一种语言艺术形式。小说是通过塑造人物、叙述故事、描写环境来反映生活、表达思想的一种文学体裁。小说有三个要素：人物形象、故事情节、环境（自然环境和社会环境）。小说主要是通过塑造人物形象来反映社会生活的。广义的散文，是指诗歌、小说、戏剧以外的所有具有文学性的散行文章，包括以议论抒情为主的散文、通讯、报告文学、随笔杂文、回忆录、传记等文体。狭义的散文是指文艺性散文。

第一节　废园外[1]　巴金

作者简介

　　巴金（1904 年 11 月 25 日—2005 年 10 月 17 日）原名李尧棠，字芾甘。四川成都人，现代文学家、出版家、翻译家。1927 年至 1929 年赴法国留学，1929 年回国后，从事文学创作。曾任第四届、五届、六届中国作家协会主席，第六届、七届、八届、九届、十届全国政协副主席。1982 年 4 月 2 日，巴金获得但丁国际奖。1929 年发展处女作中长篇小说《灭亡》，始用巴金笔名。主要代表作有长篇小说《激流三部曲》（《家》《春》《秋》）、《爱情的三部曲》（《雾》《雨》《电》）、《寒夜》，中篇小说《憩园》等。巴金的散文洋溢着渴望自由、追求光明的热烈感情，善于描写自然风光，情感真挚，意境清新。巴金被誉为"五四"新文化运动以来最有影响的作家之一，是 20 世纪中国杰出的文学大师、中国当代文坛巨匠。

引文入境

　　晚饭后出去漫步，走着走着又到了这里来了。

　　从墙的缺口望见园内的景物，还是一大片欣欣向荣的绿叶。在一个角落里，一簇深红色的花盛开，旁边是一座毁了的楼房的空架子。屋瓦全震落了，但是楼前一排绿栏杆还摇摇晃晃地悬在架子上。

　　我看看花，花开得正好，大的花瓣，长的绿叶。这些花原先一定是种在窗前的。我想，一个星期前，有人从精致的屋子里推开小窗眺望园景，赞美的眼光便会落在这一簇花上。也许还有人整天倚窗望着园中的花树，把年轻人的渴望从眼里倾注在红花绿叶上面。

　　但是现在窗没有了，楼房快要倒塌了。只有园子里还盖满绿色。花还在盛开。倘使花能够讲话，它们会告诉我，它们所看见的窗内的面颜，年轻的面颜，可是，如今永远消失了。花要告诉我的不止这个，它们一定要说出八月十四日的惨剧。精致的楼房就是在那天毁了的。不到一刻钟的功夫，一座花园便成了废墟了。

我望着园子，绿色使我的眼睛舒畅。废墟么？不，园子已从敌人的炸弹下复活了。在那些带着旺盛生命的绿叶红花上，我看不出一点被人践踏的痕迹。但是耳边忽然响起一个女人的声响："陈家三小姐，刚才挖出来。"我回头看，没有人。这句话还是几天前，就是在惨剧发生后的第二天听到的。

那天正午我也走过这个园子，不过不是在这里，是在另一面，就是在楼房的后边。在那个中了弹的防空洞旁边，在地上或者在土坡上，我记不起了，躺着三具尸首，是用草席盖着的。中间一张草席下面露出一只瘦小的腿，腿上全是泥土，随便一看，谁也不会想到这是人腿。人们还在那里挖掘。远远地在一个新堆成的土坡上，也是从炸塌了的围墙缺口看进去，七八个人带着悲戚的面容，对着那具尸身发楞。这些人一定是和死者相识的罢。那个中年妇人指着露腿的死尸说："陈家三小姐，刚才挖出来。"以后从另一个人的口里我知道了这个防空洞的悲惨故事。

一只带泥的腿，一个少女的生命。我不认识这位小姐，我甚至没有见过她的面颜。但是望着一园花树，想到关闭在这个园子里的寂寞的青春，我觉得心里被什么东西搔着似地痛起来。连这个安静的地方，连这个渺小的生命，也不为那些太阳旗的空中武士所容。两三颗炸弹带走了年轻人的渴望。炸弹毁坏了一切，甚至这个寂寞的生存中的微弱的期望。这样地逃出囚笼，这个少女是永久见不到园外的广大世界。

花随着风摇头，好像在叹息。它们看不见那个熟悉的窗前的面庞，一定感到寂寞而悲戚罢。

可是一座楼隔在它们和防空洞的中间，使它们看不见一个少女被窒息的惨剧，使它们看不见带泥的腿。这我却是看见了的。关于这我将怎样向人们诉说呢？

夜色降下来，园子渐渐地隐没在漆黑里。我的眼前只有一片漆黑。但是花摇头的姿势还是看得见的。周围没有别的人，孤寂的感觉突然侵袭到我的身上来。为什么这样静？为什么不出现一个人来听我愤慨地讲述那个少女的故事？难道我是在梦里？

脸颊上一点冷，一滴湿。我仰头看，落雨了。这不是梦。我不能长久立在大雨中。我应该回家了。那是刚刚被震坏的家，屋里到处都漏雨。

1941 年 8 月 16 日昆明

注释

1. 原载 1942 年 1 月昆明《西南文艺》第 2 期。初收于文化生活出版社 1942 年 6 月版《废园外》。曾收入人民文学出版社 1961 年 10 月版《巴金文集》第 10 卷、四川人民出版社 1982 年 7 月版《巴金选集》第 8 卷。现存人民文学出版社 1990 年版《巴金全集》第 13 卷。

作品鉴赏

本文是一篇战争题材的作品。1941 年，日本帝国主义已经占领中国大部分国土，大片国土沦为敌占区，整个中国处在一片阴霾之中。1941 年 8 月 14 日，日本侵略者轰炸了昆明，此时，抗日战争处于艰难的相持阶段，彼时，中国的抗战前途扑朔迷离。

本文记叙了在 1941 年昆明轰炸事件中，发生在废园中的生命惨剧，表现了战争的残酷，表达了对日军暴行的控诉，也反映了作者反对战争、爱好和平的强烈愿望。

这篇散文的艺术构思独具匠心。文章结构上是以作者凭吊废园时的实景描写和思绪展开的。文章开头，以我"晚饭后出去散步"开篇，作者从墙的缺口看见了欣欣向荣的绿叶和盛开的花朵，但是同时看见了日寇轰炸后的废墟。在废墟的花园中，绿叶红花依旧，然而楼房毁了，年轻的生命被埋进了泥土。作者用废墟与绿叶红花对比，同时以废墟来衬托出日本侵略者的暴行。通过描写欣欣向荣的绿叶和盛开的花朵来对比日寇轰炸后废园的残破，从而凸显日寇的罪恶。这里面"八月十四日的惨剧"指的就是 1941 年 8 月 14 日日本侵略者轰炸昆明事件。

接着，作者用插叙的方式回忆了几天前在院子里面看到的惨象。"那天正午我也走过这个园子"与上文"走着走着又到了这里来了"相呼应，"也""又"表示动作重复，前后文相互呼应，说明园子被炸的惨象给作者留下的印象之深，对他的心灵造成的震撼。作者接下来视角一转，描写了从楼房后边缺口目睹的防空洞旁的悲惨现场：躺着的三具尸体、被掩埋的瘦小的腿、悲戚的亲人。惨不忍睹，作者在不动声色的叙述中极力压抑着悲伤和愤怒。废园中有很多人惨死，但作者集中笔墨写了一位年轻的女子，没有什么比一位风华正茂的少女被毁灭在废墟中的悲剧更能令人震撼和触动了。"太阳旗下的武士"运用反语讽刺了日本侵略者的暴行。"炸弹毁坏了一切，甚至这个寂寞的生存中的微弱的期望"，在废园中展示了一出人间悲剧，连普通人对生命和自由的弱小的期望也全部毁掉。"这样地逃出囚笼"是作者对少女生命的惋惜和对日本侵略者的控诉。过去少女向往外边的世界而不可得，而今她却以死亡为代价离开了囚笼，是日寇永远毁掉了她的青春和希望。花有重开日，人无再少年；花尚在，人却殒。作者借物写人，借写花之痛表达人之痛。"花随着风摇头，好像在叹息。它们看不见那个熟悉的窗前的面庞，一定感到寂寞而悲戚罢。"运用移情于物的笔法赋予园中花以人的情感，以此唤起人们的同情和愤慨。这里作者通过拟人手法，借花的摇头、叹息，营造压抑、悲凉的氛围，抒发了作者的悲伤之情，也进一步控诉日寇残杀无辜的罪行。作者借花进行的间接抒情已经不足以表达他内心按捺不住的愤慨，于是接下来他用了直接抒情的方式："可是一座楼隔在它们和防空洞的中间，使它们看不见一个少女被窒息的惨剧，使它们看不见带泥的腿。这我却是看见了的。关于这我将怎样向人们诉说呢？"可以看出，作者对战争的厌恶、对日本侵略者的暴行的控诉和悲愤之情呼之欲出。

最后作者再一次回到现实中，"夜色降下来，园子渐渐地隐没在漆黑里"。在这样一个黑暗的时代里，作者感受到的只有"孤寂"。敌人的卑劣，少女的惨死震撼了作者的心灵，他要控诉、抗议，而黑暗、寂寞使他无法倾诉，倍感压抑。"为什么这样静？为什么不出现一个人来听我愤慨地讲述那个少女的故事？难道我是在梦里？"连用三个追问，表达了作者为同胞还没有觉醒而感到的悲哀和寂寞，也更鲜明强烈地传达出作者那种无法抑制的悲愤之情。"脸颊上一点冷，一滴湿"也许是雨，也许是泪。"我不能长久立在大雨中。我应该回家了。那是刚刚被震坏的家，屋里到处都漏雨。"雨让作者回到了现实，作者要去做点什么，为被杀害的生命，对残暴的侵略者。"家"在这里象征了祖国，尽管被日军轰炸，千疮百孔，破败不堪，但它是我们的安身之所、精神皈依。这也是巴金对人们的点醒：我们需要赶紧从悲苦中走出来，不能任人随意践踏，不能坐以待毙，我们要团结起来反抗黑暗和邪恶。

文中有大段的笔墨与"花"有关，"花"是全文的抒情线索。"花"是作者情感的有力抒发点，红花绿叶被赋予了人的情感，作者设想"花能够讲话"，是因为"花"是日军的侵略野蛮行径和惨剧的见证者。废墟上的红花绿叶也是顽强不屈的民族精神的象征，炸弹虽然炸毁了园中的建筑，毁坏了家园，但却摧毁不了不屈的民族意志。园中貌似柔弱、实则坚韧的绿叶红花在战争过后依然旺盛地盛开，作者借这一意象表达了中国人民在历经磨难后，依然怀抱着抗战必然胜利的坚定信念，以及对和平安宁生活的向往。

本文在艺术上的特色之一是采用了虚实相间的手法。从开篇描写走到废园外从墙的缺口看到的残破的园子内有欣欣向荣的绿叶和盛开的红色花朵，更有日寇轰炸后被毁坏的楼房，这是实景描写。接下来作者展开了想象，想象在日军轰炸前园中人的美好生活。用设想中开得正好的花、生机勃勃的绿叶、园中的花树来表现年轻人的美好和对未来的希望，这些都是想象之景，是虚写。中间的插叙描写了轰炸后的悲剧，"一只带泥的腿，一个少女的生命"，两个"一"表达了战争对人的生命的践踏，这也是实写。然后作者用想象和拟人的手法，"花随着风摇头，好像在叹息。"作者借花抒情，再一次表达哀伤愤慨的情感。这是由实转虚。结尾处"冷雨"将作者拉回现实，凸显内心的悲凉。"到处漏雨"则含蓄控诉了日寇的罪恶，引人深思，深化文章的主旨。

运用对比手法也是本文的一大艺术特色。花仍在盛开，少女却已惨死，强烈的对比抒发了作者哀伤愤懑的情感，表达了对日军暴行的控诉。开得欣欣向荣的红花绿叶与被炸成断壁残垣的废墟也形成强烈的对比反差，揭示了战争的罪恶，烘托出浓厚的悲剧色彩。

文章语言平淡自然，但意蕴丰富，用意深刻。在不动声色的叙述中饱含了深沉的情感。

探究与思考

1. 本文的抒情线索是什么？
2. 谈一谈本文虚实相间的写法。
3. 谈一谈本文对比手法的运用。

第二节　　面朝大海，春暖花开[1]　海子

💡 作者简介

　　海子（1964年3月24日—1989年3月26日），原名查海生，出生于安徽省怀宁县高河镇查湾村，当代诗人。海子15岁考入北京大学法律系，1982年大学期间开始诗歌创作，1983年北大毕业后分配至北京中国政法大学哲学教研室工作。1984年，创作成名作《亚洲铜》和《阿尔的太阳》，第一次使用"海子"笔名。从1982年至1989年不到7年的时间里，海子创作了近200万字的作品，随后出版了《土地》《海子、骆一禾作品集》《海子的诗》和《海子诗全编》等。海子的诗歌激情奔放，常选取"大海、星空、山川"等自然意象，追求纯粹的表达，倡导写作过程中的直觉和冲动，注重情感的自然流露。他的诗歌摒弃了传统的修辞技巧和艳丽的华彩，多表达内心深处的情感和对理想与自由的追求。

✏️ 引文入境

从明天起，做一个幸福的人
喂马，劈柴，周游世界
从明天起，关心粮食和蔬菜
我有一所房子，面朝大海，春暖花开

从明天起，和每一个亲人通信
告诉他们我的幸福
那幸福的闪电告诉我的
我将告诉每一个人

给每一条河每一座山取一个温暖的名字
陌生人，我也为你祝福
愿你有一个灿烂的前程
愿你有情人终成眷属

愿你在尘世获得幸福

我只愿面朝大海，春暖花开

注释

1. 本文选自《海子的诗》(人民文学出版社，1999年12月)。

作品鉴赏

《面朝大海，春暖花开》写于海子卧轨轻生前两个月。大海是海子诗中的核心意象，广阔浩荡，心旷神怡，是安魂之乡，理想之乡，也是海子作为"海之子"的精神归宿。面朝大海，春暖花开，是海子对幸福生活的生命感受。

诗人在题目"面朝大海，春暖花开"中选取了"大海""春天""鲜花"三种意象，因为"大海""春天""鲜花"历来都是精神追求的对象，无论是拜伦、雪莱，还是普希金、歌德，以及五四时期的诸多诗人，无不以这些自然景物表达崇高的精神追求。海子也是这样。"面朝大海，春暖花开"是他拟想的幸福生活图景的重要组成部分，也是最亮丽的部分，是诗人理想境界中幸福的形象化描写。这个内容是与现实难以协调的，但恰是这种不协调是诗人的真实表达，也是这首诗的重点所在。诗人以《面朝大海，春暖花开》为题，形象生动地表现了诗人对精神生活的追求，而他笔下的"幸福"显得既普通却又难以实现。

全诗共三节。诗歌第一节展现了海子想象中的美好的田园牧歌生活。幸福生活的图景由三个内容组成，即"喂马、劈柴、周游世界""关心粮食和蔬菜""有一所房子，面朝大海，春暖花开"。每一幅生活图景分别体现了海子的一种幸福观："喂马，劈柴，周游世界"表现的是普通人自由闲散的生活；"关心粮食和蔬菜"这是平凡人自食其力的生活；"面朝大海，春暖花开"是诗人隐逸般的生活。这些图景即便是尘世生活，也是一种充满诗意的田园牧歌式的尘世生活：充实却不乏闲适，清苦却不乏浪漫。如果抒情主人公真的可以在这幅图景的感召下走出封闭，摆脱孤独，那么的确可以算作"一个幸福的人"了。可是"喂马、劈柴、周游世界、面朝大海春暖花开"的幸福，在现实生活中是难以实现的。现实中的海子，始终处于清贫。清贫的海子，不可能拥有闲适自由、诗意般的生活。海子有过幸福生活的热望，却没有实现这种希望的勇气。这一切憧憬都被"从明天起"限制住了，"从明天起"意味着"今天"的不如意、不幸福，说明他现在还没有做到，今天是注定孤独、暗淡的，注定无法融入尘世的幸福生活。诗歌的第一、二节中诗人接连使用了三个"从明天起"。一方面意味着昨天、今天的诗人可能活得并不幸福，于是他下定决心要做一个和大家一样获得幸福的人，而"明天"常常让人产生憧憬。另一方面同时表现了诗人渴望融入尘世生活中。但明天又往往是不确定的，俗话说"明日复明日，明日何其多"，这其实也就暗示了诗人可能始终无法获得幸福。海子生前好友、诗人西川回忆说："海子没有幸福地找到他在生活中的一席之地。这或许是由于他的偏颇。在他的房间里，你找不到电视机、录音机甚至收音机。海子在贫穷、单调与孤独之中写作，他既不会跳舞、游泳，也不会骑自行车。"海子是个沉湎于心灵孤独的诗人。诗歌的第二、三节由描绘景象转为抒发情感。诗人由己及人，表达对亲情、友情的珍惜，情感涉及面次第展开，胸襟逐渐开阔。在第三节中，诗人在自己拟想的幸福图景中获得快乐，这种快乐不断地膨胀，使诗人抑制不住地将幸福由己推人，"给每一条河每一座山取一个温暖的名字""陌生人我也为你祝福，愿你……愿你……愿你……"几句被世人用滥了的祝词在海子的笔下却有一种特别的震撼力。诗人如此震撼、欣喜是因为此时诗人想到了自己的幸福图景，内心异常的激动，幸福、爱、温暖的感觉充溢着他，使他迫不及待地要和他人分享，希望别人也能得到幸福，于是又不断祝福陌生人。诗人要与亲人、陌生人、自然万物分享，体现了海子博爱的幸福观，他爱这个世界的一切。接下来"我只愿"笔锋一转，就像说：你们去享受尘世的幸福吧，我不会与你们为伍，我继续沉湎于自己的心灵世界。海子的幸福是自食其力的生活、自由闲散的生活、隐逸诗人的生活，是精神的。他的幸福观与常人的不同，常人追逐的不外乎奢华的物质生活，刺激的感官满足，高高的职位，辉煌的业绩，是追名逐利的、物质的。海子将幸福理解为生命的自我表现和自我满足，尽管生活俭朴，却能尽享自由、快乐，不像常人为名利所累，让人想起陶渊明笔下的桃花源记。这种理解的深度非常人所及。诗人在祝愿人们的同时说自己"只愿面朝大海，春暖花开。""只愿"两字犹言幸福是你们的，"我"情愿独面大海，背对世俗。他把幸福的祝福给了别人，自己却难以在尘世找到幸福生活。

全诗的意象可以分两组，一组是诗人所憧憬的物质世界，一组是活泼鲜明的抒情主人公即"人"的世界。"人"是这首诗的中心意象，物质是这个人的陪衬。在这"春暖花开"的环境里，有着丰富的物质生活资料，抒情主人公做着自己想做的事，和亲人们、朋友们亲切交往，互送祝愿，从而表现出一派和乐景象，表达了诗人的一种美好理想。

本诗的艺术特色具有以下两个方面。

1. 文字昂扬

这首诗以朴素明朗而又隽永清新的语言，唱出一个诗人的真诚善良。抒情主人公想要做"一个幸福的人"，愿意把"幸福的闪电"告诉每一个人，即使是陌生人他都会真诚的祝愿他"在尘世获得幸福"。诗人想象中的尘世，一切都那样新鲜可爱，充满生机与活力，字里行间流露积极、昂扬的情感。整首诗以淳朴、欢快的方式发出对世人的真诚祝愿。

2. 内心悲凉

虽然诗人在诗中想象着尘世的幸福生活，并用平白、温暖的话语表达了对每一个人的真挚祝福，但我们仍然能感到在那份坦诚的语气中隐含的忧伤。诗的第一节中诗人描绘的是他想象中的尘世生活。"喂马，劈柴，周游世界""关心粮食和蔬菜""我有一所房子，面朝大海，春暖花开"。诗的第三节，抒情主人公把三个最世俗化也是最真挚的祝愿留给了陌生的世人："愿你有一个灿烂的前程，愿你有情人终成眷属，愿你在尘世获得幸福，"却以一句"我只愿面朝大海，春暖花开"，情感突然发生逆转，把自己隔绝到了尘世生活之外。"只愿"两字犹言幸福是你们的，"我"情愿独面大海，背对世俗。仔细品味，一种苦涩、内心悲凉的意蕴传来。

探究与思考

1. 本诗的意象有何特点？
2. 本诗有何艺术特色？
3. 请说说本诗诠释的幸福观是怎样的呢？

第三节　　祖国啊，我亲爱的祖国[1]　　舒婷

作者简介

　　舒婷（1952 年 6 月 6 日—），原名龚佩瑜，福建泉州人，朦胧诗派代表作家。1979 年开始发表诗歌作品，1980 年至福建省文联工作，从事专业写作。舒婷的诗具有女性独有的柔美、委婉和细腻，她在艺术上进行大胆的探索与尝试，因而形成了独特的风格及温柔典雅的艺术特色。主要著作有诗集《双桅船》《会唱歌的鸢尾花》《始祖鸟》，散文集《心烟》等。

引文入境

　　我是你河边上破旧的老水车，
　　数百年来纺着疲惫的歌；
　　我是你额上熏黑的矿灯，
　　照你在历史的隧洞里蜗行摸索
　　我是干瘪的稻穗，是失修的路基；
　　是淤滩上的驳船
　　把纤绳深深
　　勒进你的肩膊，

——祖国啊！

我是贫困，
我是悲哀。
我是你祖祖辈辈
痛苦的希望啊，
是"飞天"[2]袖间
千百年来未落到地面的花朵，
——祖国啊！

我是你簇新的理想，
刚从神话的蛛网里挣脱；
我是你雪被下古莲的胚芽；
我是你挂着眼泪的笑窝；
我是新刷出的雪白的起跑线；
是绯红的黎明
正在喷薄；
——祖国啊！

我是你十亿分之一，
是你九百六十万平方的总和；
你以伤痕累累的乳房
喂养了
迷惘的我、深思的我、沸腾的我；
那就从我的血肉之躯上
去取得
你的富饶、你的荣光、你的自由；
——祖国啊，
我亲爱的祖国！

注释

1. 本诗选自《双桅船》，发表于《诗刊》1979 年第 7 期。

2. 飞天：这里是佛教中乾闼婆和紧那罗的化身。乾闼婆，意译为天歌神；紧那罗，意译为天乐神。原是古印度神话中的娱乐神和歌舞神，是一对夫妻，后被佛教吸收为天龙八部众神之一，合为一体，男女不分，变为飞天。

📖 作品鉴赏

　　《祖国啊，我亲爱的祖国》创作于 1979 年 7 月，随着十一届三中全会的召开，开启了改革开放历史新时期。人们热切盼望着贫穷落后的祖国早日成为现代化强国，并且决心为祖国的强盛奉献自己的一切。诗人以自己独有的抒情方式写下了此诗，并获得 1980 年全国中青年优秀诗歌作品奖。

　　这是一首向祖国母亲倾吐深情的诗。诗人运用第一人称，选取多种意象，采用反复吟唱的手法，描绘了祖国深重的灾难与贫困，新生的希望，光明的前程；并对祖国的过去和将来进行了深刻的思考，表达了深挚的热爱和献身的决心。角度奇特，感情深沉，比喻新颖。

　　全诗共四节，从历史、现实、未来这三度空间，描述了中国过去的贫穷和人民千百年来的梦想与苦难，亦展现了中国让人振奋的崛起和新生，折射出诗人同祖国共同命运的痛苦与坚韧、理想与追求，抒发了作者对祖国的挚爱。诗歌的第一节，诗人以"破旧的老水车""熏黑的矿灯""干瘪的稻穗""失修的路基""淤滩上的驳船"等意象回溯祖国数百年的贫困、落后的历史。其感情深沉悲痛，语气舒缓低沉，是诗人面对祖国长期以来贫穷和落后而发出的痛苦的呼喊。其中"破旧""疲惫""蜗行"等词语表达了诗人对过去数百年来饱经沧桑的祖国的感伤和焦灼之情。第一节采用了长句式，多节拍，每两行采用一个具体的意象，重在写实，仿佛是一首以低音缓慢升起的乐曲。第二节，诗人用"贫困""悲哀""痛苦的希望"等抽象的词语表现了苦难的祖国在艰难中匍匐前行。"飞天"代表着美好，但是"千百年未落到地面的花朵"则表明美好的希望未变成现实，富民强国的希望在漫长的黑暗历史中是那样的虚无缥缈，似乎永远都是美丽的神话，可望而不可即。这一节起着过渡的作用，从"贫困""悲哀"过渡到希望之中。此处的情感与前节是一以贯之的，仍旧带着深沉的悲痛，但其中已经萌生了看向历史的自信与看向未来的希望。第三节，用"雪被下古莲的胚芽""挂着眼泪的笑涡""新刷出的雪白的起跑线""绯红的黎明"等充满生机和活力的意象，象征祖国摆脱束缚、蒸蒸日上的状态。十一届三中全会后，中国进入了改革开放新时期，在"解放思想，实事求是"精神的引领下，社会生产力获得了新的解放，整个国家焕发出了勃勃生机。"神话的蛛网"象征束缚生产力发展、钳制思想解放的陈腐意识。挣脱了"神话的蛛网"诞生了"簇新的理想"，字里行间透露出作者为祖国的觉醒复兴而感到欣欣鼓舞的心情，象征着祖国已经迎来转折，发展的态势不可阻挡，美好的生活即将到来。这一节诗句拉长节拍增多，节奏反复回旋，抑扬顿挫，展现了处于历史转折时期的祖国形象。第四节，"我"与祖国再次融为一体。个体上，"我"是祖国的"十亿分之一"；使命上，"我"要承担祖国复兴的责任。本节的前两句表达了作者强烈的爱国之情和历史责任感。"你以伤痕累累的乳房/喂养了/迷惘的我、深思的我、沸腾的我"讴歌了祖国母亲的伟大，表达了在祖国的哺育下，诗人对祖国如同对待母亲一样的感恩之情。"迷惘"是青年一代在往昔的艰难岁月里感觉到的苦闷，"深思"是为祖国的忧虑，"沸腾"是因为看到了现在具有历史意义的转机。这是历经浩劫的青年一代的情感历程，也是对中华民族心灵历程的高度概括。"那就从我的血肉之躯上/去取得/你的富饶，你的荣光，你的自由"，诗人表达了只要祖国繁荣富强，不惜粉身碎骨，愿把一切奉献给祖国的赤子之情。这一节节奏更快，排比句式的运用，语势充沛，感情激昂，把全诗的情感推向高亢，再次强调了"我"与祖国唇齿相依、不可分割的关系。

全诗的艺术特色：

1. 意象密集，平凡而新颖

本诗意象密集，诗的每一节都采用了大量的意象来表达充沛的情感。在意象的选择上，从不为常人所注意的平凡事物入手，选择了"老水车""矿灯""稻穗""路基""驳船""理想""胚芽""笑涡"等，用具体的意象分别对应苦难的、希望的、新生的祖国，这种意象叠加，使表达的内涵更深刻更立体，也给读者留下更丰富的想象空间。

2. 感情真挚，情真意切

全诗表达了对祖国的一片深情。全诗运用第一人称"我"，诗中"我是……"的句式反复出现，"我"与祖国生死相依、血肉相连，"我"的情感是跟随着祖国命运的变化而层层推进的。第一节我面对苦难的祖国是深沉的悲哀，第二节我跟随祖国艰难前行的脚步怀着痛苦的希望，第三节面对新生的祖国我欢欣鼓舞，第四节我愿为祖国的建设奉献我的血肉之躯。全诗"我"与祖国一同经历沧桑风雨，生死相依，血肉相连。"我"的形象融入祖国的形象中，抒发了诗人与祖国荣辱与共的责任感与使命感。

3. 语言生动，修辞丰富

诗人在一系列的意象，如"老水车""矿灯""稻穗""路基"等词语前加上了"破旧""熏黑""干瘪""失修"等修饰语，准确地表现了苦难的祖国在艰难中的前行和匍匐，恰如其分地传递出诗人对祖国沉重而痛苦的爱恋情感，使诗歌的语言别具特色。

诗歌使用了物我交流的手法，由人称的转换而造成的排比句式"我是……"，"我"作为抒情主体，不断向祖国倾诉，同时"我"与祖国又合二为一，不可分割。从而使"祖国"这一抽象的概念变成可亲、可感、可触、可观，也使"爱祖国"这种亘古的感情变得深沉而实在，不仅扩大了诗的意义内涵，还增加了艺术容量。

探究与思考

1.《祖国啊，我亲爱的祖国》在这首诗中，诗人抒发了对祖国怎样的感情？这种感情又是通过哪些事物来表现的？这些事物有什么特点？

2. 这首诗是以第一人称写的，怎样理解诗中的"我"？"我"与祖国是什么关系？

3. 说一说本诗中"千百年未落到地面的花朵"是什么意思？

第四节　　萧峰命断雁门关[1]（节选）　　金庸

作者简介

　　金庸（1924年3月10日—2018年10月30日），本名查良镛，生于浙江省嘉兴市海宁市。当代武侠小说作家、新闻学家、企业家、政治评论家、社会活动家。《中华人民共和国香港特别行政区基本法》主要起草人之一，香港"大紫荆勋章"获得者。2018年10月30日，金庸在香港逝世，享年94岁。同年入围感动中国2018候选人物。金庸与古龙、梁羽生、温瑞安并称为中国武侠小说"四大宗师"，是新派武侠小说最杰出的代表作家。从20世纪50年代末至70年代初，金庸共完成十五部武侠小说。其中，取十四部作品的字首，概括为"飞雪连天射白鹿，笑书神侠倚碧鸳"，外加一部《越女剑》。他的小说既继承了传统白话小说的语言风格，又对旧式武侠小说的思想内容与艺术手法作了全面的革新，同时赋予深厚的文化内涵，达到雅俗共赏的境界。金庸同时又是一位出色的社评家。一生写了近两万篇社评、短评，切中时弊，笔锋雄健犀利，曾被人赞誉为"亚洲第一社评家"。

引文入境

　　这日晚间，群豪在一座山坡上歇宿，睡到午夜，忽然有人大声惊呼。群豪一惊而醒，只见北方烧红了半边天。萧峰和范骅对瞧一眼，心下均隐隐感到不吉。范骅低声道："萧大王，你瞧是不是辽军绕道前来夹攻？"萧峰点了点间。范骅道："这一场大火，不知烧了多少民居，唉！"萧峰不愿说耶律洪基的坏话，却知他在女真人手下吃了个败仗，心下极是不忿，一口怒气，全发泄在无辜百姓身上，这一路领军西为，定是见人杀人，见屋烧屋。

　　大火直烧到天明，兀自未熄。到得下午，只见南边也烧起了火头。烈日下不见火焰，浓烟却直冲霄汉。

　　玄渡本来领人在前，见到南边烧起了大火，靶马候在道旁，等萧峰来到，问道："乔帮主，辽军分三路来攻，你说这雁门关是否守得住？我已派人不断向雁门关报讯。但关上统帅懦弱，兵威不振，只怕难抗契丹的铁骑。"萧峰无言以对。玄渡又道："看来女真人倒能对付得了辽兵，将来大宋如和女真人联手，南北夹攻，或许能令契丹铁骑不敢南下。"

萧峰知他之意，是要自己设法与女真人的首领完颜阿骨打联系，但想自己实是契丹人，如何能勾结外敌来攻打本国，突然问道："玄渡大师，我爹爹在宝刹可好？"玄渡一怔，道："令尊皈依三宝，在少林后院清修，咱们这次来到南京，也没知会令尊，以免引动他的尘心。"萧峰道："我真想见见爹爹，问他一句话。"玄渡嗯了一声。

萧峰道："我想请问他老人家：倘若辽兵前来攻打少林寺，他却怎生处置？"玄渡道："那自是奋起杀敌，护寺护法，更有何疑？"萧峰道："然而我爹爹是契丹人，如何要他为了汉人，去杀契丹人？"玄渡沉吟道："原来帮主果然是契丹人。弃暗投明，可敬可佩！"

萧峰道："大师是汉人，只道汉为明，契丹为暗。我契丹人却说大辽为明，大宋为暗。想我契丹祖先为羯人所残杀，为鲜卑人所胁迫，东逃西窜，苦不堪言。大唐之时，你们汉人武功极盛，不知杀了我契丹多少勇士，掳了我契丹多少妇女。现今你们汉人武功不行了，我契丹反过来攻杀你们。如此杀来杀去，不知何日方了？"

玄渡默然，隔了半晌，念道："阿弥陀佛，阿弥陀佛。"

段誉策马走近，听到二人下半截的说话，喟然吟道："烽火燃不息，征战无已时。野战格斗死，败马号鸣向天悲。鸟鸢啄人肠，衔飞上挂枯枝树。士卒涂草莽，将军空尔为。乃知兵器是凶器，圣人不得已而用之。"萧峰赞："'乃知兵器是凶器，圣人不得已而用之。'贤弟，你做得好诗。"段誉道："这不是我作的，是唐朝大诗人李白的诗篇。"

萧峰道："我在此地之时，常听族人唱一首歌。"当即高声而唱："亡我祁连山，使我六畜不蕃息。亡我焉支山，使我妇女无颜色。"他中气充沛，歌声远远传了出去，但歌中充满了哀伤凄凉之意。

段誉点头道："这是匈奴的歌。当年汉武帝大伐匈奴，抢夺了大片地方，匈奴人惨伤困苦，想不到这歌直传到今日。"萧峰道："我契丹祖先，和当时匈奴人一般苦楚。"

玄渡叹了口气，说道："只有普天下的帝王将军们都信奉佛法，以慈悲为怀，那时才不会再有征战杀伐的惨事。"萧峰道："可不知何年何月，才会有这等太平世界。"

一行人续向西行，眼见东南北三方都有火光，昼夜不息，辽军一路烧杀而来，群雄心下均感愤怒，不住叫骂，要和辽军决一死战。

范骅道："辽军越追越近，咱们终于将退无可退，依兄弟之见，咱们不如四下分散，教辽军不知向哪里去追才是。"

吴长风大声道："那不是认输了？范司马，你别长他人志气，灭自己威风，胜也好，败也好，咱们总得与辽狗拼个你死我活。"

正说之间，突然飕的一声，一枝羽箭从东南角上射将过来，一名丐帮弟子中箭倒地。跟着山后一队辽兵大声呐喊，扑了出来。原来这队辽兵马不停蹄的从山道来攻，越过了断后的群豪。这一支突袭的辽军约有五百余人。吴长风大叫："杀啊！"当先冲了过去。群雄蓄愤已久，无不奋勇争先。群雄人数既较之小队辽军为多，武艺又远为高强，大呼酣战声中，砍瓜切菜般围杀辽兵，只半个小时辰，将五百余名辽军杀得干干净净。有十余名契丹武士攀山越岭逃走，也都被中原群豪中轻功高明之士，追上去一一杀死。

群豪打了一个胜仗，欢呼呐喊，人心大振。范骅却悄悄对玄渡、虚生、段誉等人说道："咱们所歼的只是辽军一小队，这一仗既接上了，第二批辽军跟着便来。咱们快向西退！"

话声未了，只听得东边轰隆隆、轰隆隆之声大作。群豪一齐转头向东望去，但见尘土飞起，如乌云般遮住了半边天。霎时之间，群豪面面相觑，默不作声，但听得轰隆隆、轰隆隆闷雷般的声音远远响着。显着大队辽军奔驰而来，从这声音中听来，不知有多少万人马。江湖上的凶杀斗殴，群豪见得多了，但如此大军驰驱，却是闻所未闻，比之南京城外的接战，这一次辽军的规模又不知强大了多少倍。各人虽然都是胆气豪壮之辈，陡然间遇到这般天地为之变色的军威，却也忍不住心惊肉跳，满手冷汗。

范骅叫道："众位兄弟，敌人势大，枉死无益。留得青山在，不怕没柴烧，咱们今日暂且避让，乘机再行反击。"当下群豪纷纷上马，向西急驰，但听得那轰隆隆的声音，在身后老是响个不停。

这一晚各人不再歇宿，眼见离雁门关渐渐远了。群豪催骑而行，知道只要一进雁门关，扼险而守，敌军虽众，破关便极不容易。一路上马匹纷纷倒毙，有的展开轻功步行，有的便两人一骑。行到天明，离雁门关已不过十余里地，众人都放下了心，下马牵缰，缓缓而行，好让牲口回力。但身后轰隆隆、轰隆隆的万马奔腾之声，却也更加响了。

萧峰走下岭来，来到山侧，猛然间看到一块大岩，心中一凛："当年玄慈方丈、汪帮主等率领中原豪杰，伏击我爹爹，杀死了我母亲和不少契丹武士，便是如此。"一侧头，只见一片山壁上斧凿的印痕宛然可见，正是玄慈将萧远山所留字迹削去之处。

萧峰缓缓回头，见到石壁旁一株花树，耳中似乎听到了阿泊当年躲在身后的声音："乔大爷，你再打下去，这座山峰也要给你击倒了。"

他一呆，阿朱情致殷殷的几句话，清清楚楚的在他脑海呼响起来："我在这里已等了你五日五夜，我只怕你不能来。你……你果然来了，谢谢老天爷保佑，你终于安好无恙。"

萧峰热泪盈眶，走到树旁，伸手摩挲树干，见那树比之当日与阿朱相会时已高了不少。一时间伤心欲绝，浑忘了身外之事。

忽听得一个尖锐的声音叫道："姊夫，快退！快退！"阿紫奔近身来，拉住萧峰衣袖。

萧峰一抬头，远远望出去，只见东面、北面、南面三方，辽军长矛的矛头犹如树林般刺向天空，竟然已经合围。萧峰点了点头，道："好，咱们退入雁门关再说。"

这时群豪都已聚在雁门关前。萧峰和阿紫并骑来到关口，关门却兀自紧闭。关门上一名宋军军官站在城头，朗声说道："奉镇守雁门关指挥使张将军将令：尔等既是中原百姓，原可入关，但不知是否勾结辽军的奸细，因此各人抛下军器，待我军一一搜检。身上如不藏军器者，张将军开恩，放尔等进关。"

此言一出，群豪登时大哗。有的说："我等千里奔驰，奋力抵抗辽兵，怎可怀疑我等是奸细？"有的道："我们携带军器，是为了相助将军抗辽。倘若失去了趁手兵器，如何和辽军打仗？"更有性子粗暴之人叫骂起来："他妈的，不放我们进关么？大伙儿攻进去！"

玄渡急忙制止，向那军官道："相烦禀报张将军知道：我们都是忠义为国的大宋百姓。敌军转眼即至，再要搜检什么，耽误了时刻，那时再开关，便危险了。"

那军官已听到人丛中的叫骂之声，又见许多人穿着奇形怪状的衣饰，不类中土人士，说道："老和尚，你说你们都是中土良民，我瞧有许多不是中原人吧？好！我就网开一面，大宋良民可以进关，不是大宋子民，可不得进关。"

群豪面面相觑，无不愤怒。段誉的部属是大理国臣民，虚竹的部属更是各族人氏都有，或西域、或西夏、或吐蕃、或高丽，倘若只有大宋臣民方得进关，那么大理国、灵鹫宫两路人马，大部分都不能进去了。

玄渡说道："将军明鉴：我们这里有许多同伴，有的是大理人，有的是西夏人，都跟我们联手，和辽兵为敌，都是朋友，何分是宋人不宋人？"这次段誉率部北上，更守秘密，决不泄漏是一国之主的身份，以防宋朝大臣起心加害，或掳之作为人质，兼之大理与辽国相隔虽远，却也不愿公然与之对敌，是以玄渡并不提及关下有大理国极重要的人物。

那军官怫然道："雁门关乃大宋北门锁钥，是何等要紧的所在？辽兵大队人马转眼就即攻到，我若随便开关，给辽兵乘机冲了进来，这天大的祸事，有谁能够担当？"

吴长风再也忍耐不住，大声喝道："你少啰唆几句，早些开了关，岂不是什么事也没有了？"那军官怒道："你这老叫化，本官面前，哪有你说话的余地？"他右手一场，城垛上登时出现了千余名弓箭手，弯弓搭箭，对准了城下。那军官喝快快退开，若再在这里妖言惑众，扰乱军心，我可要放箭了。"玄渡长叹一声，不知如何是好。

雁门关两侧双峰夹峙，高耸入云，这关所以名为"雁门"，意思说鸿雁南飞之时，也须从双峰之间通过，以喻地势之险。群豪中虽不乏轻功高强之士，尽可翻山越岭逃走，但其余人众难逾天险，不免要被辽军聚歼于关下了。

只见辽军限于山势，东西两路渐渐收缩，都从正面压境而来。但除了马蹄声、铁甲声、大风吹旗声外，却无半点人声喧哗，的是军纪严整的精锐之师。一队队辽军逼关为阵，驰到弩箭将及之处，便即退住。一眼望去，东西北三方旌旗招展，实不知有多少人马。

萧峰朗声道："众位请各在原地稍候，不可移动，待在下与辽帝分说。"不等段誉、阿紫等劝止，已单骑纵马而出。他双手高举过顶，示意手中并无兵刃弓箭，大声叫道："大辽国皇帝陛下，萧峰有几句话跟你说，请你出来。"说这几句话时，鼓足了内力，声音远远传了出去。辽军十余万将士没一个不听得清清楚楚，不由得人人变色。

过得半晌，猛听得辽军阵中鼓角声大作，千军万马如波浪般向两侧分开，八面金黄色大旗迎风招展，八名骑士执着驰出阵来。八面黄旗之后，一队队长矛手、刀斧手、弓箭手、盾牌手疾奔而前，分列两旁，接着是十名锦袍铁甲的大将簇拥着耶律洪基出阵。

辽军大呼："万岁，万岁，万万岁！"声震四野，山谷鸣响。

关上宋军见到敌人如此军威，无不凛然。

耶律洪基右手宝刀高高举起，辽军立时肃静，除了偶有战马嘶鸣之外，更无半点声息。耶律洪基放下宝刀，大声笑道："萧大王，你说要引辽军入关，怎么开门还不大开？"

此言一出，关上通译便传给镇守雁门关指挥使张将军听了。关上宋军立时大噪，指着萧峰指手划脚的大骂。

萧峰知道耶律洪基这话是行使反间计，要使宋兵不敢开关放自己入内，心中微微一酸，当即跳下马来，走上几步，说道："陛下，萧峰有负厚恩，重劳御驾亲临，死罪，死罪。"

刚说了这几句话，突然两个人影从旁掠过，当真如闪电一般，猛向耶律洪基欺了过去，正是虚竹和段誉。他二人眼见情势不对，知道今日之事，唯有擒住辽帝作为要胁，才能保持大伙周全，一打手势，便分从左右抢去。

耶律洪基出阵之时，原已防到萧峰重施当年在阵上擒杀楚王父子的故技，早有戒备。亲军指挥使一声吆喝，三百名盾牌手立时聚拢，三百面盾牌犹如一堵城墙，挡在辽帝面前。长矛手、刀斧手又密密层层的排在盾牌之前。

这时虚竹既得天山童姥的真传，又尽窥灵鹫宫石壁上武学的秘奥，武功之高，实已到了随心所欲、无往而不利的地步；而段誉在得到鸠摩智的毕生修为后，内力之强，亦是震古铄今，他那"凌波微步"施展开来，辽军将士如何阻拦得住？

段誉东一幌、西一斜，便如游鱼一般，从长矛手、刀斧手相距不逾一尺的缝隙之中硬生生的挤将过去。众辽兵挺长矛攒刺，非但伤不到段誉，反因相互挤得太近，兵刃多半招呼在自己人身上。

虚竹双手连伸，抓住辽兵的胸口背心，不住掷出阵来，一面向耶律洪基靠近。两员大将纵马冲上，双枪齐至，向虚竹胸腹刺来。虚竹忽然跃起，双足分落二交枪头。两员辽将齐声大喝，拌动枪杆，要将虚竹身子震落。虚竹乘着双枪抖动之势，飞身跃起，半空中便向洪基头顶扑落。

一如游鱼之滑，一如飞鸟之捷，两人双双攻到，耶律洪基大惊，提起宝刀，疾向身在半空的虚竹砍去。

虚竹左手手掌一探，已搭住他宝刀刀背，乘势滑落，手掌翻处，抓住了他右腕。便在此时，段誉也从人丛中钻将出来，抓住了耶律洪基左肩。两人齐声喝道："走罢！"将耶律洪基魁伟的身子从马背上提落，转身急奔。

四下里辽将辽兵眼见皇帝落入敌手，大惊狂呼，一时都没了主意。几十名亲兵奋不顾身的扑上来想救皇帝，都被虚竹、段誉飞足踢开。

　　二人擒住辽帝，心中大喜，突见萧峰飞身赶来，齐声叫道："大哥！"哪知萧峰双掌骤发，呼呼两声，分袭二人。二人都是大吃一惊，眼见掌力袭来，犹如排山倒海般，只得举掌挡架，砰砰两声，四掌相撞，掌风激荡，萧峰向前一冲，已乘势将耶律洪基拉了过去。

　　这时辽军和中土群豪分从南北涌上，一边想抢回皇帝，一边要作萧峰、虚竹、段誉三人的接应。

　　萧峰大声叫道："谁都别动，我自有话向大辽皇帝说。"辽军和群豪登时停了脚步，双手都怕伤到自己人，只远远呐喊，不敢冲杀上前，更不敢放箭。

　　虚竹和段誉也退开三分，分站耶律洪基身后，防他逃回阵中，并阻契丹高手前来相救。

　　这时耶律洪基脸上已无半点血色，心想："这萧峰的性子甚是刚烈，我将他囚于狮笼之中，折辱得他好生厉害。此刻既落在他手中，他定要尽情报复，再也没及饶了性命了。"却听萧峰道："陛下，这两位是我的结义兄弟，不会伤害于你，你可放心。"耶律洪基哼了一声，回头向虚竹看了一眼，又向段誉看了一眼。

　　段誉道："我这个二弟虚竹子，乃灵鹫宫主人，三弟是大理段公子。臣向曾向陛下说起过。"耶律洪基点了点头，说道："果然了得。"

　　萧峰道："我们立时便放陛下回阵，只是想求陛下赏赐。"

　　耶律洪基几乎不相信自己的耳朵，心想："天下哪有这样的便宜事？啊，是了，萧峰已然回心转意，求我封他三人为官。"登时满面笑容，说道："你们有何求恳，我自是无有不允。"他本来语音发颤，这两句话中却又有了皇帝的尊严。

　　萧峰道："陛下已是我两个兄弟的俘虏，照咱们契丹人的规矩，陛下须得以彩物自赎才是。"耶律洪基眉头微皱，问道："要什么？"萧峰道："微臣斗胆代两个兄弟开口，只是要陛下金口一诺。"洪基哈哈一笑，说道："普天之下，我当真拿不出的物事却也不多，你尽管狮子大开口便了。"

　　萧峰道："是要陛下答允立即退步，终陛下一生，不许辽军一兵一卒越过宋辽疆界。"

　　段誉一听，登时大喜，心想："辽军不逾宋辽边界，便不能插翅来犯我大理了。"忙道："正是，你答应了这句话，我们立即放你回去。"转念一想："擒到辽帝，二哥出力比我更多，却不知他有何求？"向虚竹道："二哥，你要契丹皇帝什么东西赎身？"虚竹摇了摇头，道："我也只要这一句话。"

　　耶律洪基脸色甚是阴森，沉声道："你们胆敢胁迫于我？我若不允呢？"

　　萧峰朗声道："那么臣便和陛下同归于尽，玉石俱焚。咱二人当年结义，也曾有过但愿同年同月同日死的誓言。"

　　耶律洪基一凛，寻思："这萧峰是个天不怕、地不怕的亡命之徒，向来说话一是一，二是二，我若不答允，只怕要真的出手向我冒犯。死于这莽夫之手，那可大大的不值得。"当下哈哈一笑，朗声道："以我耶律洪基一命，换得宋辽两国数十年平安。

好兄弟，你可把我的性命瞧得挺重哪！"

萧峰道："陛下乃大辽之主。普天之下，岂有比陛下更贵重的？"

耶律洪基又是一笑，道："如此说来，当年女真人向我要黄金三十车、白银三百车、骏马三千匹，眼界忒也浅了？"萧峰略一躬身，不再答话。

耶律洪基回过头来，只见手下将士最近的也在百步之外，无论如何不能救自己脱险，权衡轻重，世上更无比性命更贵重的事物，当即从箭壶中抽出一枝雕翎狼牙箭，双手一弯，啪的一声，折为两段，投在地下，说道："答允你了。"

萧峰躬身道："多谢陛下。"

耶律洪基转过头来，举步欲行，却见虚竹和段誉四目炯炯的望着自己，并无让路之意，回头再向萧峰瞧去，见他也默不作声，登时会意，知他三人是怕自己食言，当即拔出宝刀，高举过顶，大声说道："大辽三军听令。"

辽军中鼓声擂起，一通鼓罢，立时止歇。

耶律洪基说道："大军北归，南征之举作罢。"他顿了一顿，又道："于我一生之中，不许我大辽国一兵一卒，侵犯大宋边界。"说罢，宝刀一落，辽军中又擂起鼓来。

萧峰躬身道："恭送陛下回阵。"

虚竹和段誉往两旁一站，绕到萧峰身后。

耶律洪基又惊又喜，又是羞惭，虽急欲身离险地，却不愿在萧峰和辽军之前示弱，当下强自镇静，缓步走回阵去。

辽军中数十名亲兵飞骑驰出，抢来迎接。耶律洪基初时脚步尚缓，但禁不住越走越快，只觉双腿无力，几欲跌倒，双手发颤，额头汗水更是涔涔而下。待得侍卫驰到身前，滚鞍下马而将坐骑牵到他身前，耶律洪基已是全身发软，左脚踏入脚镫，却翻不上鞍去。两名侍卫扶住他后腰，用力一托，耶律洪基这才上马。

众辽兵见皇帝无恙归来，大声欢呼："万岁，万岁，万万岁！"

这时雁门关上的宋军、关下的群豪听到辽帝下令退兵，并说终他一生不许辽军一兵一卒犯界，也是欢声雷动。众人均知契丹人虽然凶残好杀，但向来极是守信，与大宋之间有何交往，极少背约食言，何况辽帝在两军阵前亲口颁令，倘若日后反悔，大辽举国上下都要瞧他不起，他这皇帝之位都怕坐不安稳。

耶律洪基脸色阴郁，心想我这次为萧峰这厮所胁，许下如此重大诺言，方得脱身以归，实是丢尽了颜面，大损大辽国威。可是从辽军将士欢呼万岁之声中听来，众军拥戴之情却又似乎出自至诚。他眼光从众士卒脸上缓缓掠过，只见一个个容光焕发，欣悦之情见于颜色。

众士卒想到即刻便可班师，回家与父母妻儿团聚，既无万里征战之苦，又无葬身异域之险，自是大喜过望。契丹人虽然骁勇善战，但兵凶战危，谁都难保一定不死，今日得能免去这场战祸，除了少数在征战中升官发财的悍将之外，尽皆欢喜。

耶律洪基心中一凛："原来我这些士卒也不想去攻打南朝，我若挥军南征，也却未必便能一战而克。"转念又想："那些女真蛮子大是可恶，留在契丹背后，实是心腹大患。我派兵去将这些蛮子扫荡了再说。"当即举起宝刀，高声说道："北院大王传令下去，后队变前队，班师南京！"

军中皮鼓号角响起，传下御旨，但听得欢呼之声，从近处越传越远。

耶律洪基回过头来，只见萧峰仍是一动不动的站在当地。耶律洪基冷笑一声，朗声道："萧大王，你为大宋立下如此大功，高官厚禄，指日可待。"

萧峰大声道："陛下，萧峰是契丹人，今日威迫陛下，成为契丹的大罪人，此后有何面目立于天地之间？"拾起地下的两截断箭，内功运处，双臂一回，噗的一声，插入了自己的心口。

耶律洪基"啊"的一声惊叫，纵马上前几步，但随即又勒马停步。

虚竹和段誉只吓得魂飞魄散，双双抢近，齐叫："大哥，大哥！"却见两截断箭插正了心脏，萧峰双目紧闭，已然气绝。

虚竹忙撕开他胸口的衣衫，欲待施救，但箭中心脏，再难挽救，只见他胸口肌肤上刺着一个青的狼头，张口露齿，神情极是狰狞。虚竹和段誉放声大哭，拜倒在地。

丐帮中群丐一齐拥上来，团团拜伏。吴长风捶胸叫道："乔帮主，你虽是契丹人，却比我们这些不成器的汉人英雄万倍！"

中原群豪一个个围拢，许多人低声议论："乔帮主果真是契丹人吗？那么他为什么反而来帮助大宋？看来契丹人中也有英雄豪杰。"

"他自幼在咱们汉人中间长大，学到了汉人大仁大义。"

"两国罢兵，他成了排解难纷的大功臣，却用不着自寻短见啊。"

"他虽于大宋有功，在辽国却成了叛国助敌的卖国贼。他这是畏罪自杀。"

"什么畏不畏的？乔帮主这样的大英雄，天下还有什么事要畏惧？"

耶律洪基见萧峰自尽，心下一片茫然，寻思："他到底于我大辽是有功还是有过？他苦苦劝我不可伐宋，到底是为了宋人还是为了契丹？他和我结义为兄弟，始终对我忠心耿耿，今日自尽于雁门关前，自然决不是贪图南朝的功名富贵，那……那却又为了什么？"他摇了摇头，微微苦笑，拉转马头，从辽军阵中穿了过去。

蹄声响处，辽军千乘万骑又向北行。众将士不住回头，望向地下萧峰的尸体。

只听得鸣声哇哇，一群鸿雁越过众军的头顶，从雁门关飞了过去。

辽军渐去渐远，蹄声隐隐，又化作了山后的闷雷。

注释

1. 本文节选自《天龙八部》第五十章《教单于折箭　六军辟易　奋英雄怒》，题目为编者加。《天龙八部》著于1963年，历时4年创作完成（部分内容曾由倪匡代笔撰写），前后共有三版，并在2005年第三版中经历6稿修订，结局改动较大。

作品鉴赏

《天龙八部》是著名作家金庸的武侠代表作。小说以宋哲宗时代为背景，通过宋、辽、大理、西夏、吐蕃等王国之间的武林恩怨和民族矛盾，从哲学的高度对人生和社会进行审视和描写，展示了一幅波澜壮阔的生活画卷。

本节选取了乔峰在雁门关自尽的部分。文中的萧峰即乔峰。机缘巧合，乔峰成了辽国的南院大王，并与辽帝耶律洪基结拜金兰，然而耶律洪基野心勃勃，要一举南下，吞并大宋。乔峰为了避免生灵涂炭，誓死力谏。耶律洪基视其为眼中钉、肉中刺，并决意处死他。为解决宋辽纷争，避免伤害到千万百姓，乔峰在雁门关杀身成仁，自尽而死。节选的部分表现了乔峰杀身成仁，舍生取义的英雄气概。乔峰的思想已经超越了民族界限，他将悲悯的目光投向天下苍生，以人类的自由和平等为目的而不惜牺牲自己的生命。

"侠之大者，为国为民"，金庸的小说里有很多英雄豪杰，但担得起大侠之名的只有《射雕英雄传》中郭靖和《天龙八部》中的乔峰。郭靖是"为国为民、牺牲自我"的"儒侠"代表，他在是是非非面前，始终把民族大义摆在第一位。而乔峰见到父亲出家，悟到自己的江湖人生的真相，再也不愿意制造杀孽，甚而为了阻止辽王耶律洪基兴兵侵宋，而最终献出了自己的生命，这使他的形象升华为一种大慈大悲的境界。按照现代的解释，他成了一位"国际主义者"与"和平主义者"，这是一种本能的悲天悯人、普度众生的心肠，是一种"佛家之侠"的典型形象。

从早期的《射雕英雄传》的正邪对立、宋辽民族对立并以汉族的代表人物郭靖作为主线的情节，到《天龙八部》的契丹族的乔峰作为歌颂并赞扬的对象，并且《天龙八部》中的乔峰明确表达了超越民族界限的、为两个民族的和平、为两国千千万万老百姓谋福祉的思想，金庸不断地在摒弃狭隘的民族观，他所表达的思想已接近于现代民族融合以及人道主义。早期的一些武侠小说对于武侠的定义就是江湖的快意恩仇与厮杀，而金庸向我们展示的武侠世界不再是"以武犯禁"，而是"止戈为武"的和平思想。

本文主要的艺术特色有以下几个方面。

1. 中国古典文化兼容并蓄

金庸对武侠小说最大的贡献之一是将中国的古典文化融入武侠小说中，特别是对武功招式的描写。金庸笔下的武功是文人的武功，文人武功的最大特色在于它是作者想象出来的武功，可以汪洋恣肆，变化无穷。因此金庸可以凭借想象将古典文化中的琴棋书画融入武功之中，特别是《天龙八部》中虚竹闭眼破"珍珑"棋局的惊险和玄机。多少名家高手折在了这一局棋上，倒是什么都不懂的小和尚虚竹，只因置身事外，又存了一点慈悲救人之心，竟然歪打正着破了这无解的死棋，并获得武术绝学。这棋艺之中深寓禅宗哲学、人生至理，实在是匠心独运，令人叹为观止。并且金庸笔下的武功往往与人物的个性紧密结合在一起。乔峰身为丐帮帮主，精通丐帮和少林功夫，因此能将降龙十八掌运用得得心应手。降龙十八掌这样霸气的功夫，只有光明磊落、气势雄浑的一代大侠才能驾驭得了。作为顶天立地的好汉，乔峰当然更适合大开大合的降龙十八掌。降龙十八掌里，乔峰使用最多的一招，便是"亢龙有悔"。"亢龙有悔"四字出自《周易》，意为"升腾到极限的龙，将有灾祸之困"。乔峰半生顺遂，年纪轻轻便成为天下第一大帮的帮主，中原武林，人人倾慕，丐帮上下，个个拥戴，然而盛到极处，突遭大变，自此以后命运急转直下，这"亢龙有悔"四字，巧妙地概括了乔峰的一生。

2. 故事情节盘根错节

金庸的小说起首往往看似普通，平平无奇，然而越是到后面越是纷繁复杂，情节变幻莫测，峰回路转，看得人不忍释卷。《天龙八部》情节纷繁复杂，人物众多，单是主人公段誉、乔峰、虚竹三个人，就分别有各自曲折的身世和成长经历。在金庸的巧妙安排下，故事情节就是由三大主人公一步步展开的。乔峰的故事集中在《天龙八部》的第二卷到第三卷的结尾部分。书的第五卷里，把三大主人公的交集关系交代得非常清晰：虚竹的父亲，少林寺"玄慈大师"，就是当年的"带头大哥"，他误杀害了乔峰的母亲，乔峰的父亲萧远山之所以会性情大变，开启一系列的杀戮，根源就在"雁门关外，乱石岗前，亲人被害"，萧远山最后被"扫地神僧"点化，皈依了佛法。虚竹的生母"叶二娘"之所以会变得"无恶不作"，到处偷小孩，根源就在于乔峰的父亲萧远山偷走了她和少林方丈玄慈大师的孩子"虚竹"，然后又丢弃"少林寺"抚养长大，虚竹与少林方丈玄慈其实是一对"咫尺天涯"的父子，可惜玄慈大师最后护法而死，父子临死之际才得以相认。段誉同父异母的妹妹阿朱，是乔峰唯一动心的女人和唯一的红颜知己，被乔峰误伤而死，追究根源还是因为阿朱为了保护乔峰，为了化解父亲段正淳与乔峰之间的仇恨。三大主人公的关系好比一张网络，把《天龙八部》里面的人、事结构到一起，且写的条理清晰，层层递进，收放自如。

3. 心理描写生动细腻

金庸先生写作的成功之处还在他善于抓住人物转瞬之间的千变万化的心理，进行多层次的描写。如对乔峰这一段的心理描写细致而又豪迈："萧峰一瞥眼间，看到爱马在临死之时眼望自己，流露出恋主的凄凉之色，想到乘坐此马日久，千里南下，更是朝夕不离，不料却于此处丧于奸人之手，胸口热血上涌，激发了英雄肝胆，一声长啸，说道：'慕容公子、庄帮主、丁老怪，你们便三位齐上，萧某何惧？'他恼恨星宿派手段阴毒，呼的一掌，向丁春秋猛击出去。"乔峰是个侠胆豪情的英雄，在被围之际，不但丝毫不顾及自己的安危，反而更关心陪伴自己日久的坐骑，表现了他不惧生死、铁骨柔肠的一面。

金庸小说，人物众多，情节生动，笔法扎实，被认为开创了"新派武侠"风格。他将中国武侠小说推向新的高峰，产生了巨大的影响。《人民日报》评金庸作品："思想饱满，通俗而不媚俗"。严家炎先生说："金庸发动了一场静悄悄的文学革命。""他的作品可以说填平了高雅文学与通俗文学之间的沟壑，真正做到了雅俗共赏。"

探究与思考

1. 乔峰相对于金庸小说中其他英雄人物形象有什么突出特征？

2. 金庸是如何将中国传统文化与武侠小说结合在一起的，试举例说明。

3. 金庸是如何运用细腻的心理描写来刻画人物形象的？

—综合实践—

单元主题文化践行活动：家国情怀

一、文化践行主题

本单元文化践行活动的主题是"家国情怀"。

二、文化践行目的

爱国主义是我国各族人民共同的精神支柱，是推动我国历史前进的一种力量，是实现中华腾飞的思想基础和强大动力。爱国主义教育是我国整个思想教育的基本工程，也是学校思想教育的永恒的主题。以《爱国主义教育实施纲要》为指导，深入开展爱国主义教育，引导学生依法理性表达爱国热情，把爱国热情转化为树立志向、勤奋学习、全面发展的实际行动。

三、文化践行活动

根据本校实际情况，结合学生特点，在以下文化践行活动中选择一项进行实践。

文化践行活动一："家国情怀"读书交流会

1. 活动目标

通过本单元的读书交流会，使学生知道当今的和平生活来之不易，青年一代应该珍惜革命先烈留给我们的美好生活，增强学生的爱国、爱家意识。

2. 活动类型

校内实践。

3. 活动方案

（1）每位同学推荐以"家国情怀"为主题的一篇文章或一本书。
（2）展开读书交流会，全班互相交流心得体会。

文化践行活动二：经典诵读活动

1. 活动目标

通过诵读以"家国情怀"为主题的作品，提高学生对文字的理解力和感受力，培养热爱祖国、热爱家乡、热爱人民的意识，进一步提升审美情趣。

2. 活动类型

校内实践。

3. 活动方案

（1）实践分组：每班以小组为单位开展文化践行活动，每组 5 人左右，选定组长 1 人。

（2）小组成员共同选定一部中国文学经典作品（诗、词、散文、小说选段、戏剧选段均可）进行诵读，要求全员参与。

（3）选择合适的服装，拍摄视频。

4. 作品要求

（1）小组成员共同完成视频录制，视频时长 2～3 分钟，视频完整流畅，形式新颖，灵活多样，整体效果好。

（2）朗诵者衣着得体，精神饱满，充分反映作品内涵。

文化践行活动三：祖国母亲，我想对您说

1. 活动目标

爱国主义是我们民族精神的核心，是实现中华民族伟大复兴永不枯竭的精神动力。通过对爱国诗词的阅读写作，提升学生的写作水平，培养学生的爱国情怀，懂得珍惜当下美好的生活。

2. 活动类型

校内实践。

3. 活动方案

（1）以"祖国母亲，我想对您说"为主题，举办一次写作大赛。

（2）以班级为单位，选出优秀作品参加校赛并在学校网络平台发起投票，选出最受欢迎的文章并进行宣传报道。

4. 作品要求

（1）文章不少于 800 字。

（2）要有深刻独到的见解，有真情实感。

（3）主题突出，层次分明，题目自拟。

第四章 真情

开篇导读

　　什么是真情？真情就是即使蒹葭苍茫，历尽千辛万苦，伊人不可追寻，仍然一往无前，满脸憧憬。真情就是纵然亲人早已远逝，历经岁月沧桑，仍然心底有爱。真情就是哪怕远离母校多年，历尽千帆过后，初心仍然不改。真情就是不管何时，都不会忘了对方，不管多远，都不会断了联系：你想念我的时候，我出现，我需要你的时候，你陪伴。真情就是默默地付出，走进了心灵；静静地陪伴，拥有了感动。

　　太多的感情容易受利益的纠葛。在人生的起起伏伏中，往往能一起站在顶峰，而不愿一起跌往深渊；能一起迎接山顶的第一缕阳光，而不愿从山脚下一步一步向上爬；能一起浪漫，而不愿一起吃苦。缘聚缘散间，才知道相守很难；分分合合中，才知道永远很远。欢笑时的围绕，不如落泪时的拥抱；得意时的追捧，不如失意时的依靠。最深沉的爱，总是默默无声；最暖心的情，总是一路同行。愿你我春去秋来，真情依然。

学习目标

　　》知识目标：掌握《诗经》的基本知识及其在中国文学史上的地位，了解"赋、比、兴"的艺术表现手法，体会《蒹葭》的主题；概括归有光母亲的事迹、形象并感悟人间伟大的母爱；掌握《台湾竹枝词》在爱情主题背后表现的陆台情缘；领悟康桥秀丽的风光，在诵读中体会作者对母校的情感以及理解新月诗派的"三美"主张。

　　》能力目标：能够解读诗歌的意象、品味语言，体会诗歌的意境美；能够运用白描手法写人记事。

　　》素质目标：培养学生人文情怀，提高审美趣味，树立正确的世界观、人生观、价值观，加强人文素质培养。

　　》知识广角：诗歌的意象就是带有诗人主观感情的客观景物。从严谨的角度来说，经过沉淀的固化意象我们才能称之为诗词意象。比如看到明月就想起家乡，看到长亭就想起送别。从情感表达的角度来看意象也可以奠定诗歌的感情基调，烘托作者的真实情感，进一步帮助我们去理解诗歌的主题思想。

第一节　秦风·蒹葭[1]

作者简介

《诗经》本名《诗》，是我国最早的一部诗歌总集，记录了西周初年至春秋中叶的作品，一共 311 篇，其中 6 篇为笙诗（只有标题，没有内容），又称《诗三百》。汉代被列为儒家经典之一，始称《诗经》。《诗经》有"六义"之说，即"风、雅、颂""赋、比、兴"。"风、雅、颂"是按音乐的不同对《诗经》的分类。"风"是各地方的民歌民谣，采自十五个诸侯国，即"十五国风"，共 160 篇。"雅"是正统的宫廷乐歌，分为"大雅"和"小雅"，"大雅"是用于隆重盛大宴会的典礼，"小雅"则是用于一般宴会的典礼，共 105 篇。"颂"是祭祀乐歌，用于宫廷宗庙祭祀祖先，共 40 篇。"赋、比、兴"是《诗经》的表现手法。"赋"就是铺陈，"敷陈其事而直言之"。"比"就是类比，"以波物比此物也"。"兴"就是启发，"先言它物以引起所咏之词也"（朱熹《诗集传》注）。《诗经》多以四言为主，兼有杂言。《诗经》表现的"饥者歌其食，劳者歌其事"的现实主义精神对我国后世诗歌，以至整个古代文学的发展都有着极为巨大的影响。这种关注现实、真诚积极的人生态度，被后人概括为"风雅"精神。

引文入境

蒹葭苍苍[2]，白露为[3]霜。所谓[4]伊人[5]，在水一方[6]。溯洄从之[7]，道阻[8]且长。溯游[9]从之，宛[10]在水中央。

蒹葭萋萋[11]，白露未晞[12]。所谓伊人，在水之湄[13]。溯洄从之，道阻且跻[14]。溯游从之，宛在水中坻[15]。

蒹葭采采[16]，白露未已[17]。所谓伊人，在水之涘[18]。溯洄从之，道阻且右[19]。溯游从之，宛在水中沚[20]。

蒹葭

注释

1. 选自《诗经·秦风》。秦风是《诗经》"十五国风"之一，今存十篇。蒹葭（jiān jiā），芦苇。

2. 苍苍：茂盛的样子。

3. 为：凝结成。

4. 所谓：所说，这里指所怀念的。

5. 伊人：那个人。

6. 在水一方：在河的另一边。

7. 溯洄（sù huí）从之：意思是沿着河道向上游去寻找她。溯洄，逆流而上。从，跟随，这里指"追寻"的意思。

8. 阻：险阻，难走。

9. 溯游：顺流而涉。游，同"流"，指直流。

10. 宛：仿佛。

11. 萋萋：茂盛的样子，文中指芦苇长的茂盛。

12. 晞（xī）：晒干。

13. 湄（méi）：水和草交接之处，指岸边。

14. 跻（jī）：升高，这里形容道路又陡又高。

15. 坻（chí）：水中的小洲或高地。

16. 采采：茂盛的样子。

17. 已：止，这里的意思是"干"，变干。

18. 涘（sì）：水边。

19. 右：迂回曲折。

20. 沚（zhǐ）：水中的小块陆地。

译文

大片的芦苇密又繁，清晨的露水变成霜。我所怀念的心上人啊，就站在对岸河边上。逆流而上去追寻她（他），追随她（他）的道路险阻又漫长。顺流而下去找她（他），她（他）仿佛在河水中央。

芦苇凄清一大片，清晨露水尚未晒干。我所怀念的心上人啊，她（他）就在河水对岸。逆流而上去追寻她（他），那道路坎坷又艰难。顺流而下去寻找她，她（他）仿佛在水中小洲。

河畔芦苇繁茂连绵，清晨露滴尚未被蒸发完。我所怀念的心上人啊，她（他）就在河岸一边。逆流而上去追寻她（他），那道路弯曲又艰险。顺流而下去寻找她，她（他）仿佛在水中的陆地。

作品鉴赏

《兼葭》属于秦风，秦风共十篇，是采自秦地的民歌，秦地包括现在陕西关中到甘肃东南部一带。此诗曾被认为是用来讥刺秦襄公不能用周礼来巩固他的国家，或惋惜招引隐居的贤士而不可得的。现代学者一般认为这是一首情歌，写追求所爱而不得的惆怅与苦闷，营造了一种秋水伊人的美妙境界。

本诗共三节，每一节均以"兼葭"开头，兼葭指芦苇，芦苇开得茂盛，点名了故事发生的时间是在一个清秋时节。作者没有直接写热恋者所要追求的爱人，而是先言它物以引起所咏之词，这就是"兴"的手法。茂盛的蒹葭，洁白的晨露，盈盈秋水，共同渲染了凄美深远、萧瑟朦胧的意境。凄清的景色与追求者寻访未果的惆怅心情浑然一体，萧瑟的秋景正是主人公怅惘心情的外化。在这一苍凉幽渺的深秋清晨的特定时空里，诗人为什么时而静立，时而徘徊，时而翘首眺望，时而蹙眉沉思呢？原来他是在思慕与追寻着伊人。"所谓伊人，在水一方"两句，交代了诗人所追慕的对象即伊人所在的地点，可是"伊人"究竟是谁？在哪里？诗人为什么要苦苦地追寻？这些都没有明确的答案。也许其是与诗人关系亲密、为诗人崇敬和热爱而未曾须臾忘怀的人，也许是贤才，也许是理想，都不得而知。"在水一方"，语气肯定，说明诗人确信伊人的存在，并充满信心去追求，只是河水隔绝，相会不易。"溯洄从之，道阻且长；溯游从之，宛在水中央。"沿着河边小道向上游走去，道路艰险，且又漫长，即使花费很长时间也难到达；如果径直游渡过去，尽管相距不远，但眼前秋水茫茫，思之可及，行之不易。诗人尽管立于河边，但他那恍惚迷离的心神早已飞了起来，思念伊人而不得的如醉如痴的形象跃然纸上。

诗的二、三节内容与第一节基本相同。"萋萋""采采"，都是芦苇开得很茂盛的样子，把深秋凄凉的气氛渲染得越来越浓，烘托出诗人当时所在环境的清冷和心境的寂寞。白露"为霜""未晞""未已"的变换，描绘出朝露在寒冷的秋天的清晨凝结成霜而又融为秋水的渐变过程，形象地描绘出了时间发展的轨迹，说明诗人天刚放亮就来到河边追寻伊人，一直到太阳升起。而在描写伊人行踪时，"方""湄""涘"三个字的变换，把伊人在彼岸等待诗人和诗人盼望与伊人相会的焦灼心理形象真切地描绘了出来。另外，词语"长""跻""右"和"央""坻""沚"的变换，也都从不同的道路和方位上描述了诗人在追寻伊人时的困难重重。

全诗的艺术特色具体表现在以下几个方面。

1. 朦胧美

（1）主题的朦胧。《毛诗序》曾认为《蒹葭》是用来讥刺秦襄公不能用周礼来巩固他的国家，姚际恒在《诗经通论》中认为本诗是在惋惜招引隐居的贤士而不可得。但跟《诗经》中多数内容往往比较具体不同，此诗并没有具体的事件与场景，诗人为什么苦苦追寻伊人，难道仅仅是为了爱情？关于本诗的主题，众说纷纭。

（2）意境的朦胧。作者选取了蒹葭这个意象作为起兴。"蒹葭苍苍"是描绘的成片芦苇的景象，密密麻麻的芦苇仿佛青纱帐一般随风摇曳，增加了凄清迷离的朦胧感和神秘感。时至秋日，露重霜浓，苍黄的芦苇上与冰冷的白霜共同透出了浓浓的秋意，给诗歌奠定了萧瑟、凄凉、令人哀愁的基调。

（3）诗歌主人公身份的朦胧。诗人为何要苦寻伊人，"伊人"究竟是"他"还是"她"？读者和诗人从头到尾都没有见过"伊人"的面容。其似乎就在眼前，忽而又远在天边；似乎无影无踪，又忽然出现在水中的小洲。这简直像镜中花、水中月，"伊人"如梦似幻，若隐若现。"伊人"的性别、身份、外貌、行踪都是那么的神秘。这就是整首诗所表现的朦胧美、含蓄美，也给读者留下了适当的艺术空白。

2. 含蓄美

作品虽未着意刻画抒情主人公和"伊人"的形象，但却通过主人公追求的行动显示出来的感情指向，十分含蓄地勾画了双方的形象特征。

抒情主人公是一个热烈向往爱情，不畏险阻，执着追求的人。"道阻且长""道阻且跻""道阻且右"通过重章叠句反复的吟唱来突出道路的艰难，这么艰难的道路，主人公却一次又一次的"溯游""溯洄"地去寻找，足见其执着、坚贞不渝。任山重重，任水重重，难阻亦重重，一片痴心，一份执着，主人公追寻的脚步从未停歇过。也许他会继续"从之"，也许他会愁肠百结，相思无尽头，也许他终于得见伊人面，终成所愿，然而无论结果怎样，我们更看重的是主人公追寻的过程以及在那个过程中所表现出来的执着无悔，那是一种至真至纯至美的人性。

"伊人"的形象也是美丽高洁的。蒹葭修长柔韧，象征着"伊人"是柔美修长而坚贞高洁的。实际上"伊人"的内涵可以有更为丰富的理解：人生中有许多美好的东西是我们执着追寻和向往的，生活中，我们每个人都是一个追寻者，而伊人就是我们的目标，她指引我们在平庸、琐屑的生命历程中不断前行，积极探索，无论成败与否，只要执着地追求，我们的生命就会因此而精彩。

3. 音乐美

重章叠句的手法用在整首诗的各个小节，三节句式结构相同，诗意既相似，又有所发展，表达感情更深刻，一唱三叹，极具感染力。如"蒹葭苍苍""蒹葭萋萋""蒹葭采采"，蒹葭是秋季繁茂的植物，诗人抓住秋色独有的特征，不惜用浓墨重彩反复进行描绘、渲染深秋空寂悲凉的氛围，以抒写诗人怅然若失而又热烈企慕友人的心境。再如"白露为霜""白露未晞""白露未已"又是通过反复的吟唱来说明诗人寻觅时间之长。诗人应该是从黎明时分就来到岸边寻觅伊人，直到旭日东升仍未找到。"道阻且长""道阻且跻""道阻且右"通过重章叠句反复的吟唱来突出道路的艰难，这么艰难的道路，诗人仍然一次又一次"溯游""溯洄"地去寻找，足见其执着、坚贞不渝。"在水一方""在水之湄""在水之涘""宛在水中央""宛在水中坻""宛在水中沚"说明伊人的位置在不断变化，与诗人始终若即若离、可望而不可即。诗人独自一人面对茫茫秋水久久徘徊，该是多么惆怅失望。三节诗歌结构都非常相似。读起来朗朗上口，有韵律感，这就是重章叠句的魅力。

这首诗歌对后世的影响非常深远的。《蒹葭》以秋日作为背景表现主题，对于后世诗歌中"悲秋"这一主题有着深刻影响。近代王国维在《人间词话》说："《诗·蒹葭》一篇，最得风人深致。"宋玉的《九辩》："悲哉，秋之为气也！萧瑟兮草木摇落而变衰；登山临水兮送将归；泬寥兮天高而气清；憭栗增欷兮，薄寒之中人。"这里对秋天的肃杀气象和草木摇落的情状的描写，也是受了《蒹葭》的影响。后世的曹丕，也从本诗中化出了"秋风萧瑟天气凉，草木摇落露为霜"的诗句。由此可见，《蒹葭》一诗对后世诗歌的影响是极为深刻的。

探究与思考

1. 你认为《蒹葭》的主题是什么？
2. 有人说《蒹葭》是中国第一首朦胧诗，你怎么看？
3. 同为诗经中的名篇，请比较《关雎》与《蒹葭》的异同点。

第二节　先妣事略[1]　归有光

作者简介

归有光（1507—1571），字熙甫，又字开甫，别号震川，又号项脊生，世称"震川先生"，江苏昆山人。会试落第八次，徙居嘉定安亭江上，读书谈道，学徒众多，60 岁才中进士，曾任南京太仆寺丞，被称为"归太仆"。归有光是明代"唐宋派"代表作家，其散文源出于《史记》，取法于唐宋八大家，被誉为"明文第一"（黄宗羲语），当时人称他为"今之欧阳修"。与唐顺之、王慎中并称为"嘉靖三大家"，又与胡友信齐名，世称"归、胡"。文章内容充实，多写日常生活琐事，以小见大、感情真挚、文字朴实。著有《震川先生集》《三吴水利录》。

引文入境

先妣周孺人[2]，弘治[3] 元年二月二十一日生。年十六来归[4]。逾年，生女淑静；淑静者，大姊也。期[5] 而生有光，又期而生女、子，殇[6] 一人，期而不育者一人。又逾年，生有尚，妊[7] 十二月。逾年，生淑顺。一岁，又生有功。

有功之生也，孺人比乳[8] 他子加健[9]。然数颦蹙[10] 顾诸婢曰："吾为多子苦！"老妪[11] 以杯水盛二螺进，曰："饮此，后妊不数[12] 矣。"孺人举之尽[13]，喑[14] 不能言。

正德[15] 八年五月二十三日，孺人卒[16]。诸儿见家人泣，则随之泣，然犹以为母寝[17] 也。伤哉！于是家人延画工画[18]，出二子，命之曰："鼻以上画有光，鼻以下画大姊。"以二子肖[19] 母也。

孺人讳[20] 桂。外曾祖讳明。外祖讳行，太学生[21]。母何氏，世居吴家桥，去县城东南三十里。由千墩浦而南，直桥[22] 并[23] 小港以东，居人环聚，尽周氏也。外祖与其三兄皆以赀雄[24]；敦尚[25] 简实，与人姁姁[26] 说村中语，见子弟甥侄无不爱。

孺人之[27] 吴家桥则治木绵[28]；入城则缉纑[29]，灯火荧荧[30]，每至夜分[31]。外祖不二日使人问遗[32]。孺人不忧米盐，乃劳苦若不谋夕[33]。冬月炉火炭屑，使婢子为团，累累[34]暴[35]阶下。室靡[36]弃物，家无闲人。儿女大者攀衣[37]，小者乳抱[38]，手中纫缀不辍[39]，户内洒然[40]。遇僮奴有恩[41]，虽至棰楚[42]，皆不忍有后言[43]。吴家桥岁致[44]鱼蟹饼饵，率人人得食[45]。家中人闻吴家桥人至，皆喜。

有光七岁，与从兄有嘉入学。每阴风细雨，从兄[46]辄留[47]，有光意恋恋[48]，不得留也。孺人中夜觉寝[49]，促有光暗诵《孝经》，即熟读，无一字龃龉[50]，乃喜。

孺人卒，母何孺人亦卒。周氏家有羊狗之痾[51]，舅母卒，四姨归顾氏，又卒，死三十人而定，惟外祖与二舅存。

孺人死十一年，大姊归王三接，孺人所许聘[52]者也。十二年，有光补学官弟子[53]，十六年而有妇[54]，孺子所聘者也。期而抱女，抚爱之，益念孺人。中夜与其妇泣，追惟[55]一二，仿佛如昨，余则茫然矣。世乃有无母之人，天乎？痛哉！

注释

1. 本文选自归有光的《震川文集》。先妣（bǐ）：去世了的母亲。事略：一种传记文体，概述人的生平事迹。

2. 孺（rú）人：明代七品以下职官的妻或母的封号，后成为古人对母亲或妻子的尊称。

3. 弘治：明孝宗朱祐樘的年号（1488－1505）。

4. 来归：嫁过来。古时谓女子出嫁为归。

5. 期（jī）：一整年。

6. 殇：没有到成年就死去了，夭折。

7. 妊：怀孕。

8. 乳：养育。

9. 加健：加倍费力。

10. 颦蹙（pín cù）：皱眉。

11. 老妪：老妇人。

12. 妊不数：不会经常怀孕。

13. 举之尽：端起来喝完了。

14. 喑：哑。

15. 正德：明武宗朱厚照的年号（1506－1521）。

16. 卒：死。

17. 寝：睡着。

18. 延画工画：请来画工（为死去的母亲）画像。

19. 肖：像。

20. 讳：封建时代称死去的尊长名字为讳。

21. 太学生：太学的学生。太学为全国最高学府，在明代指国子监。

22. 直桥：对着桥头。

23. 并：依傍。

24. 以赀雄：以财产出名。赀，同"资"。

25. 敦尚：提倡。

26. 姁（xǔ）姁：温和的样子。

27. 之：到。

28. 木棉：棉花。

29. 缉纑：把麻搓成线，准备织布。

30. 荧荧：闪动的样子。

31. 夜分：半夜。

32. 问遗：慰问馈赠。

33. 不谋夕：本意指贫家吃了早饭没晚饭。这里是形容作者母亲的勤劳俭约。

34. 累累：繁多的样子。

35. 暴：同"曝"，晒。

36. 靡：无。

37. 攀衣：拉着衣角行走。

38. 乳抱：抱在怀中喂奶。

39. 纫缀不辍：缝缝补补。

40. 洒然：整洁的样子。

41. 遇僮奴有恩：对待奴仆很讲情义。

42. 棰楚：杖打，一种用木杖鞭打的古代刑罚。

43. 不忍有后言：不肯在背后说埋怨的话。

44. 致：送给。

45. 率人人得食：都能人人吃到。

46. 从兄：堂兄。

47. 辄留：请假不去上学。

48. 恋恋：依依不舍。

49. 中夜觉寝：半夜睡醒。

50. 龃龉：牙齿上下不整齐，指不顺畅。

51. 羊狗之痼：疾病，羊癫风。

52. 许聘：定下的亲事。

53. 学官弟子：即秀才，经过本省各级考试取入府、州、县学的生员。学官是各级地疗教官的统称，府学称教授，州学称学正，县学称教谕，负责管教在学的生员。

54. 有妇：结婚。

55. 追惟：追念。

译文

先母周孺人，生于弘治元年二月十一日。十六岁时嫁来我们家。隔了一年，生了一个女儿叫淑静，淑静是我的大姐。一年后生下了有光，又一年后，生下了一女、一儿，一个生下就死了，一个活了一年也死了。又隔了一年，生下有尚，怀了十二个月的胎。隔了一年，生下淑顺。一年后，又生了有功。

有功生下来以后，母亲比哺乳别的孩子时更加费力。但是常常皱着眉头对婢女们说："我为生育孩子太多而愁苦！"老妪妪端来一杯水，里面盛着两个螺，说："喝了这个以后，就不会老怀孕了。"母亲拿起来全都喝了，从此喑哑失声，不能说话。

正德八年五月二十三日，母亲逝世。孩子们看见家人哭泣，就跟着哭，但是还以为母亲只是睡觉呢！真令人伤痛啊！于是家里的人请画工来画像，叫出两个孩子，告诉画工说："鼻子以上照着有光画，鼻子以下照着大姐画。"因为这两个孩子很像母亲！

母亲的名字叫桂。外曾祖父名字叫明，是太学生；外祖母姓何。外祖父世世辈辈居住在吴家桥，吴家桥离县城东南三十里。从千墩浦往南，对着桥靠小港以东，周围住着很多人家，都是姓周的。外祖父和他三位哥哥都因富有而出名；可是却崇尚简单朴实，跟人和蔼可亲地谈些村里的家常话，看见子弟甥侄等晚辈，没有不疼爱的。

母亲到了吴家桥，便纺棉花；进城里回婆家，就接麻缕，在微弱的灯光下，常常做到半夜。外祖父隔不上两天，就派人送东西来。母亲不愁米，不愁盐，可是却勤劳辛苦得好像晚上就没法生活了似的。冬天炉子里烧剩下来的炭渣，叫婢女团成炭团，一团一团地暴晒在台阶下。屋中没有丢弃不要的东西，家中没有空闲的人。儿女们大的牵着她的衣裳，小的抱在怀里喂奶，手中还是缝纫补缀不停，家里总是清洁而有条理。她对待仆人们很厚道，即使因犯了错而用杖责打他们，他们也不忍心在背后说坏话。吴家桥每年送来的鱼、蟹和饼糕，总是人人能吃得到。家里的人听说吴家桥的人来了，都很欢喜。

有光七岁的时候，跟堂兄有嘉一同入学，每当阴天有些风雨时，堂兄往往留在家里。有光心里也舍不得走，可是不能留下来不上学。母亲半夜睡醒了，就督促有光背诵《孝经》，假如读得很熟，没有一个字不顺口，她才欢喜。

母亲去世，外祖母何孺人也去世了。周家因为传染了瘟疫，舅母死了，四姨嫁到顾家，又死了。死了三十个人才安定下来，只有外祖父跟二舅活着。

孺人死后十一年，大姐嫁给王三接，这是母亲当年所定的亲。十二年，有光考取了秀才，十六年娶了妻，也是母亲当年下的聘。周年后生了个女儿，抚爱着她，更想念母亲。半夜里和我的妻子一同掉眼泪，回想起她生前几件事，好像就发生在昨天一样，其余的事就都不记得了。世上竟然有没有母亲的人！天啊！多么伤心哪！

📖 作品鉴赏

归有光八岁丧母，怀着对母亲的深厚情感，大约在作者二十五六岁时，写了这篇《先妣事略》。这是一篇追忆亡母的记叙性散文，回忆了母亲短暂而艰辛的一生，赞扬了母亲勤俭持家、善良宽厚、严以教子的品德，饱含着对母亲深沉的悼念之情。通篇都是在回忆母亲的各种琐事，但浓浓的思念之情却呼之欲出，不禁令读者产生共鸣，从而为其真情感动。

全文分为三部分。第一部分（1～3自然段）叙述母亲受生育之苦，饱含对母亲早逝的痛惜之情。第一段写母亲的出生、结婚以及生育子女的情况。她"年十六"结婚，婚后在不足十年的时间里，竟生了七胎八个子女。"逾年""期""又期""又逾年""逾年""一岁"等词写出了她生产的频繁，让人感叹。第二段记母亲为多子所苦，而食偏方，结果失声变哑。第三段作者写在很小的时候母亲早逝，通过自己当时懵懂无知的细节描写来表达对母亲去世的追悔。第二部分（4、5自然段）写母亲勤俭持家，善待童仆，严格督导孩子学习。第四段描述了母亲娘家是个富有的大家族，却"敦尚简实"、宽厚仁爱，母亲因此受到了良好的家教。通过描写外祖父家的情况，对母亲的形象起到了侧面烘托的作用。外祖父家境的殷实富裕，书香门第，更烘托出母亲贵而不骄的品德。第五段正面刻画母亲的品格。母亲勤劳节俭、宽厚待下，长于持家的情形。无论在娘家还是婆家母亲都忙着搓麻纺线，还把烧过的炭灰做成炭团二次利用，家中始终保持整洁，并没有因娘家家境富有就懒惰娇气，对待下人也是宽厚仁爱，一视同仁。平实的叙述，让一个平凡、勤劳和仁爱的母亲形象跃然纸上。第六段记叙母亲教育子女极为严格。尤其是这一件事让作者印象深刻。"孺人中夜觉寝，促有光暗诵《孝经》，即熟读，无一字龃龉，乃喜。"白天劳作已然辛苦，半夜也勤于督促孩子学习。也许正是这常年的劳累带来了母亲身体亏损以致早逝。第三部分（7、8自然段）交代母亲亡故后的一些事情。母亲在世时已经为儿女做了相当长远的打算，从教育到婚姻，可见"父母之爱子必为之计深远"，表现了对孩子的悠长绵远的母爱，也刻画了一个心思缜密的母亲形象，蕴含着作者对母亲的深挚哀悼之情。

本文的艺术特色具有以下几个方面。

1. 文笔简洁，韵味深厚

作者选取了母亲生前的一些日常生活琐事，大多运用白描的表现手法。语言平淡简朴，娓娓道来，却在平淡的叙事中寄寓着深挚之情，而这却是文章最动人之处。人们读到归有光的《先妣事略》，无不为之深深感动。清初学者黄宗羲在《张节母叶孺人墓志铭》说："予读震川文之为女妇者，一往情深，每以一二细事见之，使人欲涕。盖古今事无巨细，唯此可歌可泣之精神，长留天壤。"

2. 细节描写，生动感人

归有光善于捕捉生活中貌似平常的细节和场面，寥寥几笔，形神俱现，给人难忘的印象。在叙述母亲日常生活时，琐碎而又动人的细节娓娓道来，令人感动。归家虽然不愁吃穿用度，但归有光母亲过门后终日劳作，勤俭持家，每天做针线活要到深夜。娘家送来好吃的，分给大家来吃。归有光七岁上学，半夜睡醒时，母亲还要督促他再背一遍《孝经》，如果背得一字不差，她的神色就很欣慰。这些日常生活琐事絮絮道来，深入内心。

归有光文字低回而感人，是因为在生活中体验过足够多的苦涩。他少年丧母，两位妻子先后去世，他的长子和两个女儿也先后夭折。他的另一篇著名散文《项脊轩志》怀念的是第一任妻子魏氏。善于把一腔深情埋藏在平淡随意的表达中，既是归有光散文的特点，也是中国人特有的含蓄表达方式。明代首辅王锡爵评论他的文章："无意于感人，而欢愉惨恻之思，溢于言语之外"。

探究与思考

1. 作者刻画的母亲形象是什么样的？通过哪些事件表现出来的？
2. 文章的主人公是母亲，为什么要写外祖父和母亲的哥哥？
3. 谈一谈你的亲人、朋友甚至是陌生人最让你感动的一件事情。

第三节　　再别康桥[1]　　徐志摩

作者简介

徐志摩（1897—1931），原名章垿，字槱森，浙江海宁硖石人，中国现代诗人、作家、散文家、新月派代表诗人。1915年毕业于杭州一中，先后就读于上海沪江大学、天津北洋大学和北京大学。1918至1921年先后在美国克拉克大学、哥伦比亚大学、英国剑桥大学学习。在剑桥两年深受西方教育的熏陶及欧美浪漫主义和唯美派诗人的影响，奠定其浪漫主义诗风。1923年回国成立新月社，并同时在北京大学、光华大学（华东师范大学前身）、南京大学、北京女子师范大学等任教。1931年11月19日，徐志摩乘坐的邮机经过济南党家庄上空时遇到大雾，飞机失事，机上所有人员不幸罹难。其早期的诗歌抒发了对英美式资产阶级民主的追求和期待，后期的诗歌多表现理想破灭后的彷徨、迷惘、幻灭的情绪。诗风纤丽委婉、轻盈飘逸。代表诗作《再别康桥》《翡冷翠的一夜》等，诗集有《志摩的诗》《猛虎集》《云游》，散文集有《秋》《落叶》等，小说集《轮盘》等。

引文入境

轻轻的我走了，
正如我轻轻的来；
我轻轻的招手，
作别西天的云彩。

那河畔的金柳，

是夕阳中的新娘；
波光里的艳影，
在我的心头荡漾。

软泥上的青荇[2]，
油油的在水底招摇；
在康河[3]的柔波里，
我甘心做一条水草！

那榆荫下的一潭，
不是清泉，是天上虹；
揉碎在浮藻间，
沉淀着彩虹似的梦。

寻梦？撑一支长篙，
向青草更青处漫溯[4]；
满载一船星辉，
在星辉斑斓里放歌。

但我不能放歌，
悄悄是别离的笙箫[5]；
夏虫也为我沉默，
沉默是今晚的康桥！

悄悄的我走了，
正如我悄悄的来；
我挥一挥衣袖，
不带走一片云彩。

注释

1. 此诗写于1928年11月6日，初载1928年12月10日《新月》月刊第1卷第10号，署名徐志摩。康桥，即英国著名的剑桥大学所在地。1920年10月—1922年8月，诗人曾游学于此。康桥时期是徐志摩一生的转折点。

2. 青荇（xìng）：即荇菜，为水生植物。

3. 康河：也译作"剑河"，是在英国的东方的大奥希河的一条支流，它穿过伦敦北面的剑桥镇，河上架设着许多设计精巧、造型美观的桥梁，其中以叹息桥、克莱尔桥和数学桥最为著名，剑桥之名由此而来。

4. 漫溯（sù）：随心地向着水中某个目标前进。溯，逆流而上。

5. 笙箫：两种传统的中国民族乐器。笙是一种簧片乐器，箫是一种竹器。笙多用于形容奢靡一类的生活，箫多用于离别。笙箫，常用在一起，侧重指"箫"。

97

的绝唱。首先，绘画美是指诗中多选用有色彩的词语，如"云彩""金柳""夕阳""波光""艳影""青荇""彩虹""青草"等，给读者视觉上的色彩想象，同时表达了作者对康桥的一片深情。全诗共七节，几乎每一节都包含一个画面感极强的图景。作者通过一系列动作性词语，如"荡漾""招摇""揉碎""漫溯"等，使每一幅画都富有流动的画面美，给人以立体感。其次，音乐美是就诗歌的音节而言，《再别康桥》一诗朗朗上口，错落有致。诗歌每一小节各押一韵，韵脚分别为"来"与"彩"、"娘"与"漾"、"摇"与"草"、"虹"与"梦"、"箫"与"桥"、"来"与"彩"。全诗音节和谐，节奏感强，首节和末节，语意相似，构成回环复沓。最后是建筑美，指的是章节的匀称和句式的整齐。《再别康桥》共七节，每节两句，单行和双行错开一格排列，无论从排列上，还是从字数上看，也都整齐划一，给人以美感。

探究与思考

1. 诗歌首节"轻轻的"与末节"悄悄的"有何不同？

2. 徐志摩在本诗中是怎样践行新月诗派的"音乐美""绘画美""建筑美""三美"主张的？

3. 徐志摩的诗歌创作风格是飘逸轻柔的，请你试着分析他的另一首诗《沙扬娜拉》。

《沙扬娜拉》

最是那一低头的温柔，
像一朵水莲花不胜凉风的娇羞，
道一声珍重，道一声珍重，
那一声珍重里有蜜甜的忧愁——
沙扬娜拉！

作品鉴赏

徐志摩于 1921 年至 1922 年曾在英国剑桥大学皇家学院进修，在剑桥的时光是徐志摩生命中宝贵的经历，这段经历不仅塑造了他独特的诗人风采，也深刻地影响了他对社会和人生的思考。剑桥优美的自然环境、自由的学术氛围、悠闲的生活方式以及政治思想，都对徐志摩产生了深远影响，以致在诗人心中种下了深深的"康桥情结"。1928 年徐志摩再度重游英国后，归国途中，回忆往昔，离愁别意涌上心头，也是对自己青年时光的回忆与告别，于是写下了《再别康桥》这首诗。

诗歌以缠绵凄婉的笔调，书写了对母校剑桥大学无限的留恋和依依惜别的心情，微妙地展露了因"康桥理想"破灭而无限哀伤的情怀。

第一节，短短的四句话连用了三个"轻轻的"，写出了诗人对母校的依依不舍之情，他飘然离去的形象，给全诗奠定了浪漫唯美又凄清哀婉的感情基调。诗人并没有从和人的离别写起，而是从告别自然景物下笔，"西天的云彩"象征诗人心目中剑桥大学的圣洁完美的形象。"作别西天的云彩"跳脱了俗套的离别寒暄，给人以清新飘逸的感觉。

第二节，作者选取了"金柳"和"艳影"两个意象，他把"金柳"比作"夕阳中的新娘"，"新娘"那波光四射的倒影焕发出的光彩，流露了作者对康桥美景的喜爱和眷恋之情。对于作者来讲，母校的光辉在他心中久久挥之不去。

第三节，作者写"青荇""油油的"在水底招摇，"油油的"写出了在康河的滋养下，自己愿意做水底的一条水草，受康河的滋养与抚摸。可见作者对康河与母校的依恋是何等的浓厚，又是何等的缠绵！诗人面对母校久久不愿离去，"在康河的柔波里，我甘心做一条水草"，这一句作者运用了比拟的修辞手法，突出了对母校难以舍弃的深深眷恋之情。

第四节，作者选取了"榆荫""清泉"和"浮藻"等意象，把榆荫下的"清泉"比作"天上虹"，斑斓的色彩揉碎在浮藻之间，五彩缤纷，写出了作者对康河水边景色的喜爱，也是对母校的欢喜与眷恋之情。"沉淀着彩虹似的梦"象征诗人在康桥寄过的美

—— **综合实践** ——

单元主题文化践行活动：感恩

一、文化践行主题

本单元文化践行活动的主题是"感恩"。

"慈母手中线，游子身上衣""桃花潭水深千尺，不及汪伦送我情""别来半岁音书绝，一寸离肠千万结"。自古以来，真情是一个永恒的话题。可能每个人的一生，都会有着快乐但夹杂悲伤的亲情，背负着家庭的责任；也会有爱情之上，亲情之下，而快乐至上的友情；还有经历着爱情的冲动。无论是哪一种"情"，只要我们心存感恩，真情付出，都会得到回报。

二、文化践行目的

通过本单元的实践教学，培养学生的责任意识、自立意识、自尊意识和健全的人格。通过本次活动，体会父母、师长、亲人、同学、朋友之间的无私的亲情、友情，懂得"滴水之恩，涌泉相报"的真正内涵，培养学生的责任感，并用自己的实际行动，回报别人的真情付出。

三、文化践行活动

根据本校实际情况，结合学生特点，在以下文化践行活动中选择一项进行。

文化践行活动一：感恩亲情

1. 活动目标

引导学生学会感恩，能够体会到父母对他们的关爱，感受亲情的温暖，培养感恩意识。引导学生自主反思，合作交流，体验感悟，通过实践活动激发学生情感升华，学会感恩，以充满爱的心态去对待周围的人和事。

2. 活动类型

校内实践。

3. 活动方案

全班学习一歌一诗《感恩的心》《游子吟》（也可以自主选择其他作品）。

才好，那过去的光辉斑斓的岁月，如刹那间的芳华一般让诗人流连忘返又无语凝噎，正所谓"相对无言，唯有泪千行"。

第七节，呼应开头一小节的意象"云彩"，母校反复出现如云彩般绚烂。并且在这一节中使用了"悄悄"一词，是对诗歌首节"轻轻"的深化，最终诗人悄悄的离开，同样也是怀着担心打扰母校静谧的心理。母校是那样的神圣，诗人轻轻地走来，又悄悄地离开，依依不舍，挥手作别。这一节为我们描述了一幅挥手惜别云彩图。

新月诗派的诗人闻一多二十世纪二十年代曾提出现代诗歌应具备"音乐的美""绘画的美""建筑的美"，《再别康桥》一诗，可以说是"三美"具备，堪称徐志摩诗作中的绝唱。首先，绘画美是指诗中多选用有色彩的词语，如"云彩""金柳""夕阳""波光""艳影""青荇""彩虹""青草"等，给读者视觉上的色彩想象，同时表达了作者对康桥的一片深情。全诗共七节，几乎每一节都包含一个画面感极强的图景。作者通过一系列动作性词语，如"荡漾""招摇""揉碎""漫溯"等，使每一幅画都富有流动的画面美，给人以立体感。其次，音乐美是就诗歌的音节而言，《再别康桥》一诗朗朗上口，错落有致。诗歌每一小节各押一韵，韵脚分别为"来"与"彩"、"娘"与"漾"、"摇"与"草"、"虹"与"梦"、"箫"与"桥"、"来"与"彩"。全诗音节和谐，节奏感强，首节和末节，语意相似，构成回环复沓。最后是建筑美，指的是章节的匀称和句式的整齐。《再别康桥》共七节，每节两句，单行和双行错开一格排列，无论从排列上，还是从字数上看，也都整齐划一，给人以美感。

探究与思考

1. 诗歌首节"轻轻的"与末节"悄悄的"有何不同？

2. 徐志摩在本诗中是怎样践行新月诗派的"音乐美""绘画美""建筑美""三美"主张的？

3. 徐志摩的诗歌创作风格是飘逸轻柔的，请你试着分析他的另一首诗《沙扬娜拉》。

《沙扬娜拉》

最是那一低头的温柔，
像一朵水莲花不胜凉风的娇羞，
道一声珍重，道一声珍重，
那一声珍重里有蜜甜的忧愁——
沙扬娜拉！

——综合实践——

单元主题文化践行活动：感恩

一、文化践行主题

本单元文化践行活动的主题是"感恩"。

"慈母手中线，游子身上衣""桃花潭水深千尺，不及汪伦送我情""别来半岁音书绝，一寸离肠千万结"。自古以来，真情是一个永恒的话题。可能每个人的一生，都会有着快乐但夹杂悲伤的亲情，背负着家庭的责任；也会有爱情之上，亲情之下，而快乐至上的友情；还有经历着爱情的冲动。无论是哪一种"情"，只要我们心存感恩，真情付出，都会得到回报。

二、文化践行目的

通过本单元的实践教学，培养学生的责任意识、自立意识、自尊意识和健全的人格。通过本次活动，体会父母、师长、亲人、同学、朋友之间的无私的亲情、友情，懂得"滴水之恩，涌泉相报"的真正内涵，培养学生的责任感，并用自己的实际行动，回报别人的真情付出。

三、文化践行活动

根据本校实际情况，结合学生特点，在以下文化践行活动中选择一项进行。

文化践行活动一：感恩亲情

1. 活动目标

引导学生学会感恩，能够体会到父母对他们的关爱，感受亲情的温暖，培养感恩意识。引导学生自主反思，合作交流，体验感悟，通过实践活动激发学生情感升华，学会感恩，以充满爱的心态去对待周围的人和事。

2. 活动类型

校内实践。

3. 活动方案

全班学习一歌一诗《感恩的心》《游子吟》（也可以自主选择其他作品）。

文化践行活动二：真情有你有我

1. 活动目标

感谢父母，他们给予你生命，抚养你成人；感谢老师，他们教给你知识，引领你做人；感谢朋友，他们在你需要帮助时给予你力量，让你攻克难过；感谢对手，他们令你不断进取努力。每个人都有值得别人对你感恩的一瞬间，这种真情的互相感染，会增进彼此间的关系，有助于培养人文情怀，提高社会责任感。

2. 活动类型

校内实践。

3. 活动方案

（1）实践分组：每班以小组为单位开展文化践行活动，每组 5 人左右，选定组长1 人。

（2）每个人写下同组其他四个人令你感谢的几个优点或事迹。

（3）组长收集做总结，并大声朗读出来，大家互相谈一谈感受。

文化践行活动三：×××，我要感谢你

1. 活动目标

感恩是我们中华传统文化的精髓，学会感恩，表达感恩，也是一种能力。学会在写作中把自己的感恩之情表达出来，提高写作和书面表达能力。

2. 活动类型

校内实践。

3. 活动方案

（1）举办一次以"×××，我要感谢你"为主题的写作大赛。

（2）以班级为单位，选出优秀作品参加校赛并在学校网络平台发起投票，选出最受欢迎的文章并进行宣传报道。

4. 作品要求

（1）除诗歌外体裁不限，不少于 800 字。

（2）要有深刻独到的见解，有真情实感。

（3）主题突出，层次分明，题目自拟。

第五章 典籍

开篇导读

　　中华典籍博大精深，百看不厌，经久不衰。它们拥有温暖而强劲的力量，能够长久不衰地滋养灵魂、拨动心弦。无论你什么时候去阅读，它都能振聋发聩、发人深省。古人说"登山则情满于山，观海则意溢于海"，人生旅途多艰，徜徉在典籍的旖旎风景中，那些文字就有了色彩。欣赏《诗经》中"执子之手，与子偕老"的挚爱与浪漫，赞叹《逍遥游》"水击三千里，抟扶摇而上者九万里"的恢弘气势，体会《楚辞》"长太息以掩涕兮，哀民生之多艰"的爱国忧生，沉思《左传》"多行不义必自毙"的人生哲理，领悟《战国策》"狡兔三窟"的权诈计谋以及老庄之道、孔孟大儒、辩士的纵横捭阖……每一本典籍都是一种心与景、古人与今人的融和对视。在高山亭台楼榭像杜甫一样登高望远，在船舷河流上如曹孟德一般把酒临风，在先贤古迹前追古思今，在人文景观处仰望思索……这一卷卷山水，一个个台阶，一棵棵草木，一块块牌匾就是一本本被岁月的风雨从容浣洗的典籍。阅读山水，阅读书籍，山水书籍合一，交相辉映，没有车马喧嚣，没有案牍劳形！典籍让我们走进古人的世界，丈量历史长河的深浅。如果说山水景观是自然的恩赐，那么经典书籍就是古人无偿的恩泽，是良师诤友持久的相伴，缩短我们的人生寂寞，延长了生命旅途的快乐。

学习目标

　　>> 知识目标：掌握本单元《论语》等典籍的文学常识；掌握《论语》的社会意义；掌握《郑伯克段于鄢》的主要情节、人物分析；学习《冯谖客孟尝君》的巧妙构思、人物描写方法；掌握与体会《垓下之围》人物刻画的技巧和方法。

　　>> 能力目标：掌握常用文言实词虚词的意义和用法，具有阅读文言文的能力；掌握刻画人物的方法和技巧，学会辩证分析人物形象的能力。

　　>> 素质目标：引导学生的爱国情怀，珍惜和尊重文学经典遗产；能运用典籍中的经典学说独立思考、独立判断，多角度、辩证地分析问题；具有仁爱、孝悌、向善、进取的人文情怀，形成豁达、乐观、积极的人生态度；弘扬爱国主义为核心的民族精神和自主创新为核心的时代精神，树立文化自信。

　　>> 知识广角：中国古代传统文化典籍，一般指古人将古籍按内容区分的四大部

类，即经、史、子、集。"经"即经书，是指儒家经典著作；"史"即史书，正史；"子"即先秦百家著作；"集"即文集，诗词汇编。一些大型的古籍丛书往往囊括四部，并用以命名，如《四库全书》《四部丛刊》《四部备要》等。

第一节　　《论语》四则

作者简介

　　孔子（公元前551—公元前479），名丘，字仲尼，鲁国陬邑（今山东曲阜市）人，祖籍宋国栗邑（今河南夏邑县），中国古代思想家、教育家，儒家学派创始人。孔子的政治思想核心是"仁""礼"和"中庸"，曾带领弟子周游列国十三年宣传政治主张。孔子开创私人讲学之风，倡导仁义礼智信。据传有弟子三千，其中贤人七十二。去世后，其弟子及再传弟子把孔子及其弟子的言行语录和思想记录下来，整理编成《论语》。《论语》是儒家经典之一，共二十卷，主要以语录和对话文体的形式记录了孔子及其弟子的言行，集中体现了孔子的政治、审美、道德伦理和功利等思想。

其一

引文入境

　　子张[1]问仁于孔子，孔子曰："能行五者于天下，为仁矣。""请问之?"曰："恭，宽，信，敏，惠。恭则不侮[2]，宽则得众[3]，信则人任[4]焉，敏[5]则有功[6]，惠则足以使人[7]。"（《阳货》）

注释

　　1. 子张（公元前503—公元前461）：姓颛孙，名师，字子张，春秋末陈国阳城（今河南登封）人（一说鲁国人），孔子晚年弟子，为人勇武，善交友，重德行修养。

　　2. 恭则不侮：恭敬人，则不被人侮慢。恭，恭敬。不侮，不被人侮慢。

　　3. 得众：得人心。

　　4. 任：任用。

　　5. 敏：勤勉。

　　6. 功：成效，成就。

7. 惠则足以使人：给人恩惠，人必感恩图报，故足以使用人。惠，仁惠、慈惠。使，令，此处指领导、率领。

译文

子张向孔子问仁。孔子说："能够处处实行五种品德，就是仁了。"子张说："请问哪五种？"孔子说："恭敬、宽厚、守信、勤敏、慈惠。恭敬就不致遭受侮辱，宽厚就会得到众人的拥护，守信就能得到别人的任用，勤敏就会提高，慈惠就能够有人可用。"

作品鉴赏

儒家学说的核心是"仁"。"仁"的内涵是十分丰富的，从为人处事来说，本文认为做到"恭、宽、信、敏、惠"就是"仁"。第一个"恭"，对人恭敬。首先应对自己严格约束。对于为官的人来讲，这种约束更加重要。只有做到对人恭敬，才不至于招致侮辱。第二个"宽"，对人宽大。所谓宽宏大量，就是能够原谅别人的短处缺点，才能得到众人的拥护。第三个"信"，就是诚信、守信用。孔子说过："人而无信不知其可也。"只有做到这一点，才能得到别人的信任和任用。第四个"敏"，就是聪明敏捷，头脑清醒，反应快，做事不拖拉，注重效率。第五个"惠"，就是恩惠。要施恩于人，别人才会心甘情愿地为你做事。

理解这段话，不能脱离具体语境。孔子重视求仁，他门下的弟子也致力于求仁，如樊迟、颜渊、仲弓、司马牛，以及子张等，都曾向孔子问过如何行仁。子张问仁，孔夫子回答"恭宽信敏惠"，其他人问仁，孔夫子又有其他答案，显然这段话是针对子张说的。子张性格张扬，有为官之心，那孔夫子就告诉他，为官之人何为仁，张扬之人何为仁。

其二

引文入境

曾子[1] 曰："士[2] 不可以不弘毅[3]，任重而道远。仁以为己任[4]，不亦重乎？死而后已[5]，不亦远乎？"（《泰伯》）

注释

1. 曾子（公元前 505—公元前 435）：名参（shēn），字子舆，春秋末年鲁国南武城人（今山东平邑，一说山东嘉祥县）。中国著名的思想家，儒家学派的重要代表人物，被后世尊奉为"宗圣"。曾子主张以孝恕忠信为核心的儒家思想，主张修齐治平的政治观，内省、慎独的修养观，以孝为本的孝道观。其观点至今仍具有极其宝贵的社会意义和实用价值。

2. 士：此处指读书人。

3. 弘毅：抱负远大，意志坚强。弘，广大。毅，坚强，刚毅。

4. 仁以为己任：以人道自任。仁，人道。

5. 死而后已：意思是死了以后才罢手。形容为完成一种责任而奋斗终生。已，停止。

译文

曾子说："有远大抱负的人不可以不刚强勇敢，因为他责任重大，路途遥远。把实现'仁'的理想看作自己的责任，难道还不重大吗？尽职尽责直到死去才罢休，难道路程还不遥远吗？"

作品鉴赏

曾子师从孔子，积极推行儒家主张，传播儒家思想。孔子生时，以推行仁政为己任，知其不可而为之，但他始终没有看到自己的理想实现，周游列国十三年也。曾子继之，自觉任重道远，有此一叹。

"仁"，是孔子学说的核心。曾子说这番话的目的是鼓励门人要一生为实现"仁"的理想而奋斗，表达了士人主动承担社会责任的坚定信心和决绝勇气。实现"仁"是漫长而艰巨的。作为一个有理想、有抱负的人，应当勇于担当时代的重任并为之奋斗不懈。可以说，儒家先贤"以天下为己任"的思想已经成为中国人民自古以来的一种精神自觉，它是人们道德责任与历史使命的精神内核。

其三

引文入境

子曰："知之者[1] 不如好[2] 之者，好之者不如乐[3] 之者。（《雍也》）

注释

1. 知之者：知道怎么学习的人。知，懂得，知道。之，代词，它，这里指学问和事业。一说，指仁德。者，代词，……的人。

2. 好：喜欢，爱好。

3. 乐：以……为快乐。

译文

孔子说："关于学习，知道怎么学习的人，不如喜爱学习的人；喜爱学习的人，又不如以学习为乐趣的人。"

作品鉴赏

这段话说明了爱好和兴趣在人们学习中的重要作用。孔子认为，知之、好之、乐之是学习的三个层次。知之者，是人为的，而非自然的；好之者，是有目的地追求；而乐之者，是自然的，而非人为的，所以能持之以恒，治学不辍。做学问者对待学问的态度不同，其效果和成就自然不同。对于学习之外也是如此，了解它的人比不上爱好它的人，而爱好它的人不如乐在其中的人。所以兴趣是最好的导师，只有发自内心真诚的热爱，才能够将要学的东西扎实掌握，并在学习的过程中感受有所得的快乐。

其四

引文入境

子曰："饭[1] 疏食[2]，饮水，曲肱[3] 而枕[4] 之，乐亦在其中矣。不义而富且[5] 贵，于[6] 我如浮云。"（《述而》）

注释

1. 饭：吃，动词。
2. 疏食：粗粮。
3. 肱（gōng）：由肩至肘的部位，泛指胳膊。
4. 枕：枕着。
5. 且：与、和，表示并列。
6. 于：对，对于，介词。

译文

孔子说："吃粗粮，喝白水，弯着胳膊当枕头，乐趣也就在这中间了。用不正当的手段得来的富贵荣华，对于我来讲就像是天上的浮云一样。"

作品鉴赏

这段话说明了孔子关于何为人生快乐的理解。疏食饮水，曲肱而眠，这种清贫已到了无以复加的地步了，可仍然不会让自己的生活丧失乐趣，这就是君子所讲求的内在精神力量。孔子并不提倡坚守贫困，而是提倡"见利思义"，身处贫困之中，要做到"贫而乐"，身处富贵之中，要做到"富而好礼"。君子之学的作用就在于此，即使你目前暂时身处贫困之中，仍然要保持内心的安乐，不违背自己的追求和道德标准。而只有君子在生活贫困的时候仍能坚守自己的信念，做到"乐亦在其中"，也只有君子才能视功名利禄如浮云，不被外物所诱惑。

探究与思考

1. "仁"是儒家思想的核心，是一种含义广泛的道德观念，谈一谈你对"仁"的看法。

2. "以天下为己任"是一种爱国思想，你还知道哪些与"爱国"有关的名言、以及人和事？

3. 你认为学习的最高境界是什么？

第二节　郑伯克段于鄢[1]

作者简介

《左传》又称《春秋左氏传》或《左氏春秋》，相传为春秋末年鲁国史官左丘明撰写。《左传》是我国第一部叙事详备的编年体史书，与《春秋公羊传》《春秋谷梁传》合称"春秋三传"。记载了鲁隐公元年（公元前722年）到鲁哀公二十七年（公元前468年）共计二百多年的历史。《左传》中有丰富的历史资料，是一部了解和研究我国古代社会很有价值的史书。尤其擅长描写战争，是历代散文的典范。《左传》在汉语的文学语言史上，是标志着汉语发展的里程碑。

引文入境

初[2]，郑武公娶于申[3]，曰武姜[4]，生庄公及共叔段[5]。庄公寤生[6]，惊姜氏，故名曰"寤生"，遂恶之。爱共叔段，欲立之。亟[7]请于武公，公弗许。

及庄公即位，为之请制[8]。公曰："制，岩[9]邑也，虢叔[10]死焉，佗邑唯命[11]。"请京[12]，使居之，谓之"京城大叔"[13]。

祭仲[14]曰："都城过百雉[15]，国之害也。先王之制，大都不过参国之一[16]；中，五之一；小，九之一。今京不度[17]，非制也，君将不堪[18]。"公曰："姜氏欲之，焉辟[19]害？"对曰："姜氏何厌之有？[20]不如早为之所[21]，无使滋蔓[22]！蔓，难图也[23]。蔓草犹不可除，况君之宠弟乎？"公曰："多行不义，必自毙[24]，子姑待之。"

既而大叔命西鄙[25]、北鄙贰于己。公子吕[26]曰："国不堪贰，君将若之何[27]？欲与大叔，臣请事之；若弗与，则请除之，无生民心[28]。"公曰："无庸[29]，将自及。"大叔又收贰以为己邑，至于廪延[30]。子封[31]曰："可矣，厚将得众[32]。"公曰："不义不昵[33]，厚将崩。"

大叔完聚[34]，缮甲兵[35]，具卒乘[36]，将袭郑。夫人将启[37]之。公闻其期，曰："可矣！"命子封帅[38]车二百乘以伐京。京叛大叔段。段入于鄢[39]。公伐诸鄢。五月辛丑[40]，大叔出奔共。

书[41]曰："郑伯克段于鄢。"段不弟[42]，故不言弟；如二君[43]，故曰克；称郑伯，讥失教[44]也；谓之郑志[45]。不言出奔，难之也[46]。

遂置姜氏于城颍[47]，而誓之曰："不及黄泉[48]，无相见也！"既而悔之。颍考叔为颍谷封人[49]，闻之，有献于公。公赐之食，食舍[50]肉。公问之，对曰："小人有母，皆尝小人之食矣，未尝君之羹，请以遗[51]之。"公曰："尔有母遗，繄[52]我独无！"颍考叔曰："敢问何谓[53]也？"公语之故，且告之悔。对曰："君何患[54]焉！若阙[55]地及泉，隧[56]而相见，其谁曰不然[57]？"公从之。公入而赋[58]："大隧之中，其乐也融融[59]。"姜出而赋："大隧之外，其乐也洩洩[60]。"遂为母子如初。

君子[61]曰："颍考叔，纯孝[62]也。爱其母，施及[63]庄公。《诗》曰：'孝子不匮[64]，永锡尔类[65]。'其是之谓乎[66]？"

注释

1. 本文选自《左传·隐公元年》。"郑伯"，指郑庄公，郑庄公是郑国的第三代国君。郑国是姬姓。与周天子同姓；"克"，战胜。"段"，指下文的共叔段，即郑庄公的弟弟。"于鄢"，介词结构状语后置。鄢，地名，在今河南省鄢陵县境内。

2. 初：刚开始。

3. 郑武公：姬姓，名掘突；武，谥号。申：国名，姜姓，侯爵，故城在今河南南阳市北。

4. 武姜：武，从夫谥；姜，母家的姓。

5. 共（gōng）叔段：庄公的弟弟。共，卫国邑名，今河南省辉县，是共叔段失败以后出奔的地方。叔，古代兄弟的排行。古代的排行，用"伯、仲、叔、季"来表示。段，是名。

6. 寤（wù）生：逆生，脚先出来，即难产。寤，同"牾"，逆，倒着。

7. 亟：屡次。

8. 制：城邑名，又名虎牢，今河南荥阳市汜水镇。

9. 岩：同"严"，多山而险要。

10. 虢（guó）叔：东虢国的国君，为郑武公所灭。

11. 佗邑："佗"同"他"，别的地方。唯命："唯命是听"的省略语。

12. 京：郑邑名，在今河南荥阳市东南。

13. 大：同"太"。

14. 祭（zhài）仲：郑国大夫。

15. 雉：古代量度单位，古城长三丈、高一丈为一雉。

16. 参国之一：古代分数的表示方法，即国都的三分之一。参，同"三"。

17. 不度：不合法度。度，法度，制度，这里是名词作动词，合法度。

18. 不堪：忍受不了。

19. 辟：同"避"。

20. 何厌之有：疑问代词宾语前置，厌，同"餍"，满足。有何厌。之，代词宾语前置的标志。

21. 为之所：给他安排地方。为，安排。

22. 滋蔓：滋长蔓延。

23. 图：图谋，对付。

24. 毙：跌倒。

25. 鄙：边邑。

26. 公子吕：字子封，郑大夫。

27. 若之何：怎么办。

28. 无生民心：不要使人民产生二心。生，使动用法，使……产生。

29. 庸：同"用"。

30. 廪延：在今河南延津县北。

31. 子封：即公子吕。

32. 厚将得众：土地扩大就会得到更多的民众。厚，土地扩大。众，指老百姓。

33. 昵（nì）：亲近。

34. 完聚：修治城廓，聚集百姓。

35. 缮甲兵：修整铠甲和兵器。缮：修理。甲，盔甲。兵，兵器。

36. 具卒乘：准备好步兵和战争。具，准备。卒，步兵。乘，四匹马拉的战车。古时兵车一乘，配七十五人。上有甲士三人，后随步卒七十二人。

37. 启：开城门。

38. 帅：同"率"。

39. 鄢：郑邑，在今河南鄢陵县西北。

40. 五月辛丑：五月二十三日。

41. 书：指《春秋》记载。

42. 不弟：不守弟道。弟同"悌"。

43. 如二君：庄公和叔段之间的战争，如同两个敌国国君间的斗争。

44. 失教：失去管教。

45. 郑志：指郑庄公蓄意杀弟的意图。

46. 不言出奔，难之也：《春秋》书法，凡记某人出奔，表示这人犯了罪。难之：难以下笔记叔段出奔共这件事。

47. 城颍：郑邑，在今河南临颍县西北。

48. 黄泉：地下。

49. 颍考叔：郑大夫。颍谷：郑边邑。封人：镇守边境的地方官。

50. 舍：放在一边。舍同"捨"。

51. 遗（wèi）：赠送。

52. 繄（yī）：叹词，噫。

53. 何谓：代词宾语前置，即谓何，说的是什么意思。

54. 何患：代词宾语前置，即患何，担心什么。

55. 阙：同"掘"，挖掘。

56. 隧：隧道，这里名词作动词，指挖隧道。

57. 然：这样。

58. 赋：赋诗。

59. 融融：和乐自得的样子。

60. 洩洩（yì）：欢欣畅快的样子。

61. 君子：道德高尚的人。《左传》作者假托君子发议论。

62. 纯孝：笃孝。

63. 施（yì）及：扩大到。

64. 不匮：指孝心没有竭尽的时候。匮，穷尽。

65. 永锡尔类：永远赐福给你的同类。锡，同"赐"。

66. 其是之谓乎：其谓是乎的倒装。大概说的就是这个吧！

译文

当初，郑武公娶申国国君之女，名叫武姜。武姜生下了郑庄公和共叔段。庄公出生时逆产，使姜氏受到惊吓，所以取名为"寤生"，因此武姜就一直厌恶庄公。武姜喜爱共叔段，想要立共叔段为太子。多次向武公请求，武公没有允许。

等到庄公即位以后，武姜就向庄公请求，将制这块地方作为共叔段的封邑。庄公说："制是险要的城邑，当年东虢国的国君就是死在那里的。还是换其他的地方吧，我都可以遵从。"武姜又为共叔段请求以京作为封邑，庄公就让共叔段到京去居住，称他为京城太叔。

大夫祭仲对庄公说："都城的城墙面积超过了百雉，就会成为国家的祸害。按照先王定下的制度，大的都邑城墙的面积不能超过国都的三分之一；中等都邑的城墙不能超过五分之一；小的都邑的城墙不能超过九分之一。如今，京的城墙没有按照规定去建造，而是超过了国都城墙三百雉的三分之一，这是不符合制度的。这样任意发展，您将控制不了的。"庄公说："姜氏想要这样，怎能避得开这种祸害呢？"祭仲回答说："姜氏的欲望怎能满足得了？还不如早作安排，不要让段的势力任意地发展，发展壮大后就难以对付了。滋生蔓延的野草尚且不能除尽，何况段是您爱宠的弟弟呢？"庄公说："多做不仁义的事情，必定会自取灭亡，您姑且等着吧！"

不久，太叔命令西部和北部的边地从属于自己。公子吕就对庄公说："一国不容二主，您打算怎么办呢？如果想把国家交付太叔，我就请求去侍奉他；如果不想交付，那就请允许我除掉他，不要让百姓产生二心。"庄公回答说："不用管，他将会自取灭亡的。"太叔又收取了两个从属之地作为自己的城邑，他的势力达到廪延。子封说："可以收拾他了，他的领地扩大了将会得到更多的民众。"庄公回答说："对君王不义，对兄长不亲，领地再大，也要崩溃的。

太叔修筑城墙，聚集民众，修理铠甲和兵器，准备步兵和战车，打算袭击郑国都城。姜氏准备到时打开城门。庄公探听到了太叔发动偷袭的日期，说："现在可以收拾了！"他命令子封率领二百辆战车去讨伐京邑。京邑的臣民纷纷背叛太叔。太叔段只好逃到鄢邑。庄公亲自到鄢邑讨伐太叔段。鲁隐公元年五月二十三日，太叔段逃亡到共国。

《春秋》记载道："郑伯克段于鄢。"段不恪守做弟弟的本分，所以不称他为弟。庄公和太叔段之间如同两国的君主，因此《春秋》上用"克"字。称庄公为郑伯，有讥讽他失于教弟的意思。实际上是要点明庄公本意。《春秋》不写太叔段逃亡，是有意责难庄公啊！

于是庄公将姜氏安置在城颍，发誓说："不到黄泉，不必再见面了！"不久以后，他就后悔了。颍考叔是颍谷地方管理疆界事务的官，他听说了这件事情，就献给庄公一些东西。庄公赏赐给他食物。在吃的时候，他把肉留下来不吃。庄公问他为什么。颍考叔回答说："我有母亲，她吃遍了我孝敬给她的食物，却没有尝过君主您赐给的肉羹。我请求您允许我把肉羹转送给我的母亲。"庄公说："你有母亲可以孝敬，唯独我却没有！"颍考叔说："我冒昧地请问，您说的是什么意思呢？"庄公把事情的原委告诉颍考叔，而且告诉他自己的后悔心情。颍考叔听完说道："您发愁什么呢？如果向下挖土达到黄泉，再修一条隧道，然后在隧道里和母亲相见，那么谁能说您违背了当初的誓言呢？"庄公听从了颍考叔的建议。隧道掘成后，庄公进去与姜氏见面，他赋诗道："在宽阔的隧道里面，天伦之乐真令人陶醉。"姜氏从隧道中走出，也赋诗道："在宽阔的隧道外面，天伦之乐令人快乐舒畅。"于是两人又像从前那样，恢复了母子关系。

君子说道："颍考叔实在是真正的孝子啊！他不但热爱自己的母亲，而且又将他的孝道去影响庄公的行为。《诗经》中有这样的语句："孝子的德行是不会穷尽的，它永远能赐给家族以福分。"大概正是说的颍考叔这样的孝道吧？

作品鉴赏

作为先秦历史散文的一座高峰，《左传》较为系统地记述了春秋时代各国的政治、经济、军事和文化方面的事件，在一定程度上真实反映了那个时代的面貌。本文是史学、文学的经典名篇，是《左传》和《古文观止》的首篇。全篇通过记述郑庄公同弟弟共叔段的王位之争、同母亲姜氏之间的母子矛盾，反映了春秋时代封建王室内部的权力之争，封建社会母子、兄弟的血缘关系和孝悌之道都是从属于这种政治斗争的本质，揭示了当时统治阶级内部斗争的残酷，披露了封建伦理道德的虚伪。

全文共八段。第一自然段是矛盾的开端，揭示了兄弟争斗的根源。作为两兄弟的母亲，姜氏憎恨令她难产的长子，而且给他起了一个不雅的名字"寤生"；偏爱小儿子，多次向夫君郑武公请求废长立幼，但未获成功。作者由姜氏个人的好恶引出了日后兄弟君位之争，交代了矛盾产生的根源。第二至第四自然段是矛盾的发展，写共叔段不断扩张势力，而郑庄公欲擒故纵，实怀杀机。庄公即位以后，其弟共叔段通过一步步试探性地扩展属地，占有领土，逐步暴露出野心，也同时激化了君臣之间的矛盾。

如果说，在矛盾的发端，庄公与武姜、共叔段之间还没有直接冲突的话，那么到了发展阶段，就一步步变成了针锋相对的斗争。第二自然段，是矛盾发展的第一阶段，写郑庄公即位以后，姜氏为了帮助小儿子争夺王位，首先以国母的身份，为段请求东虢国为封地，因为那里形势险要，有利于段屯兵扩张，图谋王位。郑庄公对于母亲及段的野心早有察觉，因此找了个借口拒绝要求。姜氏遭到拒绝后，又请封都邑超过百雉的京，得到这个地方，就意味着地位超过一般的侯伯，便于摆脱郑庄公的控制。这是其野心刚刚露出了苗头。第三自然段和第四自然段，是矛盾发展的第二阶段。被称为京城大叔的共叔段，为了扩张自己的领地，先命令西鄙、北鄙两地一面归属庄公，另一面归属自己。然后正式把两地收为己有，使领地延伸到了郑国的西北边邑。对于武姜和共叔段的所作所为，郑庄公早有察觉而又竭力克制，他知道共叔段的野心和贪欲是无止境的。但是庄公一方面有意利用段的愚蠢和贪心，纵容其恶，任由他胡作非为，另一方面在大臣祭仲和公子吕的多次劝谏下，又表现得无能为力，假装奈何不了姜氏和弟弟。实则已经为段张开了大网，布置下陷阱，可见庄公的心机之深。第五自然段为故事的高潮。共叔段在扩张领地的同时，做好了将要偷袭庄公的准备；居住在都城的姜氏又准备作内应，到时候偷偷打开城门帮助小儿子把庄公推下王位。在掌握了证据，弄清了共叔段出兵的日期以后，郑庄公认为时候已到，于是曰"可矣"一举发兵平定叛乱。共叔段犹如丧家之犬，奔逃至鄢，又被步步紧逼，流亡到共国。第六自然段是作者对郑庄公与共叔段的评价。文章的第七段是矛盾的完全解决。姜氏是郑庄公的生母，又是共叔段的后台，从生下郑庄公就对他恨之入骨，导致了庄公母爱的缺失以及兄弟争斗。在共叔段弑君杀兄的争斗中还暗中支持段的不齿行为。郑庄公恨她入骨，于是先把姜氏发落到城颍，发誓永不见面。但迫于舆论的压力，大臣颍考叔献出妙计，演出了"阙地及泉，隧而相见"的丑剧。作品的最后一个自然段是作者假托君子发议论，宣扬作者儒家的"纯孝"思想。

作品的写作特色主要有以下几个方面。

1. 行文详略得当

本文的题目讲述的是军事斗争，但是文章内容并没有详细描写战争的经过，而是从政治斗争的角度下手，以人物性格为主。材料的取舍和章节的处理安排都服从于写政治斗争和刻画人物性格要求，重点写矛盾的发生和发展。而郑伯克段于鄢的战争是兄弟矛盾激化的结果。兄弟矛盾来源于母子矛盾，文章首先寥寥几笔就把从战争的根源交代清楚——姜氏与庄公的母子矛盾。而在公叔段野心逐步显露的同时，作品也并没有详细描写郑庄公作为君主和兄长的心理活动，反而对大臣祭仲和公子吕的劝谏进行了详尽描述，郑庄公的回答一带而过，这就把几位大臣对君主的忠心和郑庄公的镇定沉着、阴险虚伪表现得淋漓尽致。至于母与子和好一段，虽然是矛盾解决后的余波，但有利于进一步展示人物性格和表达崇尚孝道的思想，所以又用了较大的篇幅。在这一段重点描写了颍考叔献计和母子"隧而相见"，而阙地及泉、开挖隧道的过程，略而不写。

本文无论是详写还是略写，文字都十分精练。如详写的部分中几个人物的对话，你问我答，十分简洁明快。略写的部分，如颍考叔献"隧而相见"之计后，只用"公从之"三字就略去了阙地及泉、开挖隧道的全过程。

2. 人物刻画生动形象

全文的主人公有郑庄公、共叔段、姜氏三人。作者对主人公的描写分别从几个不同角度入手。对于郑庄公，作者主要描写他的语言。比如庄公因"制"是险要之地拒绝姜氏时说："制，岩邑也，虢叔死焉，他邑唯命。"可见其精明，深知其利害关系，据说虢叔恃险不修德政被郑武公所灭，庄公以此为借口，话中暗藏杀机。文章对大臣祭仲和公子吕的语言进行了大段描写，以此来表明二人的忠心，而郑庄公仅用"姜氏欲之，焉辟害""多行不义必自毙，子姑待之""无庸，将自及""不义不昵，厚将崩"等话语一带而过，表面上显得懦弱无能、愚昧麻木，实际上一切都在他的算计和掌握之中。这就把一个阴险狡诈、老谋深算、冷酷虚伪的封建阶级统治者的形象刻画得淋漓尽致。当共叔段与姜氏密谋袭郑，完全暴露其叛乱行径时，庄公认为"火候"已到，立刻下令出兵伐京。"可矣"干脆果决，由此一举击败共叔段。

对于庄公的弟弟共叔段的形象，作者是通过他修筑城墙、扩大领地、准备战争的一系列行为表现出来的。共叔段依仗姜氏对他的偏爱，有恃无恐、野心勃勃、不断扩张土地，通过大臣祭仲和公子吕劝谏的话语我们可知共叔段在自取灭亡的道路上越走越远。愚昧狂妄的共叔段以为郑庄公可欺，最后发动叛乱，很快被郑庄公击败。因此共叔段是个贪婪狂妄，愚昧无知的人物。

作为母亲的姜氏偏狭昏愦，以私情干政，助纣为虐。姜氏的偏心，源于极端的利己主义。她的爱憎，实质上是一种政治态度。她不懂得"惯子如杀子"，这个偏执的母亲只因为"庄公寤生"便"恶之"，还"亟请于武公"欲废长立幼。怂恿共叔段谋反，里应外合帮小儿子弑兄篡位，终于将爱子共叔段送上了一条不归之路。种种离经叛道的行为简直枉为母亲，作者对她是给予鞭挞的。

次要人物如大臣祭仲、公子吕、颍考叔等人的性格特点也表现得十分鲜明。他们苦苦劝谏，尽管君主表现得无动于衷，他们都是忠诚的，但又都有自己的个性特征。祭仲在忠诚的同时是富有远见的，当他看到共叔段的野心刚刚露出苗头的时候，就能预见到其势力必将像蔓草一样无法根除，因此苦求君主出兵。而子封在忠诚劝谏的同时，几乎到了以易主相威胁的地步更是表现了他急躁的个性，作者描写他的急躁也是为了衬托郑庄公的冷静沉着、阴险狠毒。

3. 写作手法擅长对比烘托

本文善于在人物与人物特定关系中进行对比烘托，使人物性格鲜明。如共叔段的野心勃勃、有恃无恐，因急于篡位而不免浮躁；郑庄公的以守为攻、冷静沉着、坐待时机，有勇有谋。这两个人恰成鲜明对比。祭仲、公子吕和颍考叔，既各自性格鲜明，又对刻画庄公的性格起了侧面烘托和对比的作用。如祭仲和公子吕都忠于君主，他们一个充分说理提醒，一个慷慨陈词激将，相比之下，庄公的回答就显得十分冷静沉着。

4. 细节描写推动情节发展

本文选取了"庄公寤生"、颍考叔"食舍肉"、庄公姜氏"隧而相见"等细节，对推动故事情节的发展和文章主题的表现，都起到了不可或缺的作用。

探究与思考

1. 本篇文章讲述的历史究竟是家庭悲剧还是政治悲剧，抑或是社会悲剧、人性悲剧、道德悲剧，说说你的理由。

2. 如果你是郑庄公，你会怎样对待自己的弟弟共叔段？说说你这么做的理由。

第三节　　冯谖客孟尝君[1]

作者简介

《战国策》又叫《国策》，为西汉刘向编订的国别体史书，原作者不明。全书按东周、西周、秦国、齐国、楚国、赵国、魏国、韩国、燕国、宋国、卫国、中山国依次分国编写，分为12策，33卷，共497篇。主要记载战国时期各国有关政治、外交、军事等方面的史实和谋臣策士纵横捭阖的言行，具有重要的史料价值。该书文辞优美，语言生动，富于雄辩与运筹的机智，描写人物绘声绘色，常用寓言阐述道理，是先秦历史散文成就最高、影响最大的著作之一，在我国古典文学史上亦占有重要地位。

引文入境

齐人有冯谖者，贫乏不能自存，使人属[2]孟尝君，愿寄食门下。孟尝君曰："客何好？"曰："客无好也。"曰："客何能？"曰："客无能也。"孟尝君笑而受之，曰："诺。"

左右以君贱之也，食以草具[3]。居有顷，倚柱弹其剑[4]，歌曰："长铗[5]归来乎！食无鱼。"左右以告[6]。孟尝君曰："食之，比门下之客。"居有顷，复弹其铗，歌曰："长铗归来乎！出无车。"左右皆笑之，以告。孟尝君曰："为之驾，比门下之车客[7]。"于是乘其车，揭[8]其剑，过[9]其友曰："孟尝君客我。"后有顷，复弹其剑铗，歌曰："长铗归来乎！无以为家。"左右皆恶[10]之，以为[11]贪而不知足。孟尝君问："冯公有亲乎？"对曰："有老母。"孟尝君使人给其食用，无使乏。于是冯谖不复歌。

后孟尝君出记¹²，问门下诸客："谁习计会¹³，能为文收责¹⁴于薛者乎？"冯谖署曰："能¹⁵。"孟尝君怪之，曰："此谁也？"左右曰："乃歌夫长铗归来者也。"孟尝君笑曰："客果有能也，吾负¹⁶之，未尝见也。"请而见之，谢曰："文倦于事，愦于忧，而性懧愚¹⁷，沉于国家之事，开罪¹⁸于先生。先生不羞¹⁹，乃有意欲为收责于薛乎？"冯谖曰："愿之。"于是约车治装²⁰，载券契²¹而行，辞曰："责毕收，以何市而反²²？"孟尝君曰："视吾家所寡有²³者。"

驱而之薛，使吏召诸民当偿者，悉来合券²⁴。券遍合²⁵，起²⁶，矫命²⁷，以责赐诸民²⁸，因烧其券，民称万岁。

长驱²⁹到齐，晨而求见。孟尝君怪其疾也³⁰，衣冠而见之，曰："责毕收乎？来何疾也！"曰："收毕矣。""以何市而反？"冯谖曰："君云'视吾家所寡有者'。臣窃计³¹，君宫中积珍宝，狗马实外厩，美人充下陈³²。君家所寡有者，以义耳！窃以为君市义。"孟尝君曰："市义奈何？"曰："今君有区区之薛，不拊爱子其民³³，因而贾利之³⁴。臣窃矫君命，以责赐诸民，因烧其券，民称万岁。乃臣所以为君市义也。"孟尝君不悦³⁵，曰："诺，先生休矣³⁶！"

后期年³⁷，齐王³⁸谓孟尝君曰："寡人不敢以先王之臣为臣。"孟尝君就国³⁹于薛，未至百里⁴⁰，民扶老携幼，迎君道中终日。孟尝君顾⁴¹谓冯谖："先生所为文市义者，乃今日见之。"

冯谖曰："狡兔有三窟，仅得免其死耳；今君有一窟，未得高枕而卧也。请为君复凿二窟。"孟尝君予车五十乘，金五百斤，西游于梁⁴²，谓惠王曰："齐放⁴³其大臣孟尝君于⁴⁴诸侯，诸侯先迎之者，富而兵强。"于是梁王⁴⁵虚上位⁴⁶，以故相⁴⁷为上将军，遣使者黄金千斤，车百乘，往聘孟尝君。冯谖先驱，诚孟尝君曰："千金，重币也；百乘，显使也。齐其闻之矣。"梁使三反⁴⁸，孟尝君固辞不往也。

齐王闻之，君臣恐惧，遣太傅赍⁴⁹黄金千斤、文车二驷⁵⁰，服剑⁵¹一，封书，谢⁵²孟尝君曰："寡人不祥⁵³，被于宗庙之祟⁵⁴，沉于谄谀之臣，开罪于君。寡人不足为⁵⁵也；愿君顾⁵⁶先王之宗庙，姑反国统万人乎⁵⁷！"冯谖诚孟尝君曰："愿请先王之祭器⁵⁸，立宗庙于薛⁵⁹。"庙成，还报孟尝君曰："三窟已就，君姑高枕为乐矣。"

孟尝君为相数十年，无纤介⁶⁰之祸者，冯谖之计也。

注释

1. 本文选自《战国策·齐策四》。孟尝君：姓田名文，曾任齐国相国。他与魏国的信陵君、赵国的平原君、楚国的春申君因广聚人才、礼贤下士而被合称为"战国四君子"。冯谖（xuān）：孟尝君的门客。

2. 属（zhǔ）：同"嘱"，嘱托，请托。

3. 食以草具：给他粗劣的食物吃。食（sì），给……吃。"食"后省宾语"之"（他）。草具，粗劣的饮食。

4. 居有顷，倚柱弹其剑：停留了一段时间，冯谖靠着柱子弹着他的剑。居，停留，这里有"经过"的意思。有顷，不久。弹（tán），用手指头敲击。

5. 长铗（jiá）：指长剑。

6. 以告：把冯谖的事报告孟尝君。

7. 车客：能乘车的食客。孟尝君将门客分为三等即上客食鱼、乘车，中客食鱼，下客食菜。

8. 揭：高举。

9. 过：访问，拜访。

10. 恶（wù）：讨厌。

11. 以为：以之为。

12. 出记：出通告，出文告。

13. 谁习计会：谁熟悉算账收钱。习，熟悉。计会（kuài），会计工作。

14. 责（zhài），同"债"。

15. 能：签名于通告上，并注曰"能"。

16. 负：对不起。

17. "文倦"三句：倦于事，为国事劳碌。愦（kuì）于忧，困于思虑而心中昏乱。惬（nuò），同"懦"，怯弱。

18. 开罪：得罪。

19. 不羞：不因受怠慢为辱。羞，意动用法，认为……是羞辱。

20. 约车治装：预备车子，治办行装。

21. 券契：债务契约，两家各保存一份，可以合验。

22. 何市而反：买些什么东西回来。市，买。反，同"返"，返回。

23. 寡有：少有，缺少。

24. 合券：指核对债券（借据）、契约。

25. 遍合：都核对过。

26. 起：站起来。

27. 矫（jiǎo）命：假托受（孟尝君的）命令。

28. 以责赐诸民：把债款赐给（借债的）老百姓，意即不要偿还。以：用，把。

29. 长驱：一直赶车快跑，中途不停留。

30. 怪其疾：以其疾为怪。因为他回得这么快而感到奇怪。

31. 窃计：私下考虑。窃，私自，谦词。计，考虑。

32. 下陈：此指位于堂下的庭中。

33. 不拊爱子其民：不把那里的百姓当成自己的子女一样爱护。拊爱：抚育，抚慰抚爱。子其民，视民如子，形容特别爱护。

34. 贾（gǔ）利之：以商人手段向百姓谋取暴利。

35. 说：同"悦"，高兴。

36. 休矣：算了，罢了。

37. 期（jī）年：满一年。

38. 齐王：指齐湣王田地（一作田遂）。

39. 就国：指前往封邑。

40. 未至百里：距薛地还有一百里。

41. 顾：回头看。

42. 梁：魏国都大梁（今河南开封）。

43. 放：弃，免。

44. 于：给……机会。

45. 梁王：原作惠王，《古文观止》已改作梁王。按梁惠王卒于齐威王卒之次年，孟尝君和齐湣王同为齐威王之孙。故此时梁王，当是惠王之子或孙。

46. 虚上位：空出最高的职位（宰相）。

47. 故相：过去的宰相。

48. 反：同"返"。

49. 赍（jī）：拿东西送人。

50. 驷：四匹马拉的车，与"乘"同义。

51. 服剑：佩剑。

52. 谢：道歉。

53. 不祥：不善、不好。

54. 被（pī）于宗庙之祟（suì）：受到祖宗神灵的处罚。

55. 不足为：不值得顾念帮助。不足，不值得。为，帮助，卫护。

56. 顾：顾念。

57. 姑反国统万人乎：不妨回到齐国统率广大百姓吧！姑，姑且，暂且。反国，返回齐国国都临淄。反，同"返"。统，统率，治理。万人，指全国人民。

58. 愿请先王之祭器：希望您向齐王请求先王的祭器。愿，希望。请，指向齐王请求。祭器，宗庙里用于祭祀祖先的器皿。

59. 立宗庙于薛：孟尝君与齐王同族，故请求分给先王传下来的祭器，在薛地建立宗庙，将来齐即不便夺毁其国，如果有他国来侵，齐亦不能不相救。这是冯谖为孟尝君所定的安身之计，为"三窟"之一。

60. 纤（xiān）介：细微。

译文

　　齐国有个叫冯谖的人，贫穷得没法养活自己，便托人把自己介绍给孟尝君，希望能在孟尝君门下寄居吃饭。孟尝君问："客人有什么爱好？"回答道："没有什么爱好。"孟尝君又问："客人有什么能耐？"回答道："没有什么能耐。"孟尝君笑着同意了，说："好吧。"

　　孟尝君的随从们因为主人不重视冯谖，便给他吃一些粗劣食物。住了一段时间，冯谖靠着柱子，弹着他的剑，唱道："长剑啊，咱们回去吧，吃饭没有鱼！"左右的人把这事儿告诉了孟尝君，孟尝君说："给他鱼吃，按照一般门客那样款待他。"住了不久，冯谖又弹起了他的剑，唱道："长剑啊，咱们回去吧，出门没有车！"左右的人都耻笑他，又把这事告诉了孟尝君。孟尝君说："给他车马，按照有车的门客那样对待他。"于是，冯谖乘着车，举着他的剑，去访问他的朋友，说："孟尝君把我当客人看待。"过了不久，冯谖又弹起了他的剑，唱道："长剑啊，咱们回去吧，没有什么可以养家糊口啊！"左右的人都厌恶他了，认为他贪得无厌。孟尝君问道："冯先生有亲人吗？"左右的人回答说："有个老母亲。"孟尝君派人供给她吃用，不让她觉得缺少什么。从此冯谖就不再唱歌了。

后来，孟尝君发出一个文告，问门下的各位客人："谁擅长算账收钱，能替我到薛地去收债呢？"冯谖签上名，说："我行。"孟尝君看了感到奇怪，问："这是谁呀？"左右的人回答道："就是唱'长剑啊，咱们回去吧'的那个人。"孟尝君笑道："客人果然有些能耐，我怠慢了他，还没和他见过面呢！"于是把冯谖请来见面，向他道歉说："我被这些琐事缠扰得疲惫不堪，因为忧虑而感到心意烦乱，再加上生性懦弱愚笨，陷在国事中无法脱身，因此得罪了先生。先生不以为是羞辱，真的有意为我到薛地去收债吗？"冯谖回答："愿意前往。"于是准备车马，收拾行装，装上债券契据准备出发。辞行的时候问孟尝君："收债完毕之后，买些什么东西回来？"孟尝君说："您看我家里缺什么就买什么吧。"

冯谖驱车到了薛地，派官吏招来应该还债的百姓，悉数核对债券。等债券全部核对完毕，冯谖假传孟尝君的命令，把债款都赏赐给了百姓，因而烧掉了债券，百姓齐声欢呼万岁。

冯谖马不停蹄地赶回齐国，大清早就去求见孟尝君。孟尝君对他这么快就回来了感到奇怪，穿戴整齐后去见他，问道："债都收完了？怎么这么快就回来了？"冯谖回答道："收完了。""买了些什么回来？"冯谖回答道："您说'看我家里缺什么就买什么'，我私下里盘算，您的府里堆满了珍宝，猎狗骏马挤满了牲口棚，美丽的女子站满了堂下。您府里所缺少的东西，只是仁义啊！我自作主张为您买回了仁义。"孟尝君问："'义'怎么买来呢？"冯谖说："现在您拥有这个小小的薛地，不把那里的百姓当做自己的子女一并爱护，反而向商人一样向他们收取利益。我自作主张假传您的命令，把债款都赏给了百姓，因而烧掉了债券，百姓们都欢呼万岁，这就是我为您买义的做法。"孟尝君听了很不高兴，说："哦，先生休息吧！"

过了一年，齐王对孟尝君说："我不敢用先王用过的大臣作为自己的臣下。"孟尝君只好前往他的封邑薛地。走到离薛地还有一百多里的地方，百姓们扶老携幼，在大道上迎接孟尝君，整整有一天的时间。孟尝君回头对冯谖说："先生为我买回的仁义，今天才见到！"

冯谖说："聪明的兔子有三个洞穴，仅仅可以免去一死。现在您只有一个洞穴，还不能高枕无忧。请让我为您再去建造两个洞穴吧。"孟尝君给了他五十辆车、五百斤黄金，西去梁国游说。冯谖对梁王说："齐王把他的大臣孟尝君放逐到诸侯国去了，各诸侯国谁先迎接他，就会国富兵强。"梁王于是空出相国的位子，让以前的相国做了上将军，派遣使者带着千斤黄金、百辆车子去请孟尝君。冯谖抢先驱车回到薛地，提醒孟尝君说："黄金一千斤，是很贵重的聘礼；车一百辆，说明使者的等级很高。齐王大概已经听说了吧。"梁国的使者往返了三次，孟尝君都坚决推辞不肯前往赴任。

齐王听到这些情况后，君臣上下都很恐慌，于是派太傅送来了黄金千斤、彩车两辆、佩剑一把，并且写了一封信向孟尝君道歉，信上说："我真是很不幸，遭受祖宗降下的灾祸，又为那些阿谀奉承的小人所迷惑，得罪了您。我是不值一提的，只希望您念在先王宗庙的份上，暂且回到齐国来统帅广大百姓吧！"冯谖又提醒孟尝君说："希望您向齐王请求先王的祭器，在薛地建立宗庙。"宗庙建成了，冯谖回来向孟尝君报告说："三个洞穴都已经建造完成，您暂且可以高枕无忧快乐安睡了。"

孟尝君在齐国为相几十年，没遭受一点灾祸，全是因为冯谖的计谋啊！

📖 作品鉴赏

战国时期养士之风盛行，士是当时的特殊阶层，他们为君主献计献策，扩大政治影响，巩固权位。众多智能之士的政治见解和办事才能，对当时的局势产生了一定影响。

本文出自《战国策·齐策四》，就是叙写冯谖在孟尝君门下作客由微见著的经历，赞扬了策士冯谖重视民心的远见卓识和政治斗争中的果断善谋，反映了当时权贵重士和士为知己报效的社会风气。

文章分为两部分。第一部分（1、2 自然段），写冯谖寄食孟尝君门下。首段孟尝君问冯谖"客何能"，冯谖回答"客无能"，这就给读者留下一个疑问，既然"无能"，为何要自荐呢？从而设下悬念，引起下文。第二自然段写冯谖三次弹铗要求改善待遇，而且一次比一次的要求更加过分，从最开始的索鱼，再到索车，最后以至于自己的老母亲都要求孟尝君奉养。用自己的"贪得无厌"引起左右之人"笑之""恶之"，给人以贪婪、无德的印象，也为写他后来在"市义"、游说梁国时表现出的才能和远见做了铺垫。而孟尝君一一满足了冯谖的要求，表现了他的宽容大度。通过不断试探，冯谖觉得孟尝君可堪辅佐，是自己可以依托的人。第二部分（3～9 自然段）：写冯谖为孟尝君营造"三窟"，帮助孟尝君收买人心，巩固政治地位，在齐国安稳地做了数十年的丞相。"一窟"通过矫命焚券，为君市义，收买人心，表现了冯谖的远见和胆识。"二窟"通过游说梁王，谋复相位，表现了冯谖非凡的政治才能。"三窟"请立宗庙，使君固位，表现了冯谖的深谋远虑。通过营造"三窟"，冯谖的深谙政治、外交，富有胆识，目光长远，敢做敢当的形象得以树立起来。

文章采用先抑后扬的手法来塑造冯谖的形象。开篇采用铺垫手法，先描写冯谖的"无好""无能"，"寄食于孟尝君门下"后，论理本应识趣地满足现状，但他却再三弹铗而歌，不断要求优厚的生活待遇，仿佛是个贪心而不知足的小人。文章在进行了一系列的铺垫之后，马上扬起一笔，采用层层深入的方法，逐一展示了冯谖卓越不凡的见识和才能：通过焚券市义、收买民心、复凿"二窟"，巩固了孟尝君的政治地位。冯谖的智慧和远见卓识在文章的层层深入中得以一一展现，充分显示出作者构思布局上欲扬先抑、层层铺垫的巧妙匠心。

文章故事情节一波三折。冯谖起初是故意深藏不露，有意试探，而在孟尝君礼贤下士、真情相待之后，才不遗余力地为之出谋划策，这体现了"士为知己者死"的信念。波澜起伏的情节，既彰显出冯谖的独特个性，又起到了引人入胜的作用。这种手法避免了平铺直叙，造成文章的悬念，文章篇幅尽管不长，但读来趣味良多。

文章还运用了对比和侧面烘托的手法来凸显人物个性。为了突出冯谖的才能，作者巧妙地以孟尝君及其手下门客进行对比和侧面烘托。一是孟尝君与介绍人、左右之人的对比。当介绍人说冯谖"无好""无能"时，他"笑而受之"；当左右人将冯谖"三歌"、再三索取向他报告，左右皆"笑之""恶之"时，他却不以为然，一一满足了冯谖的要求。左右人的见风使舵、捧高踩低鲜明地对比出了孟尝君的宽容与大度。二是孟尝君前后态度的对比和烘托。当他发现冯谖确实有才华时，立刻改变以往"贱之"的态度，主动赔礼道歉；当冯谖焚券市义、空手而归时，他的"不悦"表现出的短视，又侧面烘托了冯谖的足智多谋和目光长远。当他被贬回薛地，受到百姓欢迎时，立刻改变之前对市义的不悦，转向冯谖说："先生所为文市义者，乃今日见之。"这种对比，表明孟尝君是一位重视人才、善于接受意见和教训的贤明的政治家。可见孟尝君对冯谖的态度逐渐转变的过程，同时是冯谖的杰出才能逐步显露的过程，两者互为表里，相辅相依。以此对比和烘托，有力地凸显了冯谖的卓越不凡。

探究与思考

1. 从冯谖为孟尝君营造"三窟"的过程中，冯谖和孟尝君各有怎样的性格特征？
2. 谈一谈本文欲扬先抑手法的运用。
3. 谈一谈本文在故事情节上的构思特点。

第四节　　垓下之围[1]　司马迁

作者简介

司马迁（约公元前145—公元前90），字子长，西汉著名史学家、文学家、思想家。西汉夏阳（今陕西韩城南）人，一说龙门（今山西河津）人。因替投降匈奴的李陵辩解，下狱受宫刑。出狱后任中书令（掌管皇家机要文件），发愤著书，公元前91年历经13年完成《史记》。《史记》被称为"究天人之际，通古今之变，成一家之言"，原名《太史公书》。《史记》一书，记录了上自黄帝下至汉武帝太初四年间约三千多年的历史。全书一百三十篇，52万余字，包括十表、八书、十二本纪、三十世家、七十列传五个部分，是我国第一部纪传体通史。鲁迅先生高度评价其为"史家之绝唱，无韵之离骚"。司马迁因此被后世尊称为"史迁""太史公""历史之父"。

项王[2]军壁[3]垓下，兵少食尽，汉军及诸侯兵围之数重。夜闻汉军四面皆楚歌，项王乃大惊曰："汉皆已得楚乎？是何楚人之多也！"项王则夜起，饮帐中。有美人名虞，常幸从[4]；骏马名骓[5]，常骑之。于是项王乃悲歌慷慨，自为诗曰："力拔山兮气盖世，时不利兮骓不逝。骓不逝兮可奈何，虞兮虞兮奈若何！"歌数阕[6]，美人和之[7]。项王泣数行下，左右皆泣，莫能仰视。

于是项王乃上马骑，麾下[8]壮士骑从者八百余人，直夜溃围[9]南出，驰走。平明[10]，汉军乃觉之，令骑将灌婴以五千骑追之。项王渡淮，骑能属者[11]百余人耳。项王至阴陵[12]，迷失道，问一田父[13]，田父绐[14]曰："左。"左，乃陷大泽中。以故汉追及之。项王乃复引兵而东，至东城[15]，乃有二十八骑。汉骑追者数千人。项王自度[16]不得脱，谓其骑曰："吾起兵至今八岁矣，身七十余战，所当者破，所击者服，未尝败北，遂霸有天下。然今卒[17]困于此，此天之亡我，非战之罪也。今日固决死，愿为诸君快战[18]，必三胜之，为诸君溃围，斩将，刈旗，令诸君知天亡我，非战之罪也。"乃分其骑以为四队，四向[19]。汉军围之数重。项王谓其骑曰："吾为公取彼一将。"令四面骑驰下，期山东为三处[20]。于是项王大呼驰下，汉军皆披靡[21]，遂斩汉一将。是时，赤泉侯[22]为骑将追项王，项王嗔目[23]而叱之，赤泉侯人马俱惊，辟易[24]数里。与其骑会为三处。汉军不知项王所在，乃分军为三，复围之。项王乃驰，复斩汉一都尉，杀数十百人，复聚其骑，亡其两骑耳。乃谓其骑曰："何如？"骑皆伏[25]曰："如大王言！"

于是项王乃欲东渡乌江[26]。乌江亭长[27]舣船[28]待，谓项王曰："江东[29]虽小，地方[30]千里，众数十万人，亦足王也。愿大王急渡。今独臣有船，汉军至，无以渡。"项王笑曰："天之亡我，我何渡为[31]！且籍与江东子弟八千人渡江而西，今无一人还，纵[32]江东父兄怜而王我[33]，我何面目见之？纵彼不言，籍独[34]不愧于心乎？"乃谓亭长曰："吾知公长者[35]，吾骑此马五岁，所当无敌，尝一日行千里，不忍杀之，以赐公。"乃令骑皆下马步行，持短兵[36]接战。独籍所杀汉军数百人。项王身亦被十余创[37]，顾见[38]汉骑司马[39]吕马童[40]，曰："若非吾故人乎？"马童面之[41]，指王翳[42]曰："此项王也。"项王乃曰："吾闻汉购[43]我头千金，邑万户[44]，吾为若德[45]。"乃自刎而死。王翳取其头，余骑相蹂践争项王，相杀者数十人。最其后，郎中骑杨喜、骑司马吕马童、郎中吕胜、杨武各得其一体。五人共会其体[46]，皆是。故分其地为五：封吕马童为中水侯，封王翳为杜衍侯，封杨喜为赤泉侯，封杨武为吴防侯，封吕胜为涅阳侯[47]。

太史公[48]曰：吾闻之周生[49]曰，舜目盖[50]重瞳子，又闻项羽亦重瞳子。羽岂其苗裔[51]邪？何兴之暴[52]也！夫秦失其政，陈涉首难，豪杰蜂起，相与并争，不可胜数。然羽非有尺寸[53]，乘执起陇亩[54]之中，三年，遂将[55]五诸侯[56]灭秦，分裂天下，而封王侯，政[57]由羽出，号为"霸王"，位虽不终[58]，近古以来未尝有也。及羽背关怀楚[59]，放逐义帝而自立，怨王侯叛己，难矣[60]。自矜功伐[61]，奋其私智[62]而不师古[63]，谓霸王之业，欲以力征经营[64]天下，五年卒亡其国，身死东城，尚不觉寤而不自责，过矣[65]。乃引[66]"天亡我，非用兵之罪也"，岂不谬哉！

注释

1. 本文选自《史记·项羽本纪》。垓（gāi）下：在今安徽省灵璧县东南。司马迁《史记》中的《项羽本纪》，记录了项羽一生的主要业绩，突出三件大事：巨鹿之战、鸿门宴和垓下之围。

2. 项王：即项羽（公元前232—公元前202），名籍，字羽，泗水郡下相（今江苏宿迁西南）人，出身楚国贵族，秦末农民起义军领袖。秦二世元年（公元前209），从叔父项梁在吴（今江苏苏州）起义。在巨鹿之战中摧毁秦军主力。秦亡后，自立为西楚霸王。在楚汉战争中，被刘邦击败。最后从垓下（今安徽灵璧县东南）突围到乌江（今安徽和县东北），自杀。

3. 壁：修筑营垒。

4. 幸从：受宠跟在项羽身边。

5. 骓（zhuī）：毛色青白相间的马。

6. 歌数阕（què）：唱了几遍。乐曲每一次终止为一阕。

7. 美人和之：虞姬应和着项羽的歌声一同唱。

8. 麾（huī）下：部下。

9. 溃围：突围。

10. 平明：天刚亮的时候。

11. 骑能属（zhǔ）者：能跟随他的兵马。属，跟随。

12. 阴陵：在今安徽省定远县西北。

13. 田父（fǔ）：种田老人。

14. 绐（dài）：欺骗。

15. 东城：在今安徽省定远县东南。

16. 度（duó）：推测，估计。

17. 卒：终于。

18. 快战：痛痛快快地打一仗。

19. 四向：向着四面。

20. 期山东为三处：约定（突围后）在山的东面分三处集合。（此山后名为四溃山，在今安徽省和县西北。）

21. 披靡：败退。

22. 赤泉侯：指杨喜。这是他后来的封号。

23. 瞋（chēn）目：张目怒视。

24. 辟易：因惊惧而退避。辟，同"避"。易，易地。

25. 伏：同"服"。

26. 乌江：渡口名，在今安徽省和县东北四十里长江西岸。

27. 亭长：乡官名。秦、汉时，十里一亭，设亭长一人管理乡里事物。

28. 舣（yǐ）船：停船靠岸。

29. 江东：长江在芜湖、南京间作西南偏南、东北偏北流向，是南北往来主要渡口的所在地，习惯上称从这里以下的长江南岸地区为江东。

30. 方：方圆。

31. 我何渡为：我渡江做什么！

32. 纵：即使。

33. 王（wàng）我：拥护我为王。王（wàng）：意动用法，以……为王。

34. 独：难道。

35. 长（zhǎng）者：年高忠厚的人。

36. 短兵：短小轻便的兵器，指刀剑之类。

37. 创：创伤。

38. 顾见：回头看见。

39. 骑司马：骑兵官名。

40. 吕马童：原是项羽部将。

41. 面之：面对着项王。一说，面，同"偭"，背过脸去，忸怩之状。

42. 指王翳：把项王指给王翳看。指，指示，用手指给……看。

43. 购：悬赏征求。

44. 邑万户：万户的封邑。

45. 吾为若德：我给你做点好事。若，你。

46. 共会其体：拼合项羽的尸体。

47. 涅阳侯：同上面的中水侯、杜衍侯、赤泉侯、吴防侯，都是封号。涅阳，在今河南镇平南。中水，在今河北献县西北。杜衍，在今河南南阳西南。赤泉，见上。吴防，在今河南遂平。

48. 太史公：即太史令，司马迁自称。《史记》每篇传记文后均设"太史公曰"一段文字，以抒发他对所传主人公的一生行事、遭遇的总结性意见。

49. 周生：周先生，汉时儒者，名不详。

50. 盖：表推测，或许是、可能是之意。

51. 苗裔：后代。

52. 暴：骤然，突然。

53. 尺寸：尺寸之地，指极少的封地。

54. 陇亩：田野，指民间。

55. 将：率领。

56. 五诸侯：齐、赵、汉、魏、燕五国。此处泛指楚以外的各路义军。

57. 政：政令。

58. 不终：没取得较长远的好结果。

59. 背关怀楚：项羽之叔项梁起兵时，立楚王后代熊心为怀王，灭秦后项羽尊其为义帝。后项羽自立为西楚霸王，徙义帝往长沙郴县，并密令于途中杀之。

60. 难矣：意思是说，项羽在这种情况下还想成大事，那就太困难了。

61. 自矜功伐：夸耀自己的功劳。自矜，自夸，自负。攻伐，指武力征伐之功业。

62. 私智：一己之能。

63. 师古：以古代成功立业的帝王之师。

64. 经营：治理，整顿。

65. 过矣：实在是大错特错了。

66. 引：援引，以……为理由。

译文

项羽的军队在垓下安营扎寨，少兵、缺粮食，刘邦的汉军和韩信、彭越的军队将其层层包围。夜晚，听到四周的汉军都在唱着楚地的歌谣，项羽大惊失色地说："汉军把楚地都占领了吗？不然为什么汉军中楚人这么多呢？"项羽连夜起来，到军帐中喝酒。有一个美人名叫虞姬，因受宠而经常跟随项羽行军；有一匹骏马名叫雅，项羽经常骑着它作战，于是项羽就慷慨悲歌，自己作诗道："力能拔山啊豪气压倒一世，天时不利啊，雅马不驰。雅马不驰啊怎么办，虞姬啊虞姬你怎么办！"唱了一遍又一遍，虞姬也同他一起唱。项羽泪流数行，身边侍卫也都哭了，没有人能抬头看项羽。

于是项羽骑上那匹名叫雅的骏马，部下骑兵勇士八百多人跟随，当晚从南面突出重围，纵马奔逃。天亮的时候，汉军才察觉，就命令骑兵将领灌婴率领五千骑兵追击项羽。项羽渡过淮河，能跟上项羽的骑兵只有一百多人了。项羽走到阴陵时，迷了路，向一农夫问路，老农骗他说："往左拐。"项羽往左走，于是陷入了一片沼泽中里。所以又被汉军追上了。

项羽于是又率兵向东走，到了东城的时候，只剩下二十八个骑兵了。而追击的汉军骑兵有几千人。项羽自己估计这回不能逃脱了，对手下骑兵说："我从起兵打仗到现在已经八年了，亲身经七十余次战斗，攻无不破，战无不胜，不曾失败，这才称霸天下。但是今天终于被困在这里，这是上天要亡我，不是我用兵打仗的错过啊。我今天定要决一死战，希望让大家看我痛快地打一仗，必定要三次战胜汉军，让各位看我突出重围，斩杀汉将，砍倒帅旗，让各位知道这是上天要亡我，不是我用兵打仗的罪过。"于是就把他的随从分为四队，朝着四个方向。汉军包围了他们好几层。项羽对他的骑兵说："我再为你们斩他一将。"命令四队骑兵向下冲击，约定在山的东面分三处集合。于是项羽大声呼喝向下直冲，汉军都溃败逃散，于是斩杀了汉军一员大将。这时，赤泉侯杨喜担任骑兵将领，负责追击项羽，项羽瞪眼对他大喝，赤泉侯杨喜连人带马惊慌失措，倒退了好几里。项羽同他的骑兵在约定的三处会合。汉军不知道项羽在哪一处，便把军队分成三部分，重新包围上来。项羽就冲出来，又斩了汉军的一个都尉，杀死百余人，再一次集合他的骑兵，发现只不过损失了两个人罢了。便问他的随骑道："怎么样？"骑兵们都佩服地说："真像大王说的那样！"

　　于是项羽打算东渡乌江。乌江的亭长移船靠岸等待项羽，他对项羽说："江东虽小，还有方圆千里的土地，几十万的民众，也足够称王的了。请大王急速过江。现在只有我有船，汉军即使追到这，也没有船只可渡。"项羽笑道："上天要亡我，我还渡江干什么！况且我项羽当初带领江东的子弟八千人渡过乌江向西挺进，现在无一人生还，即使江东的父老兄弟怜爱我而拥我为王，我又有什么脸见他们呢？或者即使他们不说，我项羽难道不感到内心有愧吗？"接着对亭长说："我知道您是忠厚的长者。我骑这匹马五年了，所向无敌，常常日行千里，我不忍心杀掉它，把它赏给你吧。"于是命令骑马的都下马步行，手拿短小轻便的刀剑交战。仅项羽一人就杀死汉军几百人。项羽自己也负伤十多处，忽然回头看见了汉军骑兵司马吕马童，说："你不是我的老朋友吗？"吕马童面向项羽，指项羽给王翳看，说道："这个人就是项羽。"项羽便说道："我听说汉王悬赏千两黄金要悬赏征求我的脑袋，并封为万户侯，我就替你做好事吧。"说完就自杀而死了。王翳首先取得项王的头颅，其余骑兵相践踏争夺项王的身体，自相残杀达好几十人。最后，郎中骑杨喜、骑司马吕马童、郎中吕胜、杨武，各得项王身体一部分。五个人会合项王身体，都合得上。因此把封地分为五份，封吕马童为中水侯，封王翳为杜衍侯，封杨喜为赤泉侯，封杨武为吴防侯，封吕胜为涅阳侯。

　　太史公说：我从周生那里听说，"舜的眼睛大概是双瞳孔"，又听说项羽亦是双瞳孔。项羽也是双瞳人。项羽难道是舜的后代么？为什么他崛起得这样迅猛呢？那秦王朝政治差失、混乱的时候，陈涉首先发难反秦，互相争夺天下的人数也数不清。但是项羽并没有一尺一寸可以依靠的权位，只不过奋起于民间，三年的时间，就发展到率领五国诸侯一举灭秦，并且分割秦的天下，自行封赏王侯，政令都由项羽颁布，自号为"霸王"。虽然霸王之位并未维持到底，但近古以来未曾有过这样的人物。等到项羽放弃关中，怀恋故乡楚地，流放义帝而自立为王，此时再抱怨王侯们背叛自己，那就很难了。自己夸耀功劳，独逞个人的私欲，而不效法古人，认为霸王的业绩只要依靠武力，就能统治好天下，结果仅仅五年的时光，就使得他的国家灭亡了。直到身死东城，他还没有觉悟，不肯责备自己，这显然是错误的。而且借口说"是上天要灭亡我，并不是我用兵的过错"，这难道不是很荒谬吗？

📖 作品鉴赏

　　公元前203年，刘备、项羽以鸿沟为界划分了楚河汉界平分天下，议和后，刘邦又违约击楚。几经反复，项羽不断被削弱，终于在公元前202年，被刘邦主力和诸侯联军合力包围于垓下。项羽在悲歌别姬后，率仅二十八骑残部，与数千汉军展开了生平最后一次"快战"，终于自刎于乌江边。

　　本文描述了项羽垓下被围后的三个场景：一是霸王别姬，二是东城快战，三是乌江自刎。第一部分写霸王别姬。包括两个层次：先写项王被围垓下，四面皆楚歌，渲染危难情势，制造悲凉气氛；然后写项王诀别虞姬，悲歌慷慨，表现了英雄末路多情而无可奈何的心境。第二部分写东城快战。包括三个层次：一是突围失道，陷大泽中，见出其勇而无谋；二是自认兵败被围，用"天之亡我，非战之罪"为自己开脱，表现其恃勇自负；三是写斩将刈旗，连斩敌将，说到做到，部下叹服，展露他英勇无敌，所向披靡的英姿。第三部分写乌江自刎。包括三个层次：一是因愧见江东父老，不肯渡江南逃；二是将宝马送给乌江亭长；三是将头赠给故人后自杀。这三层主要表现了项羽宁死不辱，知耻重义的一面。最后作者客观分析，评价了项羽的功过，既肯定了项羽起兵灭秦的重大历史功绩，又批评了他缺乏政治远见、刚愎自用的不足。

在本篇文章文字中，作者所塑造的是一个失败的英雄。司马迁打破了"成者为王，败者为寇"的统治阶级的历史偏见，将项羽放在"述帝王"的"本纪"中，并赋予这个失败者以较多的赞颂和同情，在当时是颇具胆识的。本篇文章中的项羽是个悲剧英雄，但作者没有着力渲染他的悲剧性，而是更注重多角度多层面地来刻画、丰富他的英雄色彩。东城快战，继续展现项羽一贯勇猛无比、所向披靡的性格；但是他反复发出"天之亡我、非战之罪"的呼告，这就把他恃勇自负的内心世界充分暴露出来。这入木三分的一笔，令人扼腕喟叹不已。特别是关于慷慨悲歌、诀别虞姬、愧见江东父老、宁死不辱、赠马亭长、赠头故人等情景的描述，让人窥见了风云英雄多情、知耻、重义、仁爱的另一面。

文章选取丰富的细节，从不同侧面塑造了血肉丰满、可歌可泣的悲剧英雄形象。"四面楚歌"的惊魂氛围，"虞兮虞兮"的悲歌呼告，"田父绐曰"的生死机缘，"天之亡我"的无尽雄风，"嗔目叱之""辟易数里"的威武气势，"愧见父老"的知耻重义，"赐马亭长"的知恩必报，"赠头故人"的临终义行，"五侯分尸"的惨烈情景。这些情感动人、性格鲜明的细节，不仅多角度地塑造了一个血肉灵魂丰满的失败英雄形象，而且多方面地展现了一个惊天地、泣鬼神的英雄悲剧场景，其艺术光芒是夺人耳目的，千载之下读来犹觉声情宛在，如见其人，给人物注入了永久的生机。

文章还运用了侧面烘托的手法。"霸王别姬"中项羽悲歌慷慨，但他挂念的并不是自身的安危和权势富贵，而是他的爱妾和乌骓马。都说男儿有泪不轻弹，更何况是西楚霸王。"泣数行下"，这是司马迁笔下霸王唯一一次的落泪、最后的一次落泪，渲染出英雄末路的悲凉。随从将士的"泣"，写尽了他们心中的不忍，也写尽了霸王的悲惨处境。"左右皆泣，莫能仰视"，周围的人一方面受感染不忍看，因同情而跟着悲泣；一方面因敬畏之情而不敢与项羽的目光相遇，怕伤项羽自尊。这样写是为了更好地渲染悲壮的氛围，侧面烘托悲壮的人物形象。

探究与思考

1. 司马迁在《垓下之围》中，通过哪三处场面描写来塑造项羽这一悲剧英雄的形象？这三处场面描写分别体现了项羽怎样的个性特征？

2. 本文细节描写对塑造人物有何作用？试结合上文，加以分析说明。

3. 项羽在楚汉之战中自刎于乌江，以失败而告终，可是仍有人认为他是一个英雄，谈一谈你的看法。

综合实践

单元主题文化践行活动：阅读经典

一、文化践行主题

本单元文化践行活动的主题是"阅读经典"。

古人关于读书颇有心得，"黑发不知勤学早，白首方悔读书迟""立身以立学为先，立学以读书为本""发奋识遍天下字，立志读尽人间书""读万卷书，行万里路""书卷多情似故人，晨昏忧乐每相亲"。习近平总书记更是倡导全社会要加强读书学习，"把学习作为一种追求、一种爱好、一种健康的生活方式，做到好学乐学"。书籍是人类知识和经验的结晶，是思想的航船。

二、文化践行目的

通过本单元的实践教学，使学生在诵读经典中增长知识与才干，领略古人的智慧，热爱中华文化典籍，热爱中国传统文化，并能够把书本上的知识转化为实践经验，学以致用。

三、文化践行活动

根据本校实际情况，结合学生特点，在以下文化践行活动中选择一项进行。

文化践行活动一：诵读文学典籍读书交流会

1. 活动目标

通过诵读文学典籍，提高学生对经典文字的理解能力和感受力，帮助学生培养正确的思维方式，进一步提升审美情趣，并将其内化为动力，不断完善人格。通过对中华经典书籍的诵读与感悟，体会传统文化的魅力，提升学生的民族自豪感和自信心。

2. 活动类型

校内实践。

3. 活动方案

（1）实践分组：每班以小组为单位开展文化践行活动，每组 5 人左右，选定组长 1 人。

（2）小组成员共同选定一部中国文学经典作品或其中一篇文章进行分析推荐。

文化践行活动二："今天，你读书了吗"调查报告

1. 活动目标

通过校内调研，了解本校大学生课外阅读的情况，促进大学校园内良好读书风气的形成，培养学生的调研能力。

2. 活动类型

校内实践。

3. 活动方案

（1）实践分组：每班以小组为单位开展文化践行活动，每组 5 人左右，选定组长 1 人。

（2）请以"今天，你读书了吗"为主题，小组成员共同设计一份调研问卷，然后针对本校大学生进行采访调研，收集调查问卷。

（3）根据问卷调查结果，完成一份关于我校大学生课外阅读情况的调研报告。

文化践行活动三：最佳书评比赛

1. 活动目标

目的是传承经典，引导学生博览群书，培养学生养成"爱读书、读好书"的良好习惯，让学生在阅读中积累智慧、善于思考。同时丰富校园文化生活，努力营造积极向上、健康文明的校园文化氛围。

2. 活动类型

校内实践。

3. 活动方案

（1）举办一次以"阅读经典读后感"为主题的书评比赛。

（2）以班级为单位，选出优秀作品参加校赛并在学校网络平台发起投票，选出最受欢迎的文章并进行宣传报道。

4. 作品要求

（1）写一篇关于某部经典书籍或优秀文章的读后感，不少于 800 字。

（2）要有深刻独到的见解，有真情实感。

（3）主题突出，层次分明，题目自拟。

第六章 社会

开篇导读

📖 **开篇导读**

　　历史的长河滚滚向前，是否掺杂着你眼底永远流不尽的泪水？河水敲击岩石隆隆作响，是否回荡着你心底沉重的叹息？你是怒沉百宝箱的杜十娘，浪花滚滚湮灭不了你宁为玉碎的刚烈；你是红楼南柯一梦的幻灭，是被封建婚姻制度压迫着的"万艳同杯"；你是让人痛恨大过于同情的曹七巧，是在爱的荒原上独自游荡又反噬亲生骨肉的恶魔；你是一生只想穿一次百裥裙的金鲤鱼，被封建等级制度压迫得粉碎的你只能选择孤独死去。你是水，是柔弱，水与礁石相撞，水在山间回环，那种飞流直下的气势让你不得不服。这是水的抗争，对封建制度的抗争，抗争的声音回荡在天地之间："吾辈爱自由，勉励自由一杯酒"，于是1907年，秋瑾创作了这首《勉女权歌》，倡导男女平权的思想，鼓励妇女"恢复江山劳素手"，投身到社会革命中去。女性的抗争从未停止过，那是对命运、对强权、对一切黑暗的抗争，也是如水一样执着、坚韧、清澈的抗争。

📖 学习目标

　　▶▶ **知识目标**：了解"三言二拍"和"拟话本"等文学常识；掌握《红楼梦》成书的背景、作者的人生经历与作品的关系；理解曹七巧形象的特异性以及张爱玲作品的独特价值；掌握本单元表现的反封建主题；掌握将人物放在一定的社会环境中来加以刻画的方法。

　　▶▶ **能力目标**：能结合时代背景、故事情节分析主要人物形象，提高对小说的鉴赏和阅读的能力；能够运用历史的观点分析作品的社会意义。

　　▶▶ **素质目标**：理解封建礼教、封建等级制度对女性的压迫，培养学生正确的历史观和价值观，认识人性的真、善、美，塑造和培养健全人格。

　　▶▶ **知识广角**：小说的鉴赏方法可以从四个方面入手。第一，感受典型形象。对形象的把握注意以下几方面：首先，注意人物的行动、语言、肖像、心理描写。其次，注意从矛盾发展的角度分析情节的走向，并从中感受人物形象的深刻意义。再次，注意典型细节的描写。最后，注意人物活动的时间、地点、时令、气候、地理风貌等自然环境的描写；注意人物活动、事件发生及发展的时代特征、社会风貌等社会环境描写。第二，把握情节线索。故事情节越典型，越能体现人与人之间的关系和矛盾斗争，就越有利于典型性格的塑造。第三，分析环境描写。环境即自然环境与社会环境两个方面。真正决定人物命运的往往主要是社会环境。第四，品味语言特色。一般在句子中的重点词语能够帮助读者深入理解句意甚至文意，能表现一个句子乃至一篇文章的主旨，表明作者的写作意图和感情倾向。

第一节　　杜十娘怒沉百宝箱¹　　冯梦龙

作者简介

　　冯梦龙（1574—1646），字犹龙，又字耳犹，别号墨憨斋主人，长洲人（今江苏吴县）。少有才气，和兄冯梦桂、弟冯梦熊被称为"吴下三冯"。曾放荡不羁，游戏烟花，科场屡试不第，五十多岁才补贡生，后任福建寿宁知县，明末参加抗清活动，于顺治三年病逝。在我国文学史上，冯梦龙是在通俗文学的各个方面都作出了重大贡献，被称为"全能通俗文学家"。在小说方面，他编选的"三言"（《喻世明言》《警世通言》《醒世恒言》）是中国古代白话短篇小说的集大成者，推动了话本小说的传播和拟话本的创作。还增补了长篇小说《平妖传》，改编长篇小说《新列国志》，收集整理出版民歌《挂枝儿》《山歌》，创作戏曲《双雄记》《万事足》，创作散曲集《太霞新奏》、笔记《古今谭概》等。

引文入境

　　　　　　　　扫荡残胡立帝畿，龙翔凤舞势崔嵬。
　　　　　　　　左环沧海天一带，右拥太行山万围。
　　　　　　　　戈戟九边雄绝塞，衣冠万国仰垂衣²。
　　　　　　　　太平人乐华胥世³，永保金瓯共日辉。

　　这首诗，单夸我朝燕京建都之盛。说起燕都的形势，北倚雄关，南压区夏⁴，真乃金城天府，万年不拔之基。当先洪武爷扫荡胡尘，定鼎金陵，是为南京。到永乐爷从北平起兵靖难⁵，迁于燕都，是为北京。只因这一迁，把个苦寒地面变作花锦世界。自永乐爷九传至于万历爷，此乃我朝第十一代的天子。这位天子，聪明神武，德福兼全，十岁登基，在位四十八年，削平了三处寇乱。那三处？

日本关白平秀吉，西夏孛承恩，播州杨应龙。

平秀吉侵犯朝鲜，承恩、杨应龙是土官谋叛，先后削平。远夷莫不畏服，争来朝贡。真个是：

一人有庆民安乐，四海无虞国太平。

话中单表万历二十年间，日本国关白作乱[6]，侵犯朝鲜。朝鲜国王上表告急，天朝发兵泛海往救。有户部[7]官奏准：目今兵兴之际，粮饷未充，暂开纳粟入监[8]之例。原来纳粟入监的，有几般便宜：好读书，好科举，好交结，末来又有个小小前程结果。以此宦家公子、富室子弟，到不愿做秀才，都去援例做太学生。自开了这例，两京太学生[9]各添至千人之外。内中有一人，姓李，名甲，字干先，浙江绍兴府人氏。父亲李布政[10]所生三儿，惟甲居长。自幼读书在庠[11]，未得登科，援例入于北雍。因在京坐监[12]，与同乡柳遇春监生同游教坊司[13]院内，与一个名姬相遇。那名姬姓杜，名媺，排行第十，院中都称为杜十娘，生得：

浑身雅艳，遍体娇香。两弯眉画远山青，一对眼明秋水润。脸如莲萼，分明卓氏文君；唇似樱桃，何减白家樊素[14]。可怜一片无瑕玉，误落风尘花柳中。

那杜十娘自十三岁破瓜，今一十九岁，七年之内，不知历过了多少公子王孙，一个个情迷意荡，破家荡产而不惜。院中传出四句口号来，道是：

坐中若有杜十娘，斗筲之量饮千觞；

院中若识杜老媺，千家粉面都如鬼。

却说李公子，风流年少，未逢美色，自遇了杜十娘，喜出望外，把花柳情怀[15]，一担儿挑在他身上。那公子俊俏庞儿，温存性儿，又是撒漫的手儿[16]，帮衬的勤儿，与十娘一双两好，情投意合。十娘因见鸨儿贪财无义，久有从良之志，又见李公子忠厚志诚，甚有心向他。奈李公子惧怕老爷，不敢应承。虽则如此，两下情好愈密，朝欢暮乐，终日相守，如夫妇一般，海誓山盟，各无他志。真个：

恩深似海恩无底，义重如山义更高。

再说杜妈妈，女儿被李公子占住，别的富家巨室，闻名上门，求一见而不可得。初时李公子撒漫用钱，大差大使，妈妈胁肩谄笑，奉承不暇。日往月来，不觉一年有余，李公子囊箧渐渐空虚，手不应心，妈妈也就怠慢了。老布政在家闻知儿子嫖院，几遍写字来唤他回去。他迷恋十娘颜色，终日延捱。后来闻知老爷在家发怒，越不敢回。古人云："以利相交者，利尽而疏。"那杜十娘与李公子真情相好，见他手头愈短，心头愈热。妈妈也几遍教女儿打发李甲出院，见女儿不统口，又几遍将言语触突李公子，要激怒他起身。公子性本温克，词气愈和。妈妈没奈何，日逐只将十娘叱骂道："我们行户人家[17]，吃客穿客，前门送旧，后门迎新，门庭闹如火，钱帛堆成垛。自从那李甲在此，混帐一年有余，莫说新客，连旧主顾都断了，分明接了个钟馗老[18]，连小鬼也没得上门。弄得老娘一家人家，有气无烟，成什么模样！"杜十娘被骂，耐性不住，便回答道："那李公子不是空手上门的，也曾费过大钱来。"妈妈道："彼一时，此一时。你只教他今日费些小钱儿，把与老娘办些柴米，养你两口也好。别人家养的女儿便是摇钱树，千生万活；偏我家晦气，养了个退财白虎[19]！开了大门，七件事般般都在老身心上。到替你这小贱人白白养着穷汉，教我衣食从何处来？你对那穷汉说：有本事出几两银子与我，到得你跟了他去，我别讨个丫头过活却不好？"十娘道："妈妈，这话是真是假？"妈妈晓得李甲囊无一钱，衣衫都典尽了，料他没处设法。便应道："老娘从不说谎，当真哩。"十娘道："娘，你要他许多银子？"妈妈道："若是别人，千把银子也讨了，可怜那穷汉出不起，只要他三百两，我自去讨一个粉头[20]代替。只一件，须是三日内交付与我。左手交银，右手交人。若三日没有银时，老身也不管三七二十一，公子不公子，一顿孤拐，打那光棍出去。那时莫怪老身！"十娘道："公子虽在客边乏钞，谅三百金还措办得来。只是三日忒近，限他十日便好。"妈妈想道："这穷汉一双赤手，便限他一百日，他哪里来银子。没有银子，便铁皮包脸，料也无颜上门。那时重整家风，嫩儿也没得话讲。"答应道："看你面，便宽到十日。第十日没有银子，不干老娘之事。"十娘道："若十日内无银，料他也无颜再见了。只怕有了三百两银子，妈妈又翻悔起来。"妈妈道："老身年五十一岁了，又奉十斋[21]，怎敢说谎？不信时与你拍掌为定。若翻悔时，做猪做狗。"

> 从来海水斗难量，可笑虔婆意不良；
> 料定穷儒囊底竭，故将财礼难娇娘。

是夜，十娘与公子在枕边，议及终身之事。公子道："我非无此心。但教坊落籍[22]，其费甚多，非千金不可。我囊空如洗，如之奈何！"十娘道："妾已与妈妈议定只要三百金，但须十日内措办。郎君游资虽罄，然都中岂无亲友，可以借贷？倘得如数，妾身遂为君之所有，省受虔婆之气。"公子道："亲友中为我留恋行院，都不相顾。明日只做束装起身，各家告辞，就开口假贷路费，凑聚将来，或可满得此数。"起身梳洗，别了十娘出门。十娘道："用心作速，专听佳音。"公子道："不须分付。"

公子出了院门，来到三亲四友处，假说起身告别，众人倒也欢喜。后来叙到路费欠缺，意欲借贷。常言道："说着钱，便无缘。"亲友们就不招架。他们也见得是，道李公子是风流浪子，迷恋烟花，年许不归，父亲都为他气坏在家。他今日抖然要回，未知真假。倘或说骗盘缠到手，又去还脂粉钱，父亲知道，将好意翻成恶意，始终只是一怪，不如辞了干净。便回道："目今正值空乏，不能相济，惭愧！惭愧！"人人如此，个个皆然，并没有个慷慨丈夫，肯统口许他一十二十两。李公子一连奔走了三日，分毫无获，又不敢回决十娘，权且含糊答应。到第四日又没想头，就羞回院中。平日间有了杜家，连下处也没有了[23]，今日就无处投宿。只得往同乡柳监生寓所借歇。柳遇春见公子愁容可掬，问其来历。公子将杜十娘愿嫁之情，备细说了。遇春摇首道："未必，未必。那杜嫩曲中第一名姬，要从良时，怕没有十斛[24]明珠，千金聘礼。那鸨儿如何只要三百两？想鸨儿怪你无钱使用，白白占住他的女儿，设计打发你出门。那妇人与你相处已久，又碍却面皮，不好明言。明知你手内空虚，故意将三百两卖个人情，跟你十日。若十日没有，你也不好上门。便上门时，他会说你笑你，落得一场褒渎，自然安身不牢，此乃烟花逐客之计。足下三思，休被其惑。据弟愚意，不如早早开交为上[25]。"公子听说，半晌无言，心中疑惑不定。遇春又道："足下莫要错了主意。你若真个还乡，不多几两盘费，还有人搭救；若是要三百两时，莫说十日，就是十个月也难。如今的世情，那肯顾缓急二字的。那烟花也算定你没处告债，故意设法难你。"公子道："仁兄所见良是。"口里虽如此说，心中割舍不下。依旧又往外边东央西告，只是夜里不进院门了。公子在柳监生寓中，一连住了三日，共是六日了。

杜十娘连日不见公子进院，十分着紧，就叫小厮四儿街上去寻。四儿寻到大街，恰好遇见公子。四儿叫道："李姐夫，娘在家里望你。"公子自觉无颜，回复道："今日不得功夫，明日来罢。"四儿奉了十娘之命，一把扯住，死也不放，道："娘叫咱寻你。是必同去走一遭。"李公子心上也牵挂着十娘，没奈何，只得随四儿进院。见了十娘，默默无言。十娘问道："所谋之事如何？"公子眼中流下泪来。十娘道："莫非人情淡薄，不能足三百之数么？"公子含泪而言，道出二句：

"不信上山擒虎易，果然开口告人难。

一连奔走六日，并无铢两[26]，一双空手，羞见芳卿，故此这几日不敢进院。今日承命呼唤，忍耻而来，非某不用心，实是世情如此。"十娘道："此言休使虔婆知道。郎君今夜且住，妾别有商议。"十娘自备酒肴，与公子欢饮。睡至半夜，十娘对公子道："郎君果不能办一钱耶？妾终身大事，当如何也？"公子只是流涕，不能答一语。渐渐五更天晓。十娘道："妾所卧絮褥内藏有碎银一百五十两，此妾私蓄，郎君可持去。三百金，妾任其半，郎君亦谋其半，庶易为力。限只四日，万勿迟误。"十娘起身将褥付公子。公子惊喜过望。唤童儿持褥而去。径到柳遇春寓中，又把夜来之情与遇春说了。将褥拆开看时，絮中都裹着零碎银子，取出兑时，果是一百五十两。遇春大惊道："此妇真有心人也。既系真情，不可相负。吾当代为足下谋之。"公子道："倘得玉成，决不有负[27]。"当下柳遇春留李公子在寓，自出头各处去借贷。两日之内，凑足一百五十两交付公子道："吾代为足下告债，非为足下，实怜杜十娘之情也。"

李甲拿了三百两银子，喜从天降，笑逐颜开，欣欣然来见十娘，刚是第九日，还不足十日。十娘问道："前日分毫难借，今日如何就有一百五十两？"公子将柳监生事情，又述了一遍。十娘以手加额道："使吾二人得遂其愿者，柳君之力也。"两个欢天喜地，又在院中过了一晚。次日，十娘早起，对李甲道："此银一交，便当随郎君去矣。舟车之类，合当预备。妾昨日于姊妹中借得白银二十两，郎君可收下为行资也。"公子正愁路费无出，但不敢开口，得银甚喜。

说犹未了，鸨儿恰来敲门叫道："嫩儿，今日是第十日了。"公子闻叫，启户相延道："承妈妈厚意，正欲相请。"便将银三百两放在桌上。鸨儿不料公子有银，默然变色，似有悔意。十娘道："儿在妈妈家中八年，所致金帛，不下数千金矣。今日从良美事，又妈妈亲口所订，三百金不欠分毫，又不曾过期。倘若妈妈失信不许，郎君持银去，儿即刻自尽。恐那时人财两失，悔之无及也。"鸨儿无词以对，腹内筹画了半晌，只得取天平兑准了银子，说道："事已如此，料留你不住了。只是你要去时，即今就去。平时穿戴衣饰之类，毫厘休想。"说罢，将公子和十娘推出房门，讨锁来就落了锁。此时九月天气。十娘才下床，尚未梳洗，随身旧衣，就拜了妈妈两拜。李公子也作了一揖。一夫一妇，离了虔婆大门。

鲤鱼脱却金钩去，摆尾摇头再不来。

公子教十娘且住片时："我去唤个小轿抬你，权往柳荣卿寓所去，再作道理。"十娘道："院中诸姊妹平昔相厚，理宜话别。况前日又承他借贷路费，不可不一谢也。"乃同公子到各姊妹处谢别。姊妹中惟谢月朗、徐素素与杜家相近，尤与十娘亲厚。十娘先到谢月朗家。月朗见十娘秃髻旧衫，惊问其故。十娘备述来因。又引李甲相见。十娘指月朗道："前日路资，是此位姐姐所贷，郎君可致谢。"李甲连连作揖。月朗便教十娘梳洗，一面去请徐素素来家相会。十娘梳洗已毕，谢、徐二美人各出所有，翠钿金钏，瑶簪玉珥，锦袖花裙，鸾带绣履，把杜十娘装扮得焕然一新，备酒作庆贺筵席。月朗让卧房与李甲杜媺二人过宿。次日，又大排筵席，遍请院中姊妹。凡十娘相厚者，无不毕集，都与他夫妇把盏称喜。吹弹歌舞，各逞其长，务要尽欢，直饮至夜分。十娘向众姊妹一一称谢。众姊妹道："十姊为风流领袖，今从郎君去，我等相见无日。何日长行，姊妹们尚当奉送。"月朗道："候有定期，小妹当来相报。但阿姊千里间关[28]，同郎君远去，囊箧萧条，曾无约束[29]，此乃吾等之事。当相与共谋之，勿令姊有穷途之虑也。"众姊妹各唯唯而散。

是晚，公子和十娘仍宿谢家。至五鼓，十娘对公子道："吾等此去，何处安身？郎君亦曾计议有定着否？"公子道："老父盛怒之下，若知娶妓而归，必然加以不堪，反致相累。辗转寻思，尚未有万全之策。"十娘道："父子天性，岂能终绝。既然仓卒难犯，不若与郎君于苏杭胜地，权作浮居，郎君先回，求亲友与尊大人面前劝解和顺，然后携妾于归[30]，彼此安妥。"公子道："此言甚当。"次日，二人起身辞了谢月朗，暂往柳监生寓中，整顿行装。杜十娘见了柳遇春，倒身下拜，谢其周全之德："异日我夫妇必当重报。"遇春慌忙答礼道："十娘钟情所欢，不以贫窭易心，此乃女中豪杰。仆因风吹火，谅区区何足挂齿！"三人又饮了一日酒。次早，择了出行吉日，雇倩[31]轿马停当。十娘又遣童儿寄信，别谢月朗。临行之际，只见肩舆[32]纷纷而至，乃谢月朗与徐素素拉众姊妹来送行。月朗道："十姊从郎君千里间关，囊中消索，吾等甚不能忘情。今合具薄赆[33]，十姊可检收，或长途空乏，亦可少助。"说罢，命从人挈一描金文具至前，封锁甚固，正不知什么东西在里面。十娘也不开看，也不推辞，但殷勤作谢而已。须臾，舆马齐集，仆夫催促起身。柳监生三杯别酒，和众美人送出崇文门外，各各垂泪而别。正是：

他日重逢难预必，此时分手最堪怜。

再说李公子同杜十娘行至潞河[34]，舍陆从舟，却好有瓜州差使船转回之便，讲定船钱，包了舱口。比及下船时，李公子囊中并无分文馀剩。你道杜十娘把二十两银子与公子，如何就没了？公子在院中嫖得衣衫蓝缕，银子到手，未免在解库[35]中取赎几件穿着，又制办了铺盖，剩来只够轿马之费。公子正当愁闷，十娘道："郎君勿忧，众姊妹合赠，必有所济。"乃取钥开箱。公子有傍自觉惭愧，也不敢窥觑箱中虚实。只见十娘在箱中取出一个红绢袋来，掷于桌上道："郎君可开看之。"公子提在手中，觉得沉重。启而观之，皆是白银，计数整五十两。十娘仍将箱子下锁，亦不言箱中更有何物。但对公子道："承众姊妹高情，不惟途路不乏，即他日浮寓吴、越间，亦可稍佐吾夫妻山水之费矣。"公子且惊且喜道："若不遇恩卿，我李甲流落他乡，死无葬身之地矣！此情此德，白头不敢忘也。"自此每谈及往事，公子必感激流涕。十娘亦曲意抚慰，一路无话。

不一日，行至瓜洲，大船停泊岸口，公子别雇了民船，安放行李。约明日侵晨，剪江而渡[36]。其时仲冬中旬，月明如水，公子和十娘坐于舟首。公子道："自出都门，困守一舱之中，四顾有人，未得畅语。今日独据一舟，更无避忌。且已离塞北，初进江南，宜开怀畅饮，以舒向来抑郁之气，恩卿以为何如？"十娘道："妾久疏谈笑，亦有此心，郎君言及，足见同志耳。"公子乃携酒具于船首，与十娘铺毡并坐，传杯交盏。饮至半酣，公子执卮对十娘道[37]："恩卿妙音，六院推首。某相遇之初，每闻绝调，辄不禁神魂之飞动。心事多违，彼此郁郁，鸾鸣凤奏，久矣不闻。今清江明月，深夜无人，肯为我一歌否？"十娘兴亦勃发，遂开喉顿嗓，取扇按拍，呜呜咽咽，歌出元人施君美《拜月亭》杂剧上"状元执盏与婵娟"一曲，名《小桃红》。真个：

> 声飞霄汉云皆驻，响入深泉鱼出游。

却说他舟有一少年，姓孙名富，字善赉，徽州新安人氏。家资巨万，积祖扬州种盐[38]。年方二十，也是南雍中朋友。生性风流，惯向青楼[39]买笑，红粉追欢，若嘲风弄月，倒是个轻薄的头儿。事有偶然，其夜亦泊舟瓜洲渡口，独酌无聊。忽听得歌声嘹亮，凤吟鸾吹，不足喻其美。起立船头，伫听半响，方知声出邻舟。正欲相仿，音响倏已寂然。乃遣仆者潜窥踪迹，访于舟人。但晓得是李相公雇的船，并不知歌者来历。孙富想道："此歌者必非良家，怎生得他一见？"辗转寻思，通宵不寐。挨至五更，忽闻江风大作。及晓，彤云密布，狂雪飞舞。怎见得，有诗为证：

> 千山云树灭，万径人踪绝。扁舟蓑笠翁，独钓寒江雪[40]。

因这风雪阻渡，舟不得开。孙富命艄公移船，泊于李家舟之傍。孙富貂帽狐裘，推窗假作看雪。值十娘梳洗方毕，纤纤玉手，揭起舟旁短帘，自泼盂中残水，粉容微露，却被孙富窥见了，果是国色天香。魂摇心荡，凝眸注目，等候再见一面，杳不可得。沉思久之，乃倚窗高吟高学士[41]《梅花诗》二句，道：

> 雪满山中高士卧，月明林下美人来。

李甲听得邻舟吟诗，舒头出舱，看是何人。只因这一看，正中了孙富之计。孙富吟诗，正要引李公子出头，他好乘机攀话。当下慌忙举手，就问："老兄尊姓何讳"？李公子叙了姓名乡贯，少不得也问那孙富。孙富也叙过了。又叙了些太学中的闲话，渐渐亲热。孙富便道："风雪阻舟，乃天遣与尊兄相会，实小弟之幸也。舟次[42]无聊，欲同尊兄上岸，就酒肆中一酌，少领清诲[43]，万望不拒。"公子道："萍水相逢，何当厚扰？"孙富道："说那里话！四海之内，皆兄弟也。"喝教艄公打跳[44]，童儿张伞，迎接公子过船，就于船头作揖。然后让公子先行，自己随后，各各登跳上涯。行不数步，就有个酒楼，二人上楼，拣一副洁净座头，靠窗而坐。酒保列上酒肴。孙富举杯相劝，二人赏雪饮酒。先说些斯文中套话，渐渐引入花柳之事。二人都是过来之人，志同道合，说得入港[45]，一发成相知了。孙富屏去左右，低低问道："昨夜尊舟清歌者何人也？"李甲正要卖弄在行，遂实说道："此乃北京名姬杜十娘。"孙富道："既系曲中姊妹，何以归兄？"公子遂将初遇杜十娘，如何相好，后来如何要嫁，如何借银讨她，始末根由，各细述了一遍。孙富道："兄携丽人而归，固是快事，但不知尊府中能相容否？"公子道："贱室[46]不足虑。所虑者，老父性严，尚费踌躇耳。"孙富将机就机，便问道："既是尊大人未必相容，兄所携丽人，何处安顿？亦曾通知丽人，共作计较否？"公子攒眉而答道："此事曾与小妾议之。"孙富欣然问道："尊宠[47]必有妙策。"公子道："他意欲侨居苏杭，流连山水。使小弟先回，求亲友宛转于家君[48]之前。俟家君回嗔作喜，然后图归，高明以为何如？"孙富沉吟半晌，故作愀然之色，道："小弟乍会之间，交浅言深，诚恐见怪。"公子道："正赖高明指教，何必谦逊？"孙富道："尊大人位居方面[49]，必严帷薄之嫌[50]，平时既怪兄游非礼之地，今日岂容兄娶不节之人？况且贤亲贵友，谁不迎合尊大人之意者？兄枉去求他，必然相拒。就有个不识时务的进言于尊大人之前，见尊大人意思不允，他就转口了。兄进不能和睦家庭，退无词以回复尊宠。即使留连山水，亦非长久之计。万一资斧[51]困竭，岂不进退两难！"公子自知手中只有五十金，此时费去大半，说到资斧困竭，进退两难，不觉点头道是。孙富又道："小弟还有句心腹之谈，兄肯俯听否？"公子道："承兄过爱，更求尽言。"孙富道："疏不间亲，还是莫说罢。"公子道："但说何妨。"孙富道："自古道：'妇人水性无常。'况烟花之辈，少真多假。他既系六院名妹，相识定满天下；或者南边原有旧约，借兄之力，挈带而来，以为他适[52]之地。"公子道："这个恐未必然。"孙富道："即不然，江南子弟，最工轻薄，兄留丽人独居，难保无逾墙钻穴[53]之事。若挈之同归，愈增尊大人之怒。为兄之计，未有善策。况父子天伦，必不可绝。若为妾而触父，因妓而弃家，海内必以兄为浮浪不经之人。异日妻不以为夫，弟不以为兄，同袍[54]不以为友，兄何以立于天地之间？兄今日不可不熟思也！"

公子闻言，茫然自失，移席问计："据高明之见，何以教我？"孙富道："仆有一计，于兄甚便。只恐兄溺枕席之爱，未必能行，使仆空费词说耳！"公子道："兄诚有良策，使弟再睹家园之乐，乃弟之恩人也。又何惮而不言耶？"孙富道："兄飘零岁余，严亲怀怒，闺阁离心，设身以处兄之地，诚寝食不安之时也。然尊大人所以怒兄者，不过为迷花恋柳，挥金如土，异日必为弃家荡产之人，不堪承继家业耳。兄今日空手而归，正触其怒。兄倘能割衽席之爱，见机而作，仆愿以千金相赠。兄得千金以报尊大人，只说在京授馆[55]，并不曾浪费分毫，尊大人必然相信。从此家庭和睦，当无间言[56]。须臾之间，转祸为福。兄请三思，仆非贪丽人之色，实为兄效忠于万一也！"李甲原是没主意的人，本心惧怕老子，被孙富一席话，说透胸中之疑，起身作揖道："闻兄大教，顿开茅塞。但小妾千里相从，义难顿绝，容归与商之。得其心肯，当奉复耳。"孙富道："说话之间，宜放婉曲。彼既忠心为兄，必不忍使兄父子分离，定然玉成兄还乡之事矣。"二人饮了一回酒，风停雪止，天色已晚。孙富教家童算还了酒钱，与公子携手下船。正是：

逢人且说三分话，未可全抛一片心。

却说杜十娘在舟中，摆设酒果，欲与公子小酌，竟日未回，挑灯以待。公子下船，十娘起迎。见公子颜色匆匆，似有不乐之意，乃满斟热酒劝之。公子摇首不饮，一言不发，竟自床上睡了。十娘心中不悦，乃收拾杯盘，为公子解衣就枕，问道："今日有何见闻，而怀抱郁郁如此？"公子叹息而已，终不启口。问了三四次，公子已睡去了。十娘委决不下，坐于床头而不能寐。到夜半，公子醒来，又叹一口气。十娘道："郎君有何难言之事，频频叹息？"公子拥被而起，欲言不语者几次，扑簌簌掉下泪来。十娘抱持公子于怀间，软言抚慰道："妾与郎君情好，已及二载，千辛万苦，历尽艰难，得有今日。然相从数千里，未曾哀戚。今将渡江，方图百年欢笑，如何反起悲伤，必有其故。夫妇之间，死生相共，有事尽可商量，万勿讳也。"公子再四被逼不过，只得含泪而言道："仆天涯穷困，蒙恩卿不弃，委曲相从，诚乃莫大之德也。但反复思之，老父位居方面，拘于礼法，况素性方严，恐添嗔怒，必加黜逐[57]。你我流荡，将何底止？夫妇之欢难保，父子之伦又绝。日间蒙新安孙友邀饮，为我筹及此事，寸心如割。"十娘大惊道："郎君意将如何？"公子道："仆事内之人，当局而迷。孙友为我画一计颇善，但恐恩卿不从耳！"十娘道："孙友者何人？计如果善，何不可从？"公子道："孙友名富，新安盐商，少年风流之士也。夜间闻子清歌，因而问及。仆告以来历，并谈及难归之故，渠意欲以千金聘汝。我得千金，可借口以见吾父母，而恩卿亦得所耳。但情不能舍，是以悲泣。"说罢，泪如雨下。十娘放开两手，冷笑一声道："为郎君画此计者，此人乃大英雄也。郎君千金之资，既得恢复，而妾归他姓，又不致为行李之累，发乎情，止乎礼，诚两便之策也。那千金在哪里？"公子收泪道："未得恩卿之诺，金尚留彼处，未曾过手。"十娘道："明早快快应承了他，不可挫过机会。但千金重事，须得兑足交付郎君之手，妾始过舟，勿为贾竖子[58]所欺。"时已四鼓，十娘即起身挑灯梳洗道："今日之妆，乃迎新送旧，非比寻常。"于是脂粉香泽，用意修饰，花钿绣袄，极其华艳，香风拂拂，光采照人。

装束方完，天色已晓。孙富差家童到船头候信。十娘微窥公子，欣欣似有喜色，乃催公子快去回话，及早兑足银子。公子亲到孙富船中，回复依允。孙富道："兑银易事，须得丽人妆台为信。"公子又回复了十娘，十娘即指描金文具道："可便抬去。"孙富喜甚，即将白银一千两，送到公子船中。十娘亲自检看，足色足数，分毫无爽。乃手把船舷，以手招孙富。孙富一见，魂不附体。十娘启朱唇，开皓齿道："方才箱子可暂发来，内有李郎路引[59]一纸，可检还之也。"孙富视十娘已为瓮中之鳖，即命家童送那描金文具，安放船头之上。十娘取钥开锁，内皆抽屉小箱。十娘叫公子抽第一层来看，只见翠羽明珰[60]，瑶簪宝珥[61]，充牣[62]于中，约值数百金。十娘遽投之江中。李甲与孙富及两船之人，无不惊诧。又命公子再抽一箱，乃玉箫金管；又抽一箱，尽古玉紫金玩器，约值数千金。十娘尽投之于大江中。舟中岸上之人，观者如堵。齐声道：

"可惜可惜！"正不知什么缘故。最后又抽一箱，箱中复有一匣。开匣视之，夜明之珠，约有盈把。其他祖母绿、猫儿眼，诸般异宝，目所未睹，莫能定其价之多少。众人齐声喝采，喧声如雷。十娘又欲投之于江。李甲不觉大悔，抱持十娘恸哭，那孙富也来劝解。

十娘推开公子在一边，向孙富骂道："我与李郎备尝艰苦，不是容易到此，汝以奸淫之意，巧为谗说，一旦破人姻缘，断人恩爱，乃我之仇人。我死而有知，必当诉之神明，尚妄想枕席之欢乎！"又对李甲道："妾风尘数年，私有所积，本为终身之计。自遇郎君，山盟海誓，白首不渝。前出都之际，假托众姊妹相赠，箱中韫藏百宝，不下万金。将润色郎君之装，归见父母，或怜妾有心，收佐中馈[63]，得终委托，生死无憾。谁知郎君相信不深，惑于浮议，中道见弃，负妾一片真心。今日当众目之前，开箱出视，使郎君知区区千金，未为难事。妾椟中有玉，恨郎眼内无珠。命之不辰[64]，风尘困瘁，甫得脱离，又遭弃捐。今众人各有耳目，共作证明，妾不负郎君，郎君自负妾耳！"于是众人聚观者无不流涕，都唾骂李公子负心薄幸。公子又羞又苦，且悔且泣，方欲向十娘谢罪。十娘抱持宝匣，向江中一跳。众人急呼捞救。但见云暗江心，波涛滚滚，杳无踪影。可惜一个如花似玉的名姬，一旦葬于江鱼之腹。

> 三魂渺渺归水府，七魄悠悠人冥途。

当时旁观之人，皆咬牙切齿，争欲拳殴李甲和那孙富。慌得李孙二人，手足无措，急叫开船，分途遁去。李甲在舟中，看了千金，转忆十娘，终日愧悔，郁成狂疾，终身不痊。孙富自那日受惊，得病卧床月余，终日见杜十娘在旁诟骂，奄奄而逝。人以为江中之报也。

却说柳遇春在京坐监完满，束装回乡停舟瓜步[65]。偶临江净脸，失坠铜盆于水，觅渔人打捞。及至捞起，乃是个小匣儿。遇春启匣观看，内皆明珠异宝无价之珍。遇春厚赏渔人，留于床头把玩。是夜梦见江中一女子，凌波而来，视之，乃杜十娘也。近前万福，诉以李郎薄幸之事。又道："向家承君慷慨，以一百五十金相助，本意息肩[66]之后，徐图报答。不意事无终始；然每怀盛情，悒悒未忘。早间曾以小匣托渔人奉致，聊表寸心，从此不复相见矣。"言讫，猛然惊醒，方知十娘已死，叹息累日。

后人评论此事，以为孙富谋夺美色，轻掷千金，固非良士；李甲不识杜十娘一片苦心，碌碌蠢才，无足道者。独谓杜十娘千古女侠，岂不能觅一佳侣，共跨秦楼之凤[67]，乃错认李公子，明珠美玉，投于盲人，以致恩变为仇，万种恩情，化为流水，深可惜也！有诗叹云：

> 不会风流莫妄谈，单单情字费人参，
> 若将情字能参透，唤作风流也不惭。

注释

1. 本篇选自冯梦龙的《警世通言》。故事最早见于明代宋幼清《九籥集》卷五《负情侬传》，冯梦龙在此基础上经过艺术加工而成。

2. 垂衣：用以称颂帝王无为而治。《易·系辞下》："黄帝尧舜垂衣裳而天下治。"

3. 华胥：古代寓言中的理想国。见《列子·黄帝》："其国无帅长，自然而已；其民无耆欲，自然而已；不知乐生，不知恶死，故无夭殇；不知亲己，不知疏物，故无爱憎；不知背逆，不知向顺，故无利害。"

4. 区夏：诸夏之地，指黄河流域。

5. 靖难：本义为平定祸乱，这里指明成祖朱棣（年号永乐）打着"靖难"的旗号率兵南下，夺取了其侄建文皇帝的皇位。这实际是一次军事政变。

6. 关白作乱：关白是日本国宰相之称，万历二十年日本宰相丰臣秀吉派兵进攻朝鲜，朝鲜向中国求救。

7. 户部：中央六大部之一，主管全国财粮赋税。

8. 纳粟入监：捐粮（或折银子）入国子监读书。监，国子监，约相当于国家设立的大学。明代监生就有做官的资格。

9. 两京太学生：北京、南京国子监监生。永乐皇帝迁都北京，定南京为陪都，同样设立一套中央机构。两京的国子监（太学），南京的称"南雍"，北京的称"北雍"。

10. 布政：布政使，一省的行政长官。

11. 庠：府、县级的学校。

12. 坐监：在国子监读书。

13. 教坊司：原为官立的主管音乐舞蹈演出和歌舞专业人员培训的机关。后来培养歌舞妓的地方，也称教坊司。

14. 白家樊素：白居易家的歌女。

15. 花柳情怀：旧时代涉足歌舞妓院称寻花问柳。

16. 撒漫的手儿：指随便挥霍金钱之人。

17. 行户人家：妓院的代称。

18. 钟馗老：即钟馗。传说钟馗为人正直，屡试不第，死后为神，专捉小鬼，小鬼都怕他。

19. 白虎：星宿名。迷信传说中的恶煞，遇之使人晦气。

20. 粉头：妓女的别称。

21. 十斋：一种念佛吃素的斋戒规则。

22. 落籍：在妓女名册上除名。

23. 下处：下榻之处。

24. 斛（hú）：量词，五斗为一斛。

25. 开交：分手。

26. 铢两：指极少的数目。铢，一两的二十四分之一为一铢。

27. 玉成：帮助完成好事。

28. 间关：指路途遥远曲折。

29. 曾无约束：没有捆扎的东西。

30. 于归：女子出嫁。

31. 雇倩：雇请。

32. 肩舆：轿子。

33. 赆（jìn）：离别时赠送的财物。

34. 潞河：北京通县大通河北端，此处设有由水路南下登船的码头。

35. 解库：典当铺。

36. 剪江而渡：横渡长江。瓜洲在今扬州市南，是运河入江之口，故由此渡江南下。

37. 卮（zhī）：酒杯。

38. 种盐：经营盐业。

39. 青楼：妓院的别称。

40. "千山"四句：对柳宗元《江雪》诗的第一、第三句有改动，原句应为"千山鸟飞绝""孤舟蓑笠翁"。

41. 高学士：指明初诗人高启。

42. 舟次：船停泊。

43. 少领清诲：稍为领教高雅的教诲。

44. 打跳：搭跳板。

45. 入港：投契。

46. 贱室：对自己妻子的谦称。

47. 尊宠：对别人姬妾的尊称。

48. 家君：对别人称自己的父亲。

49. 位居方面：指担任一个地方的军政长官。李甲之父是布政使，为省的行政长官，故称。

50. "必严"句：意为一定不会允许不洁的女人进家以免玷污家族名声。帷薄，帐幕和帘子，指内室。

51. 资斧：货财器用，指日常生活费用。

52. 适：嫁。

53. 逾墙钻穴：指偷情、通奸一类的事。

54. 同袍：泛指朋友、同年、同事。

55. 授馆：教书。

56. 间言：闲话。

57. 黜逐：驱逐。

58. 贾竖子：做买卖的小子。

59. 路引：路途通行证明文件。

60. 翠羽明珰：翡翠的头饰，透明的耳珠。

61. 瑶簪宝珥：美玉的发簪和耳坠。

62. 牣：满。

63. 收佐中馈：即接纳以妾的身份帮助正妻管家务。古代妻子主中馈（掌管家务）。

64. 不辰：生不逢时。

65. 瓜步：瓜洲渡口（亦作瓜步镇）。

66. 息肩：指安定下来。

67. "共跨"句：比喻夫妻和美的生活。据《列仙传》，秦穆公女，名弄玉，与丈夫萧史婚姻美满，萧史善吹箫，一夕吹箫召来凤鸟，二人共乘升天而去。

📖作品鉴赏

冯梦龙编撰的"三言"（《警世通言》《喻世明言》《醒世恒言》），是一部描写市井生活及人情世态的白话短篇小说集。"三言"集中了宋、元、明三代流行于民间的话本小说和拟话本小说的精华，代表了中国古代白话短篇小说的最高成就。其中，《警世通言》是"三言"里以男女恋爱婚姻为题材的作品中最成功的一本，《杜十娘怒沉百宝箱》是其中的名篇，也是中国文学史上最为杰出的短篇小说之一。

小说讲述了青楼花魁杜十娘与富家公子李甲情投意合，十娘使巧计让李甲为己赎身，南归途中孙富觊觎十娘美色，说动李甲以千金卖掉十娘，杜十娘闻讯后，怒沉珍宝，痛斥孙富李甲二人，怀抱宝匣投江而死的故事。本文通过杜十娘的悲剧故事，表达了封建社会下层妇女对美好生活的追求，寄予了作者对被封建礼教压迫致死的妇女的同情，对背信弃义的纨绔子弟和破坏他人幸福的阴险小人的憎恨，也表达了对造成悲剧的根源，即封建社会封建礼教的无情鞭挞。

杜十娘是小说的主人公，她"浑身雅艳，遍体娇香，两弯画眉远山青，一对眼明秋水润。……误落风尘花柳中"，一出场就明丽耀眼。身为青楼花魁，红尘历练让她除了美貌，更多了一份智慧，她清楚地知道鸨母的用心，所以在老鸨同意让李甲出三百两银子为其赎身时，她没有拿出自己的钱财，反而让当时早已身无分文的李甲去想办法筹钱，以此考验李甲的为人和对自己的感情。李甲四处借钱碰壁，而赎期也越来越近，杜十娘拿出了一百五十两，在朋友相助的情况下，李甲终于凑够银两为杜十娘赎了身。而此时的杜十娘仍然没有向李甲透露自己的身家，这也是对自己的保护，不到最后一刻不把自己的底牌露出来，由此显示了杜十娘的人生智慧。杜十娘赎身后，李甲担心归家不为严父所容，十娘便主张泛舟吴、越，徐徐图之。自此每谈及往事，公子必感激流涕，十娘亦曲意抚慰。这样的善解人意更令人怜惜。当她听说李甲背叛了爱情，卑鄙地把她出卖了的时候。于是"抱持宝匣，向江心一跳"，以死来表达她的绝望和愤恨之情，又用她的刚烈向世人证明了她不肯屈服于封建礼制的品格。可见杜十娘是一个姿容美丽、才艺超群、性格刚烈、品格高洁的女子。

杜十娘的美丽高洁与李甲、孙富形成了鲜明对比。李甲本质上并不是极坏的人，他对十娘的爱情并不虚假，他迷恋过，也苦苦追求过，但他始终摆脱不掉世家子弟的劣根性：软弱、自私、无主见、缺乏谋生能力，依赖和惧怕封建家长。封建宗法的权威，孙富的蛊惑和金钱利诱，最终使他背叛了爱情。盐商孙富是个卑鄙和奸诈的小人。他垂涎于杜十娘的美貌，是个淫恶之人；他用计结识李甲，暴露了他的卑鄙、狡黠；

他玩弄伎俩，拆散李甲和杜十娘的姻缘，他在满口"仁义道德"的幌子下，干着见不得人的勾当。作者对这一形象持憎恨和厌恶的态度。他是故事里几个反面形象中最具代表性的一个。

李甲是残害杜十娘的根本凶手，是他的"负情"把杜十娘推入江中；孙富是造成杜十娘悲剧的直接原因，如果没有孙富的挑唆，也许李甲不会抛弃杜十娘。但造成杜十娘悲剧的根本原因是李甲父亲李布政所代表的封建礼教，文中虽然李布政从来没出现过，但却是压在李甲和杜十娘头上的大山，李布政代表了封建礼制的束缚，小说正是通过杜十娘的悲剧揭示了封建礼教吃人的本质。揭示了封建婚姻制度和门第观念、世俗偏见对无辜女性的摧残。

"百宝箱"是全文的线索，它不是一般的财产，而是一个被压迫、被蹂躏的妇女争取自由、幸福生活理想的寄托，是热切向往新生活的思想的结晶。小说构思精巧，结构谨严，百宝箱的时时出现，推动了情节发展，丰富了小说内涵。首先，在积攒百宝箱时，作者留下了强烈的悬念，使情节增加了艺术魅力。杜十娘"久有从良之志"，早已厌倦没有尊严、没有人格的生活，要脱籍从良，就需要金钱，积攒"百宝箱"是杜十娘的价值和希望之所在，拥有金钱便拥有一定的人生选择权，她希望以"百宝箱"换取美好的生活，由此可知杜十娘比一般的青楼女子目光长远。其次，遇到李甲后，杜十娘并没有被爱情冲昏头脑，她对李甲隐瞒"百宝箱"的行为，一方面是因为她不希望让纯洁的爱情沾染上金钱气息，她所渴望的是彼此珍爱与尊重的真情，拥有这份真情便"生死无憾"；另一方面是因为她对李甲还没有完全放心，这也体现了她的人生智慧。再次，"百宝箱"是一把武器。在"怒沉百宝箱"之时，杜十娘把"百宝箱"内的夜明珠、祖母绿等价值连城的珠宝一一展示出来并扔入江中的目的，一是让李甲意识到千两银子与价值不下万金的"百宝箱"的巨大反差，让他在悔恨和痛苦中煎熬，惩治负心郎。二是对无赖孙富的"破人姻缘，断人恩爱"的反击，杜十娘要他人财两空。最后，"百宝箱"把情节的发展推向高潮，将杜十娘性格之美的升华展示到了极点，催人泪下，韵味无穷。杜十娘怒沉"百宝箱"的行为表明了她渴望过正常的"人"的生活，渴望真挚的爱情。当她得知自己被卖后，那份对洁净高尚的爱的追求被击得粉碎，于是怒沉珍宝，举身投江，以此来表达她对不公平遭遇的抗争。

本文艺术特色有以下几方面。

1. 结构严谨，情节曲折生动

小说以杜十娘与李甲之间的关系变化为主线来展开故事情节，结构严谨有序，情节曲折生动。从杜十娘与李甲开始的两情相悦到设计赎身试探李甲的真心，再到十娘如商品般被转卖、对李甲伤心绝望抱匣自尽。采用层层剥笋的艺术表现手法，依靠情节的自然发展，层层铺垫，逐步展现杜十娘智、情、诚、精、勇的思想性格。

2. 善于运用对比，刻画人物性格

善于通过人物之间的对比反衬展现人物性格。从设计赎身到计划日后的生活，杜

十娘的勇敢、热情和智慧，被李甲的庸懦无能和动摇不定的性格衬托得十分明朗。故事发展到最后，将李甲这样一个充满了内心矛盾和自私的负心薄情的形象，与杜十娘刚烈坚贞、勇往直前的崇高的形象形成了对比，也使得十娘的形象格外鲜明起来。

3. 语言通俗生动，个性化程度较高

作者下笔准确简洁，古白话朴实自然而又富于个性化。本文的语言特点是口语化，这是我国古代小说吸收民间口语、继承古代散文传统而形成的特点。如"再说……""却说……"等都明显地保留了话本语言口语化的特点。

探究与思考

1. 请说一说小说中杜十娘、李甲、孙富、老鸨等各自的人物形象。

2. 造成杜十娘悲剧的原因是什么？

3. 设想一下如果杜十娘没有抱着百宝箱投江自尽，结局会是什么样？再讨论一下作者为什么要设定这样的悲剧式的结局呢？

第二节　贾宝玉神游太虚幻境[1]

作者简介

曹雪芹（约 1715—1763，一说 1715—1764），名霑，字梦阮，号雪芹，又号芹圃、芹溪，生于南京，清代著名文学家、小说家。曹雪芹出身于一个百年望族的大官僚地主家庭，雍正即位后，曹家因事获罪免职并被抄家，家道从此衰落。经历了生活中的重大转折，曹雪芹深感世态炎凉，发愤著述《红楼梦》一书，"于悼红轩中，披阅十载，增删五次"。乾隆二十八年（1763 年）除夕，因贫病交困，加之爱子夭折悲伤过度，全书未尽即与世长辞。死后遗留下《红楼梦》前 80 回的稿子，后 40 回一般认为是高鹗所续。《红楼梦》作为中国四大名著之一，被誉为中国古典小说的巅峰之作，其再现了中国古代社会生活的广阔画面，批判了封建社会制度、婚姻制度，讴歌男女平等，在中国思想史、文学史上都具有极高的研究价值。

引文入境

春困葳蕤[2]拥绣衾，恍随仙子别红尘。问谁幻入华胥[3]境，千古风流造孽人。

如今且说林黛玉自在荣府以来，贾母万般怜爱，寝食起居，一如宝玉，迎春、探春、惜春三个亲孙女倒且靠后。便是宝玉和黛玉二人之亲密友爱，亦自较别个不同，日则同行同坐，夜则同息同止，真是言和意顺，略无参商。不想如今忽然来了一个薛宝钗，年岁虽大不多，然品格端方，容貌丰美，人多谓黛玉所不及。而且宝钗行为豁达，随分从时，不比黛玉孤高自许，目无下尘，故比黛玉深得下人之心。便是那些小丫头子们，亦多喜与宝钗去顽。因此黛玉心中便有些悒郁[4]不忿之意，宝钗却浑然不觉。那宝玉亦在孩提之间，况他天性所禀，一片愚拙偏僻，视姊妹弟兄皆出一体，并无亲疏远近之别。其中因与黛玉同随贾母一处坐卧，故略比别个姊妹熟惯些。既熟惯，则更觉亲密；既亲密，则不免一时有求全之毁，不虞之隙。这日不知为何，他二人言语有些不合起来，黛玉又气的独在房中垂泪，宝玉又自悔言语相撞，前去俯就，那黛玉方渐渐的回转来。

因东边宁府中花园内梅花盛开，贾珍之妻尤氏乃治酒，请贾母、邢夫人、王夫人等赏花。是日，先携了贾蓉之妻二人来面请。贾母等于早饭后过来，就在会芳园游顽，先茶后酒，不过皆是宁、荣二府女眷家宴小集，并无别样新文趣事可记。

忽一时宝玉倦怠，欲睡中觉。贾母命人好生哄着，歇息一回再来。贾蓉之妻秦氏便忙笑回道："我们这里有给宝二叔收拾下的屋子，老祖宗放心，只管交与我就是了。"又向宝玉的奶娘、丫鬟等道："嬷嬷、姐姐们，请宝二叔随我这里来！"贾母素知秦氏是个极妥当的人，生的袅娜纤巧，行事又温柔和平，乃重孙媳中第一个得意之人，见她去安置宝玉，自是安稳的。

当下秦氏引了一簇人来至上房内间。宝玉抬头看见一幅画贴在上面，画的人物固好，其故事乃是《燃藜[5]图》，也不看系何人所画，心中便有些不快。又有一副对联，写的是：

世事洞明皆学问，人情练达即文章。

及看了这两句，纵然室宇精美，铺陈华丽，亦断断不肯在这里了。忙说："快出去！快出去！"秦氏听了笑道："这里还不好，可往那里去呢？不然，往我屋里去吧。"宝玉点头微笑。有一个嬷嬷说道："那里有个叔叔往侄儿房里睡觉的礼？"秦氏笑道："嗳哟哟！不怕他恼。他能多大了，就忌讳这些个？上月你没看见我那个兄弟来了，虽然与宝叔同年，两个人若站在一处，只怕那个还高些呢。"宝玉道："我怎么没见过？你带他来我瞧瞧。"众人笑道："隔着二三十里，往哪里带去？见的日子有呢。"说着，大家来至秦氏房中。刚至房门，便有一股细细的甜香袭了人来。宝玉便觉得眼饧骨软，连说："好香！"进入房向壁上看时，有唐伯虎画的《海棠春睡图》，两边有宋学士秦太虚[6]写的一副对联，其联云：

嫩寒锁梦因春冷，芳气笼人是酒香。

案上设着武则天当日镜室中设的宝镜，一边摆着飞燕[7]立着舞过的金盘，盘内盛着安禄山[8]掷过，伤了太真[9]乳的木瓜。上面设着寿昌公主[10]于含章殿下卧的榻，悬的是同昌公主[11]制的涟珠帐。宝玉含笑连说："这里好！"秦氏笑道："我这屋子，大约神仙也可以住得了。"说着亲自展开了西子浣过的纱衾，移了红娘抱过的鸳枕。于是，众奶母伏侍宝玉卧好，款款散了，只留袭人、媚人、晴雯、麝月四个丫鬟为伴。秦氏便吩咐小丫鬟们，好生在廊檐下看着猫儿打架。

那宝玉刚合上眼，便惚惚的睡去，犹似秦氏在前，遂悠悠荡荡，随了秦氏，至一所在。但见朱栏白石，绿树清溪，真是人迹稀逢，飞尘不到。宝玉在梦中欢喜，想道："这个去处有趣！我就在这里过一生，纵然失了家也愿意，强如天天被父母、师傅打呢！"正胡思之间，忽听山后有人作歌曰：

> 春梦随云散，飞花逐水流；寄言众儿女，何必觅闲愁！

宝玉听了，是女子的声音。歌音未息，早见那边走出一个人来，蹁跹袅娜，端的与人不同。有赋为证：

方离柳坞，乍出花房。但行处，鸟惊庭树；将到时，影度回廊。仙袂乍飘兮，闻麝兰之馥郁；荷衣欲动兮，听环佩之铿锵。靥笑春桃兮，云堆翠髻；唇绽樱颗兮，榴齿含香。纤腰之楚楚兮，回风舞雪；珠翠之辉辉兮，满额鹅黄。出没花间兮，宜嗔宜喜；徘徊池上兮，若飞若扬。蛾眉颦笑兮，将言而未语；莲步乍移兮，待止而欲行。美彼之良质兮，冰清玉润；慕彼之华服兮，闪灼文章。爱彼之貌容兮，香培玉琢；美彼之态度兮，凤翥龙翔。其素若何？春梅绽雪。其洁若何？秋菊被霜。其静若何？松生空谷。其艳若何？霞映澄塘。其文若何？龙游曲沼。其神若何？月射寒江。应惭西子，实愧王嫱。奇矣哉！生于孰地，来自何方？信矣乎！瑶池不二，紫府无双。果何人哉？如斯之美也！

宝玉见是一个仙姑，喜得忙来作揖问道："神仙姐姐不知从那里来，如今要往那里去？也不知这里是何处，望乞携带携带！"仙姑道："吾居离恨天之上，灌愁海之中，乃放春山遣香洞太虚幻境警幻仙姑是也：司人间之风情月债，掌尘世之女怨男痴。因近来风流冤孽，缠绵于此处，是以前来访察机会，布散相思。今忽与你相逢，亦非偶然。此离吾境不远，别无他物，仅有自采仙茗一盏，亲酿美酒一瓮，素练魔舞歌姬数人，新填《红楼梦》曲十二支，试随吾一游否？"宝玉听了喜跃非常，便忘了秦氏在何处，竟随了仙姑，至一所在。有石牌横建，上书"太虚幻境"四个大字，两边一副对联，乃是：

> 假作真时真亦假，无为有处有还无。

转过牌坊，便是一座宫门，上面横书四个大字，道是："孽海情天"。又有一副对联，大书云：

> 厚地高天，堪叹古今情不尽；痴男怨女，可怜风月债难偿。

宝玉看了，心下自思道："原来如此！但不知何为'古今之情'，何为'风月之债'？从今倒要领略领略。"宝玉只顾如此一想，不料早把些邪魔招入膏肓了。当下随了仙姑进入二层门内，至两边配殿皆有匾额对联，一时看不尽许多，惟见有几处写的是："痴情司""结怨司""夜梦司""朝啼司""夜怨司""春感司""秋悲司"。宝玉看了，因向仙姑道："敢烦仙姑引我到那各司中游玩游玩，不知可使得否？"仙姑道："此各司中皆贮的是普天之下所有的女子过去未来的簿册，尔凡眼尘躯，未便先知的。"宝玉听了，那里肯依，复央之再四。仙姑无奈，说："也罢！就在此司内略随喜随喜罢了！"宝玉喜不自胜，抬头看这司的匾上，乃是"薄命司"三字，两边对联写的是：

春恨秋悲皆自惹，花容月貌为谁妍？

宝玉看了，便知感叹。进入门来，只见有十数个大橱，皆用封条封着。看那封条上，皆是各省的地名。宝玉一心只拣自己的家乡封条看，遂无心看别省的了。只见那边橱上封条上大书七字云："金陵十二钗正册"。宝玉问道："何为'金陵十二钗正册'？"警幻道："即贵省中十二冠首女子之册，故为'正册'。"宝玉道："常听人说，金陵极大的地方，怎么只十二个女子？如今单我家里，上上下下，就有几百女孩呢。"警幻冷笑道："贵省女子固多，不过择其紧要者录之。下边二橱则又次之。余者庸常之辈，则无册可录矣。"宝玉听说，再看下首二橱上，果然写着"金陵十二钗副册"，又一个写着"金陵十二钗又副册"。宝玉便伸手先将"又副册"橱门开了，拿出一本册来，揭开一看，只见这首页上画着一幅画，又非人物，也无山水，不过是水墨滃染的满纸乌云浊雾而已。后有几行字迹，写的是：

霁月难逢，彩云易散。心比天高，身为下贱。风流灵巧招人怨。寿夭多因毁谤生，多情公子空牵念。

宝玉看了，又见后面画着一簇鲜花，一床破席，也有几句言词，写道是：

枉自温柔和顺，空云似桂如兰。堪羡优伶有福，谁知公子无缘！

宝玉看了不解。遂掷下这个，又去开了副册橱门，拿起一本册来，揭开看时，只见画着一株桂花，下面有一池沼，其中水涸泥淤，莲枯藕败，后面书云：

根并荷花一茎香，平生遭际实堪伤。自从两地生孤木，致使香魂返故乡。

宝玉看了仍不解。便又掷了，再去取"正册"看，只见头一页上便画着两株枯木，木上悬着一围玉带；又有一堆雪，雪下一股金簪。也有四句言词，道是：

可叹停机德[12]，堪怜咏絮才[13]。玉带林中挂，金簪雪里埋。

宝玉看了仍不解。待要问时，情知她必不肯泄漏；待要丢下，又不舍。遂又往后看时，只见画着一张弓，弓上挂着香橼。也有一首歌词云：

二十年来辨是非，榴花开处照宫闱。三春争及初春景？虎兔[14]相逢大梦归。

后面又画着两人放风筝，一片大海，一只大船，船中有一女子掩面泣涕之状。也有四句云：

才自精明志自高，生于末世运偏消。清明涕送江边望，千里东风一梦遥。

后面又画几缕飞云，一湾逝水。其词曰：

富贵又何为，襁褓[15]之间父母违。展眼吊斜晖，湘江水逝楚云飞。

后面又画着一块美玉，落在泥垢之中。其断语云：

欲洁何曾洁，云空未必空。可怜金玉质，终陷淖泥中。

后面忽见画着个恶狼，追扑一美女，欲啖之意。其下书云：

子系中山狼，得志便猖狂。金闺花柳质，一载赴黄粱。

后面便是一所古庙，庙里有一美人在内看经独坐。其判云：

勘破[16]三春景不长，缁衣[17]顿改昔年妆。可怜绣户侯门女，独卧青灯古佛旁。

后面便是一片冰山，上面有一只雌凤。其判曰：

凡鸟偏从末世来，都知爱慕此生才。一从二令三人木，哭向金陵事更哀。

后面又是一座荒村野店，有一美人在那里纺绩。其判云：

势败休云贵，家亡莫论亲。偶因济刘氏，巧得遇恩人。

后面又画着一盆茂兰，旁有一位凤冠霞帔的美人。也有判云：

桃李春风结子完，到头谁似一盆兰。如冰水好空相妒，枉与他人作笑谈。

后面又画着高楼大厦，有一美人悬梁自缢。其判云：

情天情海幻情身，情既相逢必主淫。漫言不肖皆荣出，造衅[18]开端实在宁。

宝玉还欲看时，那仙姑知他天分高明，性情颖慧，恐把仙机泄漏，遂掩了卷册，笑向宝玉道："且随我去游玩奇景，何必在此打这闷葫芦！"

宝玉恍恍惚惚，不觉弃了卷册，又随了警幻来至后面。但见珠帘绣幕，画栋雕檐，说不尽那光摇朱户金铺地，雪照琼窗玉作宫。更见仙花馥郁，异草芬芳，真好个所在。宝玉正在观之不尽，忽听警幻笑道："你们快出来迎接贵客！"一语未了，只见房中又走出几个仙子来，皆是荷袂翩跹[19]，羽衣飘舞，娇若春花，媚如秋月。一见了宝玉，都怨谤警幻道："我们不知系何贵客，忙的接了出来，姐姐曾说今日今时必有绛珠妹子的生魂前来游玩旧境，故我等久待。何故反引这浊物来污染这清净女儿之境？"

宝玉听如此说，便唬得欲退不能退，果觉自形污秽不堪。警幻忙携住宝玉的手，向众姊妹道："你等不知原委：今日原欲往荣府去接绛珠，适从宁府所过，偶遇宁、荣二公之灵，嘱吾云：'吾家自国朝定鼎以来，功名奕世，富贵传流，虽历百年，奈运终数尽，不可挽回。故遗之子孙虽多，竟无可以继业。其中惟嫡孙宝玉一人，禀性乖张，生情怪谲[20]，虽聪明灵慧，略可望成，无奈吾家运数合终，恐无人规引入正。幸仙姑偶来，万望先以情欲声色等事警其痴顽，或能使彼跳出迷人圈子，然后入于正路，亦吾兄弟之幸矣。'如此嘱吾，故发慈心，引彼至此，先以彼家上、中、下三等女子之终身册籍，令彼熟玩，尚未觉悟。故引彼再至此处，令其再历饮馔[21]声色之幻，或冀[22]将来一悟，亦未可知也。"

说毕，携了宝玉入室。但闻一缕幽香，竟不知其所焚何物。宝玉遂不禁相问。警幻冷笑道："此香尘世中既无，尔何能知！此香乃系诸名山胜境内初生异卉之精，合各种宝林珠树之油所制，名'群芳髓'。"宝玉听了，自是羡慕而已。大家入座，小丫鬟捧上茶来。宝玉自觉清香味异，纯美非常，因又问何名。警幻道："此茶出在放春山遣香洞，又以仙花灵叶上所带之宿露而烹，此茶名曰'千红一窟'。"宝玉听了，点头称赏。因看房内，瑶琴、宝鼎、古画、新诗，无所不有；更喜窗下亦有唾绒[23]，奁[24]间时渍粉污。壁上也有一副对联，书云：

幽微灵秀地，无可奈何天。

宝玉看毕，无不羡慕。因又请问众仙姑姓名：一名痴梦仙姑，一名钟情大士，一名引愁金女，一名度恨菩提，各各道号不一。

少刻，有小丫鬟来调桌安椅，设摆酒馔，真是：琼浆满泛玻璃盏，玉液浓斟琥珀杯。更不用再说那肴馔之盛。宝玉因闻得此酒清香甘冽，异乎寻常，又不禁相问。警幻道："此酒乃以百花之蕊、万木之汁，加以麟髓之醅[25]、凤乳之麹[26]酿成，因名为'万艳同杯'。"宝玉称赏不迭。

饮酒间，又有十二个舞女上来，请问演何词曲。警幻道："就将新制《红楼梦》十二支演上来。"舞女们答应了，便轻敲檀板，款按银筝，听他歌道是：

开辟鸿蒙[27]……

方歌了一句，警幻便说道："此曲不比尘世中所填传奇之曲，必有生旦净末之别，又有南北九宫之限。此或咏叹一人，或感怀一事，偶成一曲，即可谱入管弦。若非个中人，不知其中之妙，料尔亦未必深明此调。若不先阅其稿，后听其歌，反成嚼蜡矣！"说毕，回头命小丫鬟取了《红楼梦》原稿来，递与宝玉。宝玉接来，一面目视其文，一面耳聆其歌，曰：

〔红楼梦引子〕开辟鸿蒙，谁为情种？都只为风月情浓。奈何天、伤怀日、寂寥时，试遣愚衷。因此上、演出这怀金悼玉的《红楼梦》。

〔终身误〕都道是金玉良姻，俺只念木石前盟。空对着、山中高士晶莹雪；终不忘、世外仙姝寂寞林。叹人间、美中不足今方信。纵然是齐眉举案，到底意难平！

〔枉凝眉〕一个是阆苑仙葩[28]，一个是美玉无瑕。若说没奇缘，今生偏又遇着他；若说有奇缘，如何心事终虚化？一个枉自嗟呀，一个空劳牵挂。一个是水中月，一个是镜中花。想眼中能有多少泪珠儿，怎禁得秋流到冬、春流到夏！

宝玉听了此曲，散漫无稽，不见得好处；但其声韵凄惋，竟能销魂醉魄。因此也不察其原委，问其来历，就暂以此释闷而已。因又看下道：

〔恨无常〕喜荣华正好，恨无常又到。眼睁睁、把万事全抛。荡悠悠、把芳魂消耗。望家乡，路远山高。故向爹娘梦里相寻告：儿命已入黄泉，天伦呵，须要退步抽身早！

〔分骨肉〕一帆风雨路三千，把骨肉家园齐来抛闪。恐哭损残年，告爹娘，休把儿悬念。自古穷通皆有定，离合岂无缘？从今分两地，各自保平安。奴去也，莫牵连！

〔乐中悲〕襁褓中，父母叹双亡。纵居那绮罗丛，谁知娇养？幸生来，英豪阔大宽宏量，从未将儿女私情略萦心上。好一似，霁月光风耀玉堂。厮配得才貌仙郎，博得个地久天长，准折得幼年时坎坷形状。终久是云散高唐，水涸湘江。这是尘寰[29]中消长数应当，何必枉悲伤！

〔世难容〕气质美如兰，才华馥[30]比仙。天生成孤癖，人皆罕。你道是啖[31]肉食腥膻[32]，视绮罗[33]俗厌。却不知太高人愈妒，过洁世同嫌。可叹这青灯古殿人将老；辜负了，红粉朱楼春色阑。到头来，依旧是风尘肮脏违心愿。好一似、无瑕白玉遭泥陷；又何须，王孙公子叹无缘！

〔喜冤家〕中山狼，无情兽，全不念当日根由。一味的骄奢淫荡贪欢媾[34]。觑着那，侯门艳质同蒲柳；作践的，公府千金似下流。叹芳魂艳魄，一载荡悠悠！

〔虚花悟〕将那三春看破，桃红柳绿待如何？把这韶华打灭，觅那清淡天和。说什么，天上天桃盛，云中杏蕊多。到头来，谁把秋捱过？则看那，白杨村里人呜咽，青枫林下鬼吟哦。更兼着，连天衰草遮坟墓。这的是，昨贫今富人劳碌，春荣秋谢花折磨。似这般，生关死劫谁能躲？闻说道，西方宝树唤婆娑，上结着长生果。

〔聪明累〕机关算尽太聪明，反算了卿卿性命。生前心已碎，死后性空灵。家富人宁，终有个家亡人散各奔腾。枉费了，意悬悬半世心，好一似，荡悠悠三更梦。忽喇喇似大厦倾，昏惨惨似灯将尽。呀！一场欢喜忽悲辛。叹人世，终难定！

〔留余庆〕留余庆，留余庆，忽遇恩人；幸娘亲，幸娘亲，积得阴功。劝人生，济困扶穷，休似俺那爱银钱、忘骨肉的狠舅奸兄！正是乘除加减，上有苍穹！

〔晚韶华〕镜里恩情，更那堪梦里功名！那美韶华去之何迅！再休提绣帐鸳衾。只这带珠冠，披凤袄，也抵不了无常性命。虽说是人生莫受老来贫，也须要阴骘积儿孙。气昂昂头戴簪缨，光灿灿胸悬金印；威赫赫爵禄高登，昏惨惨黄泉路近。问古来将相可还存？也只是虚名儿与后人钦敬。

〔好事终〕画梁春尽落香尘。擅风情，秉月貌，便是败家的根本。箕裘[35]颓堕[36]皆从敬，家事消亡首罪宁。宿孽总因情！

〔飞鸟各投林〕为官的，家业凋零；富贵的，金银散尽；有恩的，死里逃生；无情的，分明报应；欠命的，命已还；欠泪的，泪已尽。冤冤相报实非轻，分离聚合皆前定。欲知命短问前生，老来富贵也真侥幸。看破的，遁入空门；痴迷的，枉送了性命。好一似食尽鸟投林，落了片白茫茫大地真干净！

注释

1. 节选自原著《红楼梦》(脂砚斋全评本) 第五回《游幻境指迷十二钗　饮仙醪曲演红楼梦》，题目为编者加。

2. 葳蕤 (wēi ruí)：花草茂密下垂的样子，引申为委顿不振。

3. 华胥境：即仙境。华胥是神话传说人物庖牺氏的母亲，她遇异迹而孕，生了庖牺。《列子》："黄帝昼寝，而梦游于华胥氏之国。"

4. 悒郁 (yì yù)：忧郁，抑郁，指人心情不愉快。

5. 燃藜 (lí)：旧传用藜为燃料，可传火彻夜。后用以燃藜比喻勤学、夜读。出自《拾遗记·后汉》。

6. 秦太虚：指北宋婉约派词人秦观，字少游，又字太虚，人称秦太虚。

7. 飞燕：西汉汉成帝皇后赵飞燕，以舞蹈轻盈飘逸而得名"飞燕"。

8. 安禄山：唐玄宗宠臣，营州柳城 (今辽宁朝阳) 胡人，粟特族。中国唐代安史之乱的祸首。

9. 太真：指唐代唐玄宗的贵妃杨玉环，号太真，蒲州永乐 (今山西省永济市) 人，中国古代四大美女之一。

10. 寿昌公主：唐睿宗李旦长女，生卒年月不详，陇西成纪 (今甘肃省秦安县) 人，母为肃明皇后刘氏。

11. 同昌公主：唐懿宗李漼长女，陇西成纪（今甘肃省秦安县）人，母为郭淑妃。

12. 停机德：出自《后汉书·列女传·乐羊子妻》，指的是出自东汉河南郡乐羊子妻停下机子不织布来劝勉丈夫求学的故事。符合封建道德标准的女人，称为具有"停机德"。

13. 咏絮才：出自《世说新语·言语》，指的是东晋女诗人谢道韫聪慧有才。后人把在诗文创作方面卓有才华的女子赞誉为"咏絮之才"。

14. 虎兔：《红楼梦》梦稿本和己卯本写作"虎兕"，甲戌本、庚辰本、戚序本等，写作"虎兔"。本文选自《红楼梦》甲戌本，按"虎兔"注。

15. 襁褓（qiǎng bǎo）：意思为包裹婴儿的被子和带子，指婴幼儿。

16. 勘破：看破。

17. 缁衣（zī yī）：此处指尼姑穿的衣服。

18. 造衅（xìn）：制造事端。

19. 荷袂蹁跹（hé mèi piān xiān）：形容衣袖衣衫轻快地旋转舞动的样子。

20. 怪谲（jué）：怪异荒诞。

21. 饮馔（zhuàn）：饮食，美酒佳肴。

22. 冀：希望。

23. 唾绒：古代妇女刺绣，每当停针换线、咬断绣线时，口中常沾留线绒，随口吐出，俗称唾绒。

24. 奁（lián）：中国古代女子存放梳妆用品的镜箱。

25. 麟髓之醅：酒很珍贵，就像麒麟的骨髓发酵而成。麟髓，此处指美酒。醅（pēi），泛指酒。

26. 凤乳之麴：就是发酵后的凤凰乳液酿酒。麴（qū）：即"曲"，本是酿酒的主要原料。

27. 鸿蒙：泛指远古时代。传说在盘古开天辟地之前，世界是一团混沌的元气，这种自然的元气叫做鸿蒙，后指远古时代。

28. 阆苑仙葩：阆苑，指传说中神仙所住的地方。仙葩，指仙花。

29. 尘寰：尘世；人世间。

30. 馥（fù）：气味芬芳、香气很浓的意思。

31. 啖（dàn）：吃。

32. 腥膻（xīng shān）：原指牛、羊肉刺鼻的气味，这里指牛、羊肉。

33. 绮罗：泛指华贵的丝织品或丝绸衣服。

34. 欢媾（gòu）：结为婚姻。

35. 箕裘（jī qiú）：原指由易而难、有次序的学习方式，后多用来比喻祖先的事业。

36. 颓堕（tuí duò）：精神颓废衰惫。

作品鉴赏

《红楼梦》以贾、史、王、薛四大家族为背景，讲述了一个封建大家庭由盛转衰，以及贾宝玉、林黛玉、薛宝钗三人之间的爱情纠葛悲剧。故事情节由两条线索构成：一条是以贾宝玉、林黛玉的爱情为线索。最终林黛玉含恨而死，贾宝玉脱离了"温柔富贵乡"遁入空门，薛宝钗以荣府"宝二奶奶"的空名换来了终生的孤苦凄凉。表现了贾宝玉、林黛玉追求爱情自由、婚姻自主和个性解放与封建制度、封建礼教的压迫之间的矛盾。另一条线索是以宁、荣二府的生活为中心，以贾府为代表的四大家族的盛极时刻衰败为结局。表现了封建社会残酷的阶级压迫、封建等级制度的黑暗腐朽以及封建贵族寄生腐朽生活。

本文选自《红楼梦》第五回。第五回宝玉梦游太虚幻境，被视为全书的纲领。贾宝玉在侄媳秦可卿的卧房里睡午觉，做了个神游太虚幻境的美梦。梦中在警幻仙姑的引导下翻看了十二金钗画册、听了十二金钗曲子。太虚幻境中的画册、判词、曲子含蓄地交代了全书故事情节发展以及十二金钗的命运。这一回不但是前四回的总结，而且也对后面主要人物的性格命运、人物关系、典型环境、社会背景等做了铺垫。

正册判词的第一首是黛玉和宝钗合在一起的。判词中的"停机德"指封建社会的女子的妇德，宝钗自小深受封建礼教的熏陶，一举一动无不符合封建社会中女性贤良淑德的要求。因此，这里的"停机德"指的是宝钗。"咏絮才"指女子有才华，黛玉才高八斗，书中说她"心较比干多一窍"，自然"咏絮才"用来指敏感聪慧的黛玉最为合适了。

脂砚斋曾有过"钗黛合一"说，作者将她俩在一首判词中并提，除因为她们在小说中的地位相当外，还可以通过贾宝玉对她们的不同态度的比较，以显示薛宝钗、林黛玉的命运遭遇虽则不同，其结果都是一场悲剧。宝钗和黛玉，一个品德超群，一个才华出众，可是一样无声无息地被湮没了！这幅图暗示她两人的名字，暗喻被埋没的悲剧。宝钗黛玉的故事结局，应是宝玉钟情于黛玉，却娶了宝钗。所以宝玉总是心里不平衡。他与宝钗只是相敬如宾，却没有心心相印。宝玉与黛玉有情无婚，与宝钗有婚无爱。

判词的第二首是元春。她是贾政与王夫人的长女，贾宝玉的姐姐。元春生于大年初一，这样的生辰注定生下来命运就是不同凡响的。她因"贤孝才德"选入宫中，起初充任女史，后来封为凤藻宫尚书，加封贤德妃。无上的荣光使得她成为家族在宫中的依靠。说元春"二十年来辨是非"，是指她在冰冷的宫廷生活中处处谨慎小心，冷暖自知。尽管她的身份和地位能够像石榴花一样使宫闱生辉，"争及"，就是怎及，意思是元春的三个妹妹都不及她荣华富贵。结果如何呢？在《红楼梦》第九十五回中，元妃最终还是在虎兔相交之年死去，即立春在虎年，死在立春后一日，就是兔年。元春一死，这个赫赫扬扬经历百载的贵族之家便迅速土崩瓦解。

判词的第三首是探春。探春是贾府的三小姐，贾政之妾赵姨娘之女。她虽然是庶出的身份，但却精明能干，工诗善书，趣味高雅，曾奉王夫人之命代凤姐理家，并主持大观园改革。连生性泼辣的王熙凤都忌惮三分，自叹不如。更为令人钦佩的是，她人格独立，不因庶出身份而自轻自贱，反而要强自尊，富有才华远见。可是这样一个"才自精明志自高"女性终究逃脱不了封建社会的魔爪，因此才有了探春被南安王妃选中，远嫁他乡，骨肉分离的结局。

判词的第四首是史湘云。"襁褓之间父母违"是指史湘云从小失去了父母，由叔父史鼎抚养。湘云虽然名义上是贵族小姐的身份，但是因为没有父母双亲的抚爱和依靠，不时要做针线活至三更才能维持在侯府的体面生活。湘云开朗活泼，襟怀坦荡，从未把生活的苦放在心上。后嫁与卫若兰，婚后不久，丈夫即得暴病，后成痨症而亡，史湘云立志守寡终身。

判词的第五首是妙玉。妙玉虽然入了尼姑庵，但她并不是一心遁入空门，而是带发修行。妙玉祖上是读书仕宦人家，因自幼多病，来了一个和尚说她只能寄养在尼姑庵才能平安长大。父母双亡后十七岁时随师父到长安都修行，师父圆寂后，被贾家请入栊翠庵带发修行。但她"欲洁何曾洁，云空未必空"，虽然身在尼姑庵，但是见到宝玉的时候正值妙龄的妙玉芳心萌动，宝玉生日，她特地派人送去"槛外人妙玉恭肃遥叩芳辰"的字帖。后贾府败落，小说写到她梦中被强人用迷魂香闷倒奸污，劫持而去。

判词的第六首是迎春。她是贾府大老爷贾赦与妾所生的，是贾府二小姐。她老实无能，懦弱怕事，有"二木头"的诨名。她不但才学不出众，作诗猜谜不如姐妹们，在为人处世上，也一味退让，任人欺侮。她的首饰攒珠垒丝金凤被下人拿去赌钱，她不追究，反而说："宁可没有了，又何必生气。"贾家在没落时期向孙绍祖借了五千两银子，孙绍祖是个发迹的无赖，贾家不想还这笔银子，于是就用贾府二小姐迎春抵债。迎春出嫁后不久，就被孙绍祖虐待而死。

判词的第七首是惜春。她是宁国府贾珍的妹妹。因父亲贾敬一味好道炼丹，母亲又早逝，她一直在荣国府贾母身边长大。由于没有父母怜爱，养成了孤僻冷漠的性格，冷口冷心，一心向佛。抄检大观园时，她丝毫不顾及多年主仆之情，撵走毫无过错的丫鬟入画，对别人的流泪哀伤无动于衷。四大家族的没落命运，三个姐姐的不幸结局，使她产生了弃世的念头，后来贾府被抄家之后她也入了栊翠庵遁入空门。

判词的第八首是凤姐。她是贾琏的妻子，王夫人的侄女。她精明强干，八面玲珑，深得贾母和王夫人的信任，并成为贾府的实际大管家。她面对贾瑞的轻佻极尽权术机变，残忍阴毒之能事，虽然贾瑞这种纨绔子弟死有余辜，但"毒设相思局"也可见其手段之毒辣。她"弄权铁槛寺"，为了三千两银子的贿赂，逼得张家的女儿和守备之子双双自尽。尤二姐以及她腹中的胎儿也被王熙凤"借刀杀人"害死。她极度贪婪，视人命如草芥，因此判词中"一从二令三人木，哭向金陵事更哀"一句表现了丈夫贾琏对她的态度变化：从一开始的言听计从到逐渐认清王熙凤本性的冷淡、冷漠，再到她几乎被休回娘家的悲惨下场，让人不得不感慨于这样精明泼辣的女子在封建社会也最终逃脱不了被厌弃的悲惨命运。

　　判词的第九首是巧姐。她是贾琏与王熙凤的女儿，因生在七月初七，刘姥姥给她取名为"巧姐"。巧姐出身豪门，从小生活优渥，在贾府败落之时母亲王熙凤把巧姐和金银财宝全部委托给哥哥王仁，但王仁正如他的名字"忘仁"，他背信弃义、毫无人性，竟把亲外甥女卖到了烟花巷。后来刘姥姥得知情况，不惜卖掉家中所有的土地房屋把巧姐赎了出来，长大后嫁给了刘姥姥的外孙板儿，也算有了好的结果，所为"巧得遇恩人"。之前得到王熙凤的偶然接济的刘姥姥只因受其一点点恩惠就铭记在心，知恩图报，而身为亲舅舅的王仁为了一己私利便卖掉外甥女巧姐，作者在此处把上层统治阶级的腐败不堪、背信弃义与下层百姓的善良正义、知恩图报进行了鲜明深刻的对比，更加凸显了对封建统治阶级的无情鞭挞。

　　判词的第十首是李纨，贾珠之妻，贾珠英年早逝，给她留下了一个儿子贾兰。李纨死守封建节操，是个恪守封建礼法的贤女节妇的典型。尽管她"如冰水好空相妒"，但是却牺牲了个人幸福，成为封建社会的殉葬品，不值得羡慕，只是白白地作了人家谈笑的材料而已。

　　判词的第十一首是秦可卿，贾蓉之妻。她是营缮司郎中秦邦业从养生堂抱养的女儿，小名可儿。秦可卿在《红楼梦》一众美女中独占鳌头，她长得袅娜纤巧，性格风流，行事又温柔和平，深得贾母等人的欢心。但就是这样一个姿容绝色、品性端方、大家交口称赞的女子终究也逃脱不了悲惨的命运。她被公公贾珍看上，发生了淫乱之事，在羞愧难当之下，一病不起，自缢于天香楼。

　　以上贾宝玉看到的金陵十二钗正册的判词，预示了群芳的命运。后面所听到的《红楼梦》十二支曲子也有同样的暗示作用。大观园中的女子，无论是身居显位的小姐，还是地位低下的丫鬟，都无法逃脱悲剧的命运。而她们的悲剧各自有不同的内容：有封建婚姻制度的悲剧，有封建道德礼教的悲剧，有封建婢妻制度的悲剧，有赤裸裸的封建暴力凌辱女性等等。在当时阶级不平等的时代，这些正册中小姐的地位比一般人家的女孩要高很多，都要遭受非人待遇，更何况贫苦无依的平民女子？所以《红楼梦》反映的是整个时代女性的悲剧。她们的悲剧是双重悲剧，是封建礼教所不能容许的爱情悲剧和封建制度所不能容许的叛逆者的悲剧。在中国文学史上，没有一部作品能够把爱情悲剧写得像《红楼梦》这样富有激动人心的力量，也没有一部作品能像《红楼梦》这样把爱情悲剧的社会根源揭示得如此全面和深刻。

　　那些生如夏花的女子，有的是反叛者，宁折不弯，不染人世烟尘；有的是殉道者，冰雪聪明，任是无情也动人；有的是不谙世事，心地自是清澈透明。还有许多其他美好的女子，"才自精明志自高"的三小姐贾探春，"心比天高风流灵巧"的丫头晴雯，"气质美如兰"的妙玉……然而就是这样一群女子，在她们最美好的年华里，被迫卷入那个黑暗社会的种种纷争。她们都曾用各自不同的方式挣扎和抗争过，她们不想屈从与命运，她们都曾企图抓住那渺茫的不能在渺茫的希望，却还是被阶级的斗争历史的潮流吞没，徒留悲鸣。她们的结局正是第五回中红楼十二曲中最后一曲所唱"好一似食尽鸟投林，落了片白茫茫大地真干净！"

历来学者对《红楼梦》都有精彩的评价。毛泽东同志在《论十大关系》中说：中国"除了地大物博，人口众多，历史悠久，以及在文学上有部《红楼梦》等外，很多地方不如人家，骄傲不起来。"鲁迅对《红楼梦》最为提纲挈领的评价是："自有《红楼梦》出来以后，传统的思想和写法都打破了。"

探究与思考

1. 为什么说《红楼梦》第五回是全书的总纲？

2. 作者在判词和曲子中运用了隐喻的手法含蓄交代了十二金钗的命运发展，你能分别谈一谈上文未提到的其他判词和曲子所对应的人物吗？

3. 《红楼梦》是我国四大名著之一，也是文学经典，你觉得要满足经典需要具备什么条件？

第三节　　金锁记¹（节选）　　张爱玲

作者简介

张爱玲（1920—1995），原名张煐，上海人，祖籍河北省唐山市，中国现代女作家。张爱玲系出名门，祖父张佩纶是清末名臣，祖母李菊藕是朝廷重臣李鸿章的长女。1943 年，张爱玲发表了首作《沉香屑·第一炉香》。此后又接连发表了小说《沉香屑·第二炉香》《红玫瑰与白玫瑰》《金锁记》《倾城之恋》《十八春》等；另有散文集《流言》《张看》等；翻译作品《海上花列传》等。1973 年，张爱玲定居洛杉矶。1995 年 9 月 8 日中秋节，张爱玲被发现逝世于美国加州，终年 75 岁。张爱玲被誉为"中国近现代史上的 20 位杰出女性"。

引文入境

姜季泽的女儿长馨过二十岁生日，长安去给她堂房妹子拜寿。那姜季泽虽然穷了，幸喜他交游广阔，手里还算兜得转。长馨背地里向她母亲道："妈想法子给安姐姐介绍个朋友罢，瞧她怪可怜的。还没提起家里的情形，眼圈儿就红了。"兰仙慌忙摇手道："罢！罢！这个媒我不敢做！你二妈那脾气是好惹的？"长馨年少好事，哪里理会得？歇了些时，偶然与同学们说起这件事，恰巧那同学有个表叔新从德国留学回来，也是北方人，仔细攀认起来，与姜家还沾着点老亲。那人名唤童世舫，叙起来比长安略大几岁。长馨竟自作主张，安排了一切，由那同学的母亲出面请客。长安这边瞒得家里铁桶相似。

　　七巧身子一向硬朗，只因她媳妇芝寿得了肺痨，七巧嫌她乔张做致，吃这个，吃那个，累又累不得，比寻常似乎多享了一些福，自己一赌气便也病了。起初不过是气虚血亏，却也将阖家支使得团团转，哪儿还能够兼顾到芝寿？后来七巧认真得了病，卧床不起，越发鸡犬不宁。长安乘乱里便走开了，把裁缝唤到她三叔家里，由长馨出主意替她制了新装。赴宴的那天晚上，长安先陪她到理发店去用钳子烫了头发，从天庭到鬓角一路密密的贴着细小的发圈，耳朵上戴了二寸来长的玻璃翡翠宝塔坠子，又换上了苹果绿乔琪纱旗袍，高领圈，荷叶边袖子，腰以下是半西式的百褶裙。一个小大姐蹲在地上为她扣揿钮，长安在穿衣镜里端详着自己，忍不住将两臂虚虚的一伸，裙子一踢，摆了个葡萄仙子的姿势，一扭头笑了起来道："把我打扮得天女散花似的！"长馨在镜子里向那小大姐做了个眉眼，两人不约而同也都笑了起来。长安妆罢，便向高椅上端端正正坐下了。长馨道："我去打电话叫车。"长安道："还早呢！"长馨看了看表道："约的是八点，已经八点过五分了。"长安道："晚个半个钟头，想必也不碍事。"长馨猜她是存心要搭点架子，心中又好气又好笑，打开银丝手提皮包来检点了一下，借口说忘了带粉镜子，迳自走到她母亲屋里来，如此这般告诉了一遍，又道："今儿又不是姓童的请客，她这架子是冲着谁搭的？我也懒得去劝她，由她挨到明儿早上去，也不干我事。"兰仙道："瞧你这糊涂！人是你约的，媒是你做的，你怎么卸得了这干系？我埋怨过你多少回了——你早该知道了，安姐儿就跟她娘一样的小家子气，不上台盘。待会儿出乖露丑的，说起来是你姐姐，你丢人也是活该，谁叫你把这些是是非非，揽上身来，敢是闲疯了？"长馨嘟着嘴在她母亲屋里坐了半晌。兰仙笑道："看这情形，你姐姐是等着人催请呢。"长馨道："我才不去催她呢！"兰仙道："傻丫头，要你催，中甚么用？她等着那边来电话哪！"长馨失声笑道："又不是新娘子，要三请四催的，逼着上轿！"兰仙道："好歹你打个电话到饭店里去，叫他们打个电话来，不就结了？快九点了，再挨下去，事情可真要崩了！"长馨只得依言做去，这边方才动了身。

　　长安在汽车里还是兴兴头头，谈笑风生的，到了菜馆子里，突然矜持起来，跟在长馨后面，悄悄掩进了房间，怯怯的褪去了苹果绿鸵鸟毛斗篷，低头端坐，拈了一只杏仁，每隔两分钟轻轻啃去了十分之一，缓缓咀嚼着。她是为了被看而来的。她觉得她浑身的装束，无懈可击，任凭人家多看两眼也不妨事，可是她的身体完全是多余的，缩也没处缩，她始终缄默着，吃完了一顿饭。等着上甜菜的时候，长馨把她拉到窗子跟前去观看街景，又托故走开了，那童世舫便踱到窗前，问道："姜小姐这儿来过么？"长安细声道："没有。"童世舫道："我也是第一次，菜倒是不坏，可是我还是吃不大惯。"长安道："吃不惯？"世舫道："可不是！外国菜比较清淡些，中国菜要油腻得多。刚回来，连着几天亲戚朋友们接风，很容易的就吃坏了肚子。"长安反覆地看她的手指，仿佛一心一意要数数一共有几个指纹是螺形的，几个是簸箕……

　　玻璃窗上面，没来由开了小小的一朵霓虹灯的花——对过一家店面里反映过来的，绿心红瓣，是尼罗河祀神的莲花，又是法国王室的百合徽章……

　　世舫多年没见过故国的姑娘，觉得长安很有点楚楚可怜的韵致，倒有几分欢喜。

他留学以前早就定了亲，只因他爱上了一个女同学，抵死反对家里的亲事，路远迢迢，打了无数的笔墨官司，几乎闹翻了脸，他父母曾经一度断绝了他的接济，使他吃了不少的苦，方才依了他，解了约。不幸他的女同学别有所恋，抛下了他，他失意之余，倒埋头读了七八年的书。他深信妻子还是旧式的好，也是由于反应作用。

和长安见了这一面之后，两下里都有了意。长馨想着送佛送到西天，自己再热心些，也没有资格出来向长安的母亲说话，只得央及兰仙。兰仙执意不肯道："你又不是不知道，你爹跟你二妈仇人似的，向来是不见面的。我虽然没有跟她红过脸，再好些也有限，何苦去自讨没趣？"长安见了兰仙，只是垂泪，兰仙却不过情面，只得答应去走一遭。妯娌相见，问候了一番，兰仙便说明了来意。七巧初听见了，倒也欣然，因道："那就拜托三妹妹罢！我病病哼哼的，也管不得了，偏劳了三妹妹。这丫头就是我的一块心病。我做娘的也不能说是对不起她了，行的是老法规矩，我替她裹脚；行的是新派规矩，我送她上学堂——还要怎么着？照我这样扒心扒肝调理出来的人，只要她不疤不麻不瞎，还会没人要吗？怎奈这丫头天生的是扶不起的阿斗，恨得我只嚷嚷；多是我眼闭一去了，男婚女嫁，听天由命罢！"

当下议妥了，由兰仙请客，两方面相亲。长安与童世舫只做没见过面模样，只会晤了一次。七巧病在床上，没有出场，因此长安便风平浪静的订了婚。在筵席上，兰仙与长馨强拉着长安的手，递到童世舫手里，世舫当众替她套上了戒指。女家也回了礼，文房四宝虽然免了，却用新式的丝绒文具盒来代替，又添上了一只手表。

订婚之后，长安遮遮掩掩竟和世舫独出去了几次。晒着秋天的太阳，两人并排在公园里走，很少说话，眼角里带着一点对方的衣服与移动着的脚，女子的粉香，男子的淡巴菰气，这单纯而可爱的印象便是他们身边的阑干，阑干把他们与众人隔开了。空旷的绿草地上，许多人跑着、笑着、谈着，可是他们走的是寂寂的绮丽的回廊——走不完的寂寂的回廊。不说话，长安并不感到任何缺陷。她以为新式的男女间的交际也就"尽于此矣"。童世舫呢，因为过去的痛苦的经验，对于思想的交换根本抱着怀疑的态度。有个人在身边，他也就满足了。从前，他顶讨厌小说上的男人，向女人要求同居的时候，只说："请给我一点安慰。"安慰是纯粹精神上的，这里却做了肉欲的代名词。但是他现在知道精神与物质的界限不能分得这么清。言语究竟没有用。久久的握手，就是妥协的安慰，因为会说话的人很少，真正有话说的人还要少。

有时在公园里遇着了雨，长安撑起了伞，世舫为她擎着。隔着半透明的蓝绸伞，千万粒雨珠闪着光，像一天的星。一天的星到处跟着他们，在水珠银烂的车窗上，汽车驰过了红灯、绿灯，窗子外营营飞着一窠红的星，又是一窠绿的星。

长安带了点星光下的乱梦回家来，人变得异常沉默了。时时微笑着。七巧见了，不由得有气，便冷言冷语道："这些年来，多多怠慢了姑娘，不怪姑娘难得开个笑脸。这下子跳出了姜家的门，称了心愿了，再快活些，可也别这么摆在脸上呀——叫人寒心！"依着长安素日的性子，就要回嘴，无如长安近来像换了个人似的，听了也不计较，自顾自努力去戒。七巧也奈何她不得。

　　长安订婚那天，大奶奶玳珍没去，隔了些天来补道喜。七巧悄悄唤了声大嫂，道："我看咱们还是在外头打听打听哩，这事可冒失不得！前天我耳朵里仿佛刮着一点，说是乡下有太太，外洋还有一个。"玳珍道："乡下的那个没过门就退了亲。外洋那个也是这样，说是做了几年的朋友了，不知怎么又没成功。"七巧道："那还有个为什么？男人的心，说声变，就变了，他连三媒六聘的还不认账，何况那不三不四的歪辣货？知道他在外洋还有旁人没有？我就只这一个女儿，可不能糊里糊涂断送了她的终身，我自己是吃过媒人的苦的！"

　　长安坐在一旁用指甲去掐手掌心，手掌心掐红了，指甲却挣得雪白。七巧一抬眼望见了她，便骂道："死不要脸的丫头，竖着耳朵听呢！这话是你听得的吗？我们做姑娘的时候，一声提起婆婆家，来不迭地躲开了。你姜家枉为世代书香，只怕你还要到你开麻油店的外婆家去学点规矩哩！"长安一头哭一头奔了出去。七巧拍着枕头嗳了一声道："姑娘急着要嫁，叫我也没法子。腥的臭的往家里拉。名为是她三婶给找的人，其实不过是拿她三婶做个幌子。多半是生米煮成了熟饭了，这才挽了三婶出来做媒。大家齐打伙儿糊弄我一个人……糊弄着也好！说穿了，叫做娘的做哥哥的脸往哪儿放？"

　　又一天，长安托辞溜了出去，回来的时候，不等七巧查问，待要报告自己的行踪，七巧叱道："得了，得了，少说两句罢！在我前面糊什么鬼？有朝一日你让我抓着了真凭实据——哼！别以为你大了，订了亲了，我打不得你了！"长安急了道："我给馨妹妹送鞋样子去，犯了法了？娘不信，娘问三婶去！"七巧道："你三婶替你寻了个汉子来，就是你的重生父母，再养爹娘！也没见你这样的轻骨头！……一转眼就不见你的人了。你家里供养了你这些年，就只差买个小厮伺候你，哪一处对你不住了，你在家里一刻也坐不稳？"长安红了脸，眼泪直掉下来。七巧缓过一口气来，又道："当初多少好的都不要，这会子去嫁个不成器的，人家拣剩下来的，岂不是自己打嘴？他若是个人，怎么活到三十来几，飘洋过海的，跑上十万里地，一房老婆还没弄到手？"

　　然而长安一味的执迷不悟。因为双方的年纪都不小了，订了婚不上几月，男方便托了兰仙来议定婚期。七巧指着长安道："早不嫁，迟不嫁，偏赶着这两年钱不凑手！明年若是田上收成好些，嫁妆也还整齐些。"兰仙道："如今新式结婚，倒也不讲究这些了。就照新派办法，省着点也好。"七巧道："什么新派旧派？旧派无非排场大些，新派实惠些，一样还是娘家的晦气！"兰仙道："二嫂看着办就是了，难道安姐儿还会争多论少不成？"一屋子的人全笑了，长安也不觉微微一笑。七巧破口骂道："不害臊！你是肚子里有了搁不住的东西是怎么着？火烧眉毛，等不及的要过门！嫁妆也不要了——你情愿，人家倒许不情愿呢！你就拿准了他是图你的人？你好不自量。你有哪一点叫人看得上眼？趁早别自骗自了！姓童的还不是看中了姜家的门第！别瞧你们家轰轰烈烈，公侯将相的，其实全不是那么回事！早就是外强中干，这两年连空架子也撑不起了。人呢，一代坏似一代，眼里哪儿还有天地君亲？少爷们是什么都不懂，小姐们就知道霸钱要男人——猪狗都不如！我娘家当初千不该万不该跟姜家结了亲，坑了我一世，我待要告诉那姓童的趁早别像我似的上了当!"

自从吵闹过这一番,兰仙对于这头亲事便洗手不管了。七巧的病渐渐痊愈,略略下床走动,便逐日骑着门坐着,遥遥向长安屋里叫喊道:"你要野男人你尽管去找,只别把他带上门来认我做丈母娘,活活的气死了我!我只图个眼不见,心不烦。能够容我多活两年,便是姑娘的恩典了!"颠来倒去几句话,嚷得一条街上都听得见。亲戚丛中自然更将这事沸沸扬扬传了开去。

七巧又把长安唤到跟前,忽然滴下泪来道:"我的儿,你知道外头人把你怎么长怎么短糟蹋得一个钱也不值!你娘自从嫁到姜家来,上上下下谁不是势利的,狗眼看人低,明里暗里我不知受了他们多少气。就连你爹,他有什么好处到我身上,我要替他守寡?我千心万苦守了这二十年,无非是指望你姐儿俩长大成人,替我争回一点面子来。不承望今日之下,只落得这等的收场!"说着,呜咽起来。

长安听了这话,如同轰雷掣顶一般。她娘尽管把她说得不成人,外头人尽管把她说得不成人,她管不了这许多。唯有童世舫——他——他该怎么想?他还要她么?上次见面的时候,他的态度有点改变吗?很难说……她太快乐了,小小的不同的地方她不会注意到……被戒烟期间身体上的痛苦与种种刺激两面夹攻着,长安早就有点受不了,可是硬撑着也就撑了过去,现在她突然觉得浑身的骨骼都脱了节,向他解释么?他不比她的哥哥,他不是她母亲的儿女,他决不能彻底明白她母亲的为人。他果真一辈子见不到她母亲,倒也罢了,可是他迟早要认识七巧。这是天长地久的事,只有千年做贼的,没有千年防贼的——她知道她母亲会放出什么手段来?迟早要出乱子,迟早要决裂。这是她的生命里顶完美的一段,与其让别人给它加上一个不堪的尾巴,不如她自己早早结束了它。一个美丽而苍凉的手势……她知道她会懊悔的,她知道她会懊悔的,然而她抬了抬眉毛,做出不介意的样子,说道:"既然娘不愿意结这个亲,我去回掉他们就是了。"七巧正哭着,忽然住了声,停了一停,又抽答抽答哭了起来。

长安定了一定神,就去打了个电话给童世舫。世舫当天没有空,约了明天下午。长安所最怕的就是中间隔的这一晚,一分钟,一刻,一刻,啃进她心里去。次日,在公园里的老地方,世舫微笑着迎上前来,没跟她打招呼——这在他是一种亲昵的表示。他今天仿佛是特别的注意她,并肩走着的时候,屡屡的望着她的脸。太阳煌煌的照着,长安越发觉得眼皮肿得抬不起来了。趁他不在看她的时候把话说了罢。她用哭哑了的喉咙轻轻唤了一声"童先生",世舫没听见。那么,趁他看她的时候把话说了罢。她诧异她脸上还带着点笑,小声道:"童先生,我想——我们的事也许还是——还是再说罢。对不起得很。"她褪下戒指来塞在他手里,冷涩的戒指,冷湿的手。她放快了步子走去,他愣了一会,便追上来,问道:"为什么呢?对于我有不满意的地方么?"长安笔直向前望着,摇了摇头。世舫道:"那么,为什么呢?"长安道:"我母亲……"世舫道:"你母亲并没有看见过我。"长安道:"我告诉过你了,不是因为你。跟你完全没有关系。我母亲……"世舫站定了脚。这在中国是很充分的理由了罢?他这么略一踌躇,她已经走远了。

园子在深秋的日头里晒了一上午又一下午，像烂熟的水果一般，往下坠着，坠着，发出香味来。长安悠悠忽忽听见了口琴的声音，迟钝地吹出了"Long Long Ago"——"告诉我那故事，往日我最心爱的那故事。许久以前，许久以前……"这是现在，一转眼也就变了许久以前了，什么都完了。长安着了魔似的，去找那吹口琴的人——去找她自己。迎着阳光走着，走到树底下，一个穿着黄短裤的男孩骑在树桠枝上颠颠着，吹着口琴，可是他吹的是另一个调子，她从来没听见过。不大的一棵树，稀稀朗朗的梧桐叶在太阳里摇着像金的铃铛。长安仰面看着，眼前一阵黑，像骤雨似的，泪珠一串串的披了一脸，世舫找到了她，在她身边悄悄站了半晌，方道："我尊重你的意见。"长安举起了她的皮包来遮住了脸上的阳光。

他们继续来往了一些时。世舫要表示新人物交女朋友的目的不仅限于择偶，因此虽然与长安解除了婚约，依旧常常地邀她出去。至于长安呢，她是抱着什么样的矛盾的希望跟着他出去，她自己也不知道——知道了也不肯承认。订婚的时候，光明正大的一同出去，尚且要瞒了家里，如今更成了幽期密约了。世舫的态度始终是坦然的。固然，她略略伤害了他的自尊心，同时他对于她多少也有点惋惜，然而"大丈夫何患无妻？"男子对于女子最隆重的赞美是求婚。他割舍了他的自由，送了她这一份厚礼，虽然她是"心领璧还"了，他可是尽了他的心。这是惠而不费的事。

无论两人之间的关系是怎样的微妙而尴尬，他们认真的做起朋友来了。他们甚至谈起话来。长安的没见过世面的话每每使世舫笑起来，说道："你这人真有意思！"长安渐渐的也发现了她自己原来是个"很有意思"的人。这样下去，事情会发展到什么地步，连世舫自己也会惊奇。

然而风声吹到了七巧的耳朵里。七巧背着长安吩咐长白下帖子请童世舫吃便饭。世舫猜着姜家许是要警告他一声，不准他和他们小姐藕断丝连，可是他同长白在那阴森高敞的餐室里吃了两盅酒，说了一会话，天气、时局、风土人情，并没有一个字沾到长安身上。冷盘撤了下去，长白突然手按着桌子站了起来。世舫回过头去，只见门口背着光立着一个小身材的老太太，脸看不清楚，穿一件青灰团龙宫织缎袍，双手捧着大红热水袋，身边夹峙着两个高大的女仆。门外日色昏黄，楼梯上铺着湖绿花格子漆布地衣，一级一级上去，通入没有光的所在。世舫直觉地感到那是个疯子——无缘无故的，他只是毛骨悚然，长白介绍道："这就是家母。"

世舫挪开椅子站起来，鞠了一躬。七巧将手搭在一个佣妇的胳膊上，款款走了进来，客套了几句，坐下来便敬酒让菜。长白道："妹妹呢？来了客，也不帮着张罗张罗。"七巧道："她再抽两筒就下来了。"世舫吃了一惊，睁眼望着她。七巧忙解释道："这孩子就苦在先天不足，下地就得给她喷。后来也是为了病，抽上了这东西。小姐家，够多不方便哪！也不是没戒过，身子又娇，又是由着性儿惯了的，说丢，哪儿丢得掉呢！戒戒抽抽，这也有十年了。"世舫不由得变了色，七巧有一个疯子的审慎与机智。她知道，一不留心，人们就会用嘲笑的，不信任的眼光截断了她的话锋，她已经习惯了那种痛苦。她怕话说多了要被人看穿了。因此及早止住了自己，忙着添酒布菜。

隔了些时，再提起长安的时候，她还是轻描淡写的把那几句话重复了一遍。她那平扁而尖利的喉咙四面割着人像剃刀片。

长安悄悄地走下楼来，玄色花绣鞋与白丝袜停留在日色昏黄的楼梯上。停了一会，又上去了，一级一级，走进没有光的所在。

七巧道："长白你陪童先生多喝两杯，我先上去了。"佣人端上一品锅来，又换上了新烫的竹叶青。一个丫头慌里慌张站在门口将席上伺候的小厮唤了出去，嘀咕了一会，那小厮又进来向长白附耳说了几句，长白仓皇起身，向世舫连连道歉，说："暂且失陪，我去去就来。"三脚两步也上楼去了，只剩世舫一人独酌。那小厮也觉过意不去，低低的告诉了他："我们绢姑娘要生了。"世舫道："绢姑娘是谁？"小厮道："是少爷的姨奶奶。"

世舫拿上饭来胡乱吃了两口，不便放下碗来就走，只得坐在花梨炕上等着，酒醋耳热。忽然觉得异常的委顿，便躺了下来。卷着云头的花梨炕，冰凉的黄藤心子，柚子的寒香……姨奶奶添了孩子了。这就是他所怀念着的古中国……他的幽娴贞静的中国闺秀是抽鸦片的！他坐了起来，双手托着头，感到了难堪的落寞。

他取了帽子出门，向那个小厮道："待会儿请你对上头说一声，改天我再面谢罢！"他穿过砖砌的天井，院子正中生着树，一树的枯枝高高印在淡青的天上，像磁上的冰纹。长安静静地跟在他后面送了出来。她的藏青长袖旗袍上有着淡黄的雏菊。她两手交握着，脸上显出稀有的柔和。世舫回过身来道："姜小姐……"她隔得远远的站定了，只是垂着头。世舫微微鞠了一躬，转身就走了。长安觉得她是隔了相当的距离看这太阳里的庭院，从高楼上望下来，明晰、亲切，然而没有能力干涉，天井、树，曳着萧条的影子的两个人，没有话——不多的一点回忆，将来是要装在水晶瓶里双手捧着看的——她的最初也是最后的爱。

芝寿直挺挺躺在床上，搁在肋骨上的两只手蜷曲着像宰了的鸡的脚爪。帐子吊起了一半。不分昼夜她不让他们给她放下帐子来，她怕。

外面传进来说绢姑娘生了个小少爷。丫头丢下了热气腾腾的药罐子跑出去看热闹。敞着房门，一阵风吹了进来，帐钩豁朗朗乱摇，帐子自动地放了下来，然而芝寿不再抗议了。她的头向右一歪，滚到枕头外面去。她并没有死——又挨了半个月光景才死的。

绢姑娘扶了正，做了芝寿的替身。扶了正不上一年就吞了生鸦片自杀了。长白不敢再娶了，只在妓院里走走。长安更是早就断了结婚的念头。

七巧似睡非睡横在烟铺上。三十年来她戴着黄金的枷。她用那沉重的枷角劈杀了几个人，没死的也送了半条命。她知道她儿子女儿恨透了她，她婆家的人恨她，她娘家的人恨她。她摸索着腕上的翠玉镯子，徐徐将那镯子顺着骨瘦如柴的手臂往上推，一直推到腋下。她自己也不能相信她年轻的时候有过滚圆的胳膊。就连出了嫁之后几年，镯子里也只塞得进一条洋绉手帕。十八九岁做姑娘的时候，高高挽起了大镶大滚的蓝夏布衫袖，露出一双雪白的手腕，上街买菜去。喜欢她的有肉店里的朝禄，她哥哥的结拜弟兄丁玉根、张少泉，还有沈裁缝的儿子。喜欢她，也许只是喜欢跟她开开玩笑。然而如果她挑中了他们之中的一个，往后日子久了，生了孩子，男人多少对她有点真心。七巧挪了挪头底下的荷叶边小洋枕，凑上脸去揉擦了一下，那一面的一滴眼泪她就懒怠去揩拭，由它挂在腮上，渐渐自己干了。

七巧过世以后，长安和长白分了家搬出来住。七巧的女儿是不难解决她自己的问题的，谣言说她和一个男子在街上一同走，停在摊子跟前，他为她买了一双吊袜带。也许她用的是她自己的钱，可是无论如何是由男子的袋里掏出来的。……当然这不过是谣言。

三十年前的月亮早已沉下去，三十年前的人也死了，然而三十年前的故事还没完——完不了。

注释

1. 本文节选自小说集《传奇》。写于 1943 年 10 月，同年 11 月在上海《杂志》月刊第 12 卷 2 期上发表，后收入小说集《传奇》，1944 年上海杂志社出版。1968 年香港皇冠出版社出版单行本。

作品鉴赏

张爱玲的写作生涯是从 1943 年的上海开始的。20 世纪 30～40 年代，在上海这样一个浮华的十里洋场，战争的阴云又给它增添了一种及时行乐的颓废气息。《金锁记》正是产生于这种时空背景，它既打上了时代的印迹，也掺杂了作家本人在个人身世背景中所形成的人生经验。张爱玲出生于一个封建没落贵族家庭，自小父母婚姻的破裂给她幼小的心灵留下独特深刻的痕迹，让她对人生、对婚姻都有了比同龄人更成熟的理解。这种别样的人生感悟体现在她的作品中，使她成为中国现代文学史上的一个"异数"。她始终站在社会和时代的边缘，书写着从自身成长经验中体会到的人生感悟，尤其是对女性在父权制社会文化结构中生存真相的描绘，对女性因长期缺乏社会经济地位而形成的自卑、软弱、虚荣、麻木的精神状态的揭示，更是达到了前所未有的高度。《金锁记》尤其表现了这一主题，它被傅雷先生称为"文坛最美的收获"之一，中国旅美文学评论家夏志清认为它是"中国从古以来最伟大的中篇小说"。

故事讲述了一个小商人家庭出身的女子曹七巧，从受害者变为害人者心理的变迁历程。曹七巧是麻油店老板的女儿，自小父母双亡，长大后又被势力眼的哥嫂嫁到旧日望族姜家，给先天患有软骨症的二少爷做正头奶奶。然而这样看似高攀的婚姻，却赔尽了七巧的一生。丈夫的软骨病让她数十年如同守活寡一般，她不过是顶着二少奶奶的虚名，去贴身服侍一个病恹恹的残废。还因为自己卑微的出身和乖张的性格而受到整个家族的排挤，连下人也看不起她。七巧欲爱而不能爱，几乎像疯子一样在姜家过了三十年，终于熬到丈夫和婆婆相继过世。然而在财欲与情欲的压迫下，她的性格早已扭曲，行为变得乖戾，分家后，压抑了多年的七巧终于有了话语权，她近乎变态地破坏儿子的婚姻，致使儿媳被折磨致死，还拆散女儿的爱情，成了一个彻彻底底的性变态与虐待狂。"三十年来她戴着黄金的枷。她用那沉重的枷角劈杀了几个人，没死的也送了半条命。"

本文节选的是曹七巧对女儿的虐待部分。她对女儿的虐待，完全是出于变态的金钱危机感和常年受压抑的性心理的释放。搬离了姜公馆，七巧成了家庭的主人，掌控了话语权，也控制了一双儿女的人生。为了守住金钱，她以女儿在学校丢失生活用品为借口大闹一场，令女儿长安丢尽颜面被迫辍学。在那个早已不时兴裹小脚的时代，她强迫自己13岁的女儿缠足一年，以致女儿长安的脚变形再也不可能恢复原状。她还以治病为由让女儿长安染上了鸦片。长安求学时的快乐，成长中的幸福，都被母亲曹七巧以扭曲的心态亲手扼杀了。"她的朋友们，她所喜欢的音乐教员，不久就会忘记了有这么一个女孩子，来了半年，又无缘无故悄悄的走了。走得干净。她觉得她这牺牲是一个美丽的、苍凉的手势。"可怜的长安把这份短暂的美丽藏在了内心深处，而在长期的被侮辱和被压迫中不得不屈服，开始逐渐地效仿母亲。但她又不情愿这样堕落，渴望着有人能给她以救赎。命运给了长安一个相对美好的转折，那就是与童世舫的相识和交往。爱情唤醒的是长安对美好生活的憧憬，感受到的是外面世界的精彩。为了将来的幸福生活，她努力戒烟，努力忍受母亲对自己的羞辱，小心地维护这个不易的机缘，但最后还是被七巧设计扼杀了。童世舫的转身离去，事实上是断了她免于自毁的最后一线希望，于是她走进了那没有光的所在。其实这也是谋嫁的悲哀，是女人无奈的选择，不求海誓山盟的浪漫，只想把自己嫁出去。然而她始终无法脱离母亲的控制，并逐渐走向与七巧近似的生活，成为无法摆脱命运枷锁的悲剧人物。曹七巧对儿女婚姻的破坏，既实现了她保全财产的愿望，又满足了她潜在的施虐欲。在七巧扭曲的人性中，母性的毁灭最令人悲哀，小说深刻地揭示出压抑的情欲如何以报复的方式转化为一种巨大的破坏性力量，这种力量毁灭了曹七巧身边的一个个亲人，最终也毁灭了她自己。小说最后写道："七巧挪了挪头底下的荷叶边小洋枕，凑上脸去揉擦了一下，那一面的一滴眼泪她就懒怠去揩拭，由它挂在腮上，渐渐自己干了。"这一细节描写生动地展示了曹七巧的精神世界，尽管她以虐人为乐趣，也没人能在她活着时谋去她的钱财，但她充满怨恨的内心一片苍凉，没有感受到人间一丝一毫的温暖与幸福。

张爱玲说过，曹七巧是她笔下唯一一个彻底的人。曹七巧是张爱玲《金锁记》中的一个血肉丰满，让人可恶可憎又深感可怜的人物。曹七巧的形象是立体的、全展的。她原本也是一个对爱情充满向往的青春泼辣的少女，但个人命运在强大的封建制度面前是无力柔弱的。在媒妁之言的时代，女子不能为自己做主，她被哥哥卖给姜家残疾的二少爷，致使她健康的人性需求无法得到满足，逐渐走向畸形变态。而且由于家庭出身低下，她在姜家始终处于被轻视的地位。女性特有的自我保护意识，以及她独有的性格特点都决定她要采取特殊的方式生存。她恨透了丈夫，恨透了姜家，恨透了自己势利的哥嫂，恨透了一切生活幸福的人。她用攻击别人的方式自卫，宁可伤害无辜的人也不给对方伤害自己的机会。她用二十年青春和压抑的情欲换来对金钱的支配权。姜公馆分家后，此时的七巧虽然有了自主权，但内心的畸形变态已经无可救治。她用变态和心理主宰和经营着自己的家业，培养教育自己的儿女，控制和毁灭了儿女的一生。曹七巧就是这样由一个受害者变为害人者，由封建制度可怜的牺牲品变成了人人憎恶的旧的封建礼制的帮凶。

张爱玲笔下的人物都具有很强的心理深度，这与作者作为女性独有的细腻的观察视角是分不开的。例如，写长安初见童世舫时的描写："长安在汽车里还是兴兴头头，谈笑风生的，到菜馆子里，突然矜持起来，跟在长馨后面，悄悄掩进了房间，怯怯地褪去了苹果绿鸵鸟毛斗篷，低头端坐，拈了一只杏仁，每隔两分钟轻轻啃去了十分之一，缓缓咀嚼着。"这段话当中用了"悄悄""怯怯""轻轻""缓缓"等数个叠音词，把长安渴望爱情又羞涩不安、焦灼的心理刻画得淋漓尽致。长安对于爱情的渴望是出于天性使然、青春的萌动，然而母亲对她的压制使她患得患失，生怕自己做得不够好，她希望在爱人面前始终保留着美好，因此不免显得拘谨不安。当留学归来的童世舫说吃不大惯国内的饭菜的时候，"长安反覆地看她的手指，仿佛一心一意要数数一共有几个指纹是螺形的，几个是簸箕……"，这样百无聊赖的动作描写，微妙地表现了长安过于在乎童世舫的态度变化，万事都小心翼翼的心理。

小说还善于利用环境描写展示主角的内心世界，烘托出作品的情感基调，形成一种色彩缤纷的视觉审美效果，突出苍凉衰败环境中生命独有的感受，将文学意韵传到读者心中。如长安与童世舫见面后的一段环境描写："玻璃窗上面，没来由地开了小小的一朵霓虹灯的花——对过一家店面里反映过来的，绿心红瓣，是尼罗河祀神的莲花，又是法国王室的百合徽章……"作者通过长安的视角在欣赏着这个世界。初恋是美好的，而长安也在用审美的目光观察着周围，当然此时她的心理也是美好的，这是长安在初见恋人时的一种矜持，是隐秘的喜悦。作者通过细腻的环境描写展示了人物初恋时微妙的心理世界。

小说的另一特色是侧面烘托的手法。最妙一笔是在选文后面，写到七巧约童世舫见面，一心要拆散他们。在童世舫的眼中，只见"门口背着光立着一个小身材的老太太"，童世舫"直觉地感到那是个疯子"。而小说末尾，对七巧的动作描写"她摸索着腕上的翠玉镯子，徐徐将那镯子顺着骨瘦如柴的手臂往上推，一直推到腋下。她自己也不能相信她年轻的时候有过滚圆的胳膊"。七巧年轻和年老时的对比也从侧面烘托出了人物可悲可叹的命运变化，妙笔如斯，令人叹服。

三十年前的月亮沉下去了，但半个世纪前的张爱玲连同她的文字却永垂不朽。《金锁记》如一颗光彩夺目的珍珠闪烁在现代文学宝库中。正如蔡华所说："她留下的一片荒凉与无尽叹息化成玻璃灵柩，守护着她过去的灿烂，隔着空明的玻璃墙回望过去，越光辉的成就也越凄凉。"

探究与思考

1. 请分析曹七巧的人物形象。
2. 小说有哪些细节描写体现了张爱玲女性独有的细腻的观察视角？
3. 小说如何利用环境描写展示人物的内心世界？

第四节　　金鲤鱼的百裥裙[1]　　林海音

作者简介

　　林海音（1918—2001），本名林含英，中国台湾苗栗县人，当代女作家。先后在北京城南厂甸小学、春明女子中学、北京新闻专科学校学习，毕业后担任北京《世界日报》记者。林海音的创作十分丰厚，作品有散文集《芸窗夜读》《剪影话文坛》《一家之主》等，散文小说合集《冬青树》，短篇小说集《烛芯》《婚姻的故事》《城南旧事》，长篇小说《春风》《晓云》《孟珠的旅程》，广播剧集《林海音自选集》《林海音童话集》等。林海音的作品被译为多种文字，一生荣获众多文学奖项，1998年获第三届世界华文作家大会"终身成就奖"。

引文入境

　　金鲤鱼有一条百裥裙，大红洋缎的，前幅绣着"喜鹊登梅"。金鲤鱼就喜欢个梅花，那上面可不是绣满了一朵朵的梅花。算一算，足足有九十九朵。两只喜鹊双双一对地停在梅枝上，姿式、颜色，配得再好没有，长长的尾巴，高高地翘着。头是黑褐色的，背上青中带紫，肚子是一块白。梅花朵朵，真像是谁把鲜花撒上去的。旁边两幅是绣的蝴蝶穿花，周边全是如意花纹的绣花边。

　　裙子是刚从老樟木箱子里拿出来的，红光闪闪地平铺在大沙发上。珊珊不知怎么欣赏才好，她双手抚着胸口，兴奋地叹着气说：

　　"唉！不得了，不得了，我从来没有见过这么美丽的百裥裙！"

　　她弯下腰伸手去摸摸那些梅花，那些平整的裥子，那些细致的花边。她轻轻地摸，仿佛一用力就会把那些娇嫩的花瓣儿摸散了似的。然后她又斜起头来，娇憨地问妈妈：

　　"妈咪！这条百裥裙是你结婚穿的礼服吗？"

　　妈妈微笑着摇摇头。这时爸爸刚好进来了，妈妈看了爸爸一眼，对珊珊说：

　　"妈咪结婚已经穿新式礼服喽！"

　　"那么这是谁的呢？"珊珊又一边轻抚着裙子一边问。

　　"问你爸爸吧！"妈妈说。

　　爸爸并没有注意她们母女在谈什么，他是进来拿晚报看的。

　　这时他回过头来，才注意到沙发上的东西。他扶了扶眼镜，仔细地看了看，并没有看出什么来。

"爸，这是谁的百裥裙呀？不是妈咪跟你结婚穿的吗?"珊珊还是问。

爸爸只是轻摇摇头，并没有回答，仿佛他也闹不清当年结婚妈妈穿的什么衣服了。但是停一下，他像又想起了什么，扭过头来，看了那裙子一眼，问妈说：

"这是哪里来的?"

"哪里来的?"妈咪谜语般地笑了，却对珊珊说：

"是你祖母的呀!"

"祖母的? 是祖母结婚穿的呀!"珊珊更加地惊奇，更加地发生兴趣了。

听说是祖母的，爸又伸了一下脖子，把报纸放下来，对妈咪说：

"拿出来做什么呢?"

"问你的女儿。"妈妈对女儿讲"问爸爸"，对爸爸却又讲"问女儿"了，总是在打谜语。

珊珊又耸肩又挤眼的，满脸注表情，她笑嘻嘻地说：

"我们学校欢送毕业同学晚会，有一个节目是服装表演，她们要我穿民初的新娘服装呢?""民初的新娘子是穿这个吗?"爸爸不懂，问妈妈。

"谁知道! 反正我没穿过!"妈咪有点生气爸爸的糊涂，他好像什么事都忘了。

"爸，你忘了吗?"珊珊老实不客气地说："你是民国十年结婚的呀! 结了婚，你就跑到日本去读书，一去十年才回来，害得我和哥哥们都小了十岁（她嘛了一下嘴）。你如果早十年生，大哥今年不就四十岁了? 连我也有二十八岁了呀!"

爸爸听了小女儿的话，哈哈地笑了，没表示意见。妈妈也笑了，也没表示意见。然后妈妈要叠起那条百裥裙，珊珊可急了。说：

"不要收呀，明天我就要拿到学校去，穿了好练习走路呢!"

妈妈说："我看你还是另想办法吧! 我是舍不得你拿去乱穿，这是存了四十多年的老古董咧!"

珊珊还是不依，她扭着腰肢，撒娇地说：

"我要拿去给同学们看。我要告诉她们，这是我祖母结婚穿的百裥裙!"

"谁告诉你这是你祖母结婚穿的啦? 你祖母根本没穿过!"妈妈不在意的，随口就讲了这么一句话，珊珊略显惊奇地瞪着眼睛看妈咪，爸爸却有些不耐烦地责备妈妈说：

"你跟小孩子讲这些没有意思的事情干什么呢?"

但是妈妈不会忘记祖母的，她常说，因为祖母的关系，爸爸终于去国十年回来了，不然的话，也许没有珊珊的三个哥哥，更不要说珊珊了。

爸爸当然不会忘记祖母，因为祖母的关系，他才决心到日本去读书的。

在这里，很少——可以说简直没有人认识当年的祖母，当然更不知道金鲤鱼有一条百裥裙的故事了。

六岁来到许家

许大太太常常喜欢指着金鲤鱼对人这么说：

"她呀，六岁来到许家，会什么呀？我还得天天给她梳辫子，伺候她哪！"

许大太太给金鲤鱼的辫子梳得很紧，她对金鲤鱼也管得很紧。没有人知道金鲤鱼的娘家在哪儿，就知道是许大太太随许大老爷在崇明县的任上，把金鲤鱼买来的。可是金鲤鱼并不是崇明县的人，听说是有人从镇江把她带去的。六岁的小姑娘。就流离转徙地卖到了许家。她聪明伶俐，人见人爱。虽然是个丫头的身份，可是许大太太收在房里当女儿看待。许家的丫头多的是，谁有金鲤鱼这么吃香？她原来是叫鲤鱼的，因为受宠，就有那多事的人，给加上个"金"字，从此就金鲤鱼金鲤鱼地叫顺了口。

许大太太生了许多女儿，大小姐，二小姐，三小姐，四小姐，五——还是小姐。到了五小姐，索性停止不生了。许家的人都很着急，许大老爷的官做得那么大，如果没个儿子，很蹩扭[2]。因此老太太要考虑给儿子纳妾了。许大太太什么都行，就是生儿子不行，她看着自己的一窝女儿，一个赛一个地标致，如果其中有一个是儿子，也这么粉团儿似的，该是多么的不同！

那天许大太太带着五个女儿，还有金鲤鱼，在花厅里做女红。她请了龚嫂子来教女儿们绣花。龚嫂子是湖南人，来到北京，专给宫里绣花的，也在外面兼教闺中妇女刺绣。许大太太懂得一点刺绣，她说顾绣[3]虽然翎毛花卉山水人物无不逼真，可是湘绣也有它的特长，因为湘绣参考了外国绣法，显得新鲜活泼，所以她请了龚嫂子来教刺绣。

龚嫂子来了，闺中就不寂寞，她常常带来宫中逸事，都不是外面能知道的。所以她的来临，除了教习以外，也还多了一个谈天的朋友。

那天许大太太和龚嫂子又谈起了老爷要纳妾的事。龚嫂子忽然瞟了一眼金鲤鱼，努努嘴，没说什么。金鲤鱼正低头在白缎子上描花样。她这时十六岁了，个子可不大，小精豆子似的。许大太太明白了龚嫂子的意思，她寻思，龚嫂子的脑筋怎么转得那么快，眼前摆个十六岁的大丫头，她以前怎么就没想到呢！

金鲤鱼是她自己的人，百依百顺，逃不出她的手掌心。把金鲤鱼收房给老爷做姨太太，才是办法。她想得好，心里就畅快了许多，这些时候，为了老太太要给丈夫娶姨太太，她都快闷死了！

六岁来到许家，十六岁收房做了许老爷的姨太太，金鲤鱼的个子还抵不上老爷书房里的小书架子高呢！就不要紧，她才十六岁，还在长哪！可是，年头儿收的房，年底她就做了母亲了。金鲤鱼真的生了一个粉团儿似的大儿子，举家欢天喜地，却都来向许大太太道喜，许大太太高兴得嘴都合不拢了。

许大太太不要金鲤鱼受累，奶妈早就给雇好了。一生下，就抱到自己的房里来抚养。许大太太没有什么可操心的了。许大老爷，就让他归了金鲤鱼吧！她有了振丰——是外公给起的名字——就够了。

有许大太这样一位大太太，怪不得人家会说：

"金鲤鱼，你算是有福气的，遇上了这位大太太。"

金鲤鱼也觉得自己确是有福气的。可是当人家这么对她说的时候，她只笑笑。人家以为那笑意便是表示她的同意和满意，其实不，她不是那意思。她认为她有福气，并不是因为遇到了许大太太，而是因为她有一个争气的肚子，会生儿子。所以她笑笑，不否认，也不承认。

无论许大太太待她怎么好，她仍然是金鲤鱼。除了振丰叫她一声"妈"以外，许家一家人都还叫她金鲤鱼。老太太叫她金鲤鱼，大太太叫她金鲤鱼，小姐们也叫她金鲤鱼，她是一家三辈子人的金鲤鱼！金鲤鱼，金鲤鱼，她一直在想，怎么让这条金鲤鱼跳过龙门！

到了振丰十八岁，这个家庭都还没有什么大改变，只是这时已经民国了，许家的大老爷早已退隐在家做遗老了。

这一年的年底，就要为振丰完婚。振丰自己嫌早，但是父母之命难违，谁让他是这一家的独子，又是最小的呢！对方是江宁端木家的四小姐，也才不过十六岁。

从春天两家就开始准备了。儿子是金鲤鱼生的，如今要娶媳妇了，金鲤鱼是什么滋味？有什么打算？

有一天，她独自来到龚嫂子家。

绣个喜鹊登梅吧

龚嫂子不是当年在宫里走动的龚嫂子了，可是皇室的余荫⁴，也还给她带来了许多幸运。她在哈德门⁵里居家，虽然年纪大了，眼睛不行了，不能自己穿针引线地绣花，可是她收了一些女徒弟，一边教，一边也接一些定制的绣活，生意很好，远近皆知。交民巷⁶里的洋人，也常到她家里来买绣货。

龚嫂子看见金鲤鱼来了，虽然惊奇，但很高兴。她总算是亲眼看着金鲤鱼从小丫头变成大丫头，又从大丫头收房作了姨奶奶，何况——多多少少，金鲤鱼能收房，总还是她给提的头儿呢。金鲤鱼命中带了儿子，活该要享后福呢！她也听说金鲤鱼年底要娶儿媳妇了，所以她见了面就先向金鲤鱼道喜。金鲤鱼谢了她，两个人感叹着日子过得快。然后，金鲤鱼就说到正题上了，她说：

"龚嫂子，我今天是来找龚嫂子给绣点东西。"

于是她解开包袱，摊开了一块大红洋缎，说是要做一条百裥裙，绣花的。

"绣什么呢？"龚嫂子问。

"就绣个喜鹊登梅吧！"金鲤鱼这么说了，然后指点着花样的排列，她要一幅绣满了梅花的"喜鹊登梅"，她说她就爱个梅花，自小爱梅花，爱得要命。她问龚嫂子对于她的设计，有什么意见？

龚嫂子一边听金鲤鱼说，一边在寻思，这条百裥裙是给谁穿的？给新媳妇穿的吗？不对。新媳妇不穿"喜鹊登梅"这种花样，也用不着许家给做，端木家在南边，到时候会从南边带来不知道多多少少绣活呢！她不由得问了：

"这条裙子是谁穿呀？"

"我。"金鲤鱼回答得很自然，很简单，很坚定。只是一个"我"字，分量可不轻。

　　"噢——"龚嫂子一时愣住了，答不上话，脑子在想，金鲤鱼要穿大红百裥裙了吗？她配吗？许家的规矩那么大，丫头收房的姨奶奶，哪就轮上穿红百裥裙了呢？就算是她生了儿子，可是在许家，她知道得很清楚，儿子归儿子，金鲤鱼归金鲤鱼呀！她很纳闷。可是她仍然笑脸迎人地依照了金鲤鱼所设计的花样——绣个满幅喜鹊登梅。她答应赶工半个月做好。

　　喜鹊登梅的绣花大红百裥裙做好了，是龚嫂子亲自送来的。谁有龚嫂子懂事？她知道该怎么做，因此她直截了当地就送到金鲤鱼的房里。

　　打开了包袱，金鲤鱼看了看，表示很满意，就随手叠好又给包上了，她那稳定而不在乎的神气，真让龚嫂子吃惊。龚嫂子暗地里在算，金鲤鱼有多大了？十六岁收房，加上十八岁的儿子，今年三十四喽！到许家也快有三十年喽，她要穿红百裥裙啦！她不知道应当怎么说，金鲤鱼到底该不该穿？

　　金鲤鱼自己觉得她该穿。如果没有人出来主张她穿，那么，她自己来主张好了。送走了龚嫂子回到房里，她就知道"金鲤鱼有条百裥裙"这句话，一定已经被龚嫂子从前头的门房传到太太的后上房了，甚至于跨院堆煤的小屋里，西院的丁香树底下，到处都悄声悄语在传这句话。可是，她不在乎，金鲤鱼不在乎。她正希望大家知道，她有一条大红西洋缎的绣花百裥裙子。

　　很早以来，她就在想这样一条裙子，像家中一切喜庆日子时，老奶奶，少奶奶，姑奶奶们所穿的一样。她要把金鲤鱼和大红百裥裙，有一天连在一起——就是在她亲生儿子振丰娶亲的那天。谁说她不能穿？这是民国了，她知道民国的意义是什么——"我也能穿大红百裥裙"，这就是民国。

　　百裥裙收在樟木箱子时，她并没有拿出来给任何人看，也没有任何人来问过她，大家就心照不宣吧。她也没有试穿过，用不着那么猴儿急。她非常沉着，她知道该怎么样的沉着去应付那日子——她真正把大红绣花百裥裙穿上身的日子。

　　可是到了冬月底，许大太太发布了一个命令，大少爷振丰娶亲的那天，家里妇女一律穿旗袍，因为这是民国了，外面已经兴穿旗袍了，而且两个新人都是念洋学堂的，大家都穿旗袍，才显得一番新气象。许大太太又说，她已经叫了亿丰祥的掌柜的来，做旗袍的绫罗绸缎会送来一车，每人一件，大家选吧。许大太太向大家说这些话的时候，曾向金鲤鱼扫了一眼。金鲤鱼坐在人堆里，眼睛可望着没有人的地方，身子扳得纹风不动，她真沉得住气。她也知道这时有多少只眼睛向她射过来，仿佛改穿旗袍是冲着她一个人发的。空气不对，她像被人打了一门根子。她真没想到这一招儿，心像被虫啃般的痛苦。她被铁链链住了，想挣脱出来一下，都不可能。

　　到了大喜的日子，果然没有任何一条大红百裥裙出现。不穿大红百裥裙，固然没有身份的区别了，但是，穿了呢？不就有区别了吗？她就是要这一点点的区别呀！一条绣花大红百裥裙的分量，可比旗袍重多了，旗袍人人可以穿，大红百裥裙可不是的呀！她多少年就梦想着，有一天穿上一条绣着满是梅花的大红西洋缎的百裥裙，在上房里，在花厅上，在喜棚下走动着窸窸窣窣的声音，是从熨得平整坚实的裙裥子里发出来的。那个声音，曾令她羡妒，令她渴望，令她伤心。

一去十年

当振丰赶到家，站在他的亲生母亲的病榻前时，金鲤鱼已经在弥留的状态中了。她仿佛睁开了眼，也仿佛哼哼地答应了儿子的呼声，可是她什么都不知道了。

这是振丰离国到日本读书十年后第一次回家——是一个急电给叫回来的。不然他会呆多久才回来呢？

当振丰十八岁刚结婚时，就感觉到家中的空气，对他的亲生母亲特别的不利，他也陷入痛苦中。他有抚养着他的母亲，宠惯着他的姐姐，关心着他的父亲，敬爱着他的亲友和仆从，但是他也有一个那样身份的亲生母亲。他知道亲生母亲有什么样的痛苦，因为传遍全家的"金鲤鱼有一条百裥裙"的笑话，已经说明了一切。在这个新旧思想交替和冲突的时代和家庭里，他也无能为力。还是远远地走开吧，走离开这个沉闷的家庭，到日本去念书吧！也许这个家庭没有了他这个目标人物，亲生母亲的强烈的身份观念，可以减轻下来，那么她的痛苦也说不定会随着消失了。他是怀着为人子的痛苦去国的，那时的心情只有自己知道，让他去告诉谁呢！

他在日本书念得很好，就一年年地呆下去了。他吸收了更多更新的学识，一心想钻研更高深的学问，便自私得顾不得国里的那个大家庭了。虽然也时时会兴起对新婚妻子的歉疚，但是结果总是安慰自己说，反正成婚太早，以后的日子长远得很呢。

现在他回来了，像去国是为了亲生母亲一样，回来仍是为了她，但母亲却死了！死，一了百了。可是他知道母亲是含恨而死的，恨自己一生连想穿一次大红百裥裙的机会都被剥夺了，对她是一件多么残酷的事。她是郁郁不欢地度过了这十年的岁月吗？她也恨儿子吗？恨儿子远行不归，使她在家庭的地位，更不得伸张而永停在金鲤鱼的阶段上。生了儿子应当使母亲充满了骄傲的，她却没有得到，人们是一次次地压制了她应得的骄傲。

振丰也没有想到母亲这样早就去世了，他一直有个信念，总有一天让这个叫"妈"的母亲，和那个叫"娘"的母亲，处于同等的地位，享受到同样的快乐。这是他的孝心，悔恨在母亲的有生之年，并没有向她表示过，竟让她含恨而死。

这一家人虽然都悲伤于金鲤鱼的死，但是该行的规矩，还是要照行。出殡的那一天，为了门的问题，不能解决。说是因为门窄了些，棺材抬不过去。振丰觉得很奇怪，他问到底是哪个门嫌窄了？家人告诉他，是说的"旁门"，因为金鲤鱼是妾的身份，棺材是不能由大门抬出去的，所以他们正在计划着，要把旁边的门框临时拆下一条来，以便通过。

振丰听了，胸中有一把火，像要燃烧起来。他的脸涨红了，抑制着激动的心情，故意问：

"我是姨太太生的，那么我也不能走大门了？"

老姑母苦笑着责备说：

"傻孩子，怎么说这样的话！你当然是可以走大门……"

振丰还没等老姑母讲完，便冲动地，一下子跑到母亲的灵堂，趴伏在棺木上，捶打痛喊着说：

"我可以走大门，那么就让我妈连着我走一回大门吧！就这么一回！就这么一回！"

所有的家人亲戚都被这景象吓住了。振丰一直伏在母亲的棺木上痛哭，别人也不知道该怎么劝解，因为太意外了。结局还是振丰扶着母亲的棺柩，堂堂正正地由大门抬了出去。

他觉得他在母亲的生前，从没有能在行为上表示一点孝顺，使她开心，他那时是那么小，那么一事无知，更缺乏对母亲的身份观念的了解。现在他这样做了，不知道母亲在冥冥中可体会到他的心意？但无论如何，他沉重的心情，总算是因此减轻了许多。

现在算不得什么了

看见妈妈舍不得把百裥裙给珊珊带到学校去，爸爸倒替珊珊说情了，他对妈妈说：

"你就借她拿去吧，小孩子喜欢，就让她高兴高兴。其实，现在看起来，这些都算不得什么了！那时，一条百裥裙对于一个女人的身份，是那样地重要吗？现在想来，真是不可思议的。看女学生只要高兴，就可以随便穿上它在台上露一露。唉！时代……"

话好像没说完，就在一声感喟下戛然而止了。而珊珊只听了头一句，就高兴得把百裥裙抱了起来，其余，爸爸说的什么，就完全不理会了。

妈妈也想起了什么，她对爸爸说：

"振丰，你知道，我当初很有心要把这条百裥裙给放进棺材里，给妈一起陪葬算了，我知道妈是多么喜欢它。可是……"

妈也没再说下去了，她和爸一时都不再说话，沉入了缅想中。

珊珊却只顾拿了裙子朝身上比来比去，等到裙子扯开来是散开的两幅，珊珊才急得喊妈妈：

"妈咪，快来，看这条裙子是怎么穿法嘛！"

妈拿起裙子来看看，笑了，她翻开那裙腰，指给爸爸和珊珊看，说：

"我说没有人穿过，一点儿不错吧？看，带子都还没缝上去哪！"

注释

1 本文选自《台湾作家小说选集》。百裥（jiǎn）裙：多褶的裙子，也叫"百褶裙"。裥，意为多褶。

2. 鳖扭：又称别扭，不顺心、难对付的意思。

3. 顾绣：指沿用明代顾氏绣法制成的刺绣。

4. 余荫：剩留下来的荫庇，一般指前辈对后代的保佑。

5. 哈德门：崇文门的俗称，原称文明门。

6. 交民巷：当时外国商人、使领馆比较集中的北京的所在地。

📖作品鉴赏

　　林海音是伴随着五四精神长大的，她目睹了许多在旧中国封建制度下挣扎的妇女的人生悲剧，所以她曾说，在新旧交替的时代，有很多人跳过来了，还有很多人没有跳过来。她的作品正是以这样一部分没有跳过来的女性为主角，关注她们内心的苦难。

　　本文的故事发生在民国初年，小说以倒叙的方式将故事娓娓道来：金鲤鱼从小便被卖到许家当婢女，她替大太太生下儿子却被夺走，鉴于身份不敢抗争只能隐忍。儿子成婚，她下定决心要穿百裥裙以争名分，但是到死也没有穿上。小说展现了身为小妾的小人物金鲤鱼心碎的遭遇以及悲惨的一生，揭示了旧的封建等级制度对女性的压迫，以及一夫多妻制给女性带来的伤害和封建宗法制度的罪恶。

　　全文可以分为五个部分：第一部分写女儿珊珊发现了祖母金鲤鱼的百裥裙；第二部分倒叙金鲤鱼自小被卖到许家做丫鬟，后成为小妾的故事；第三部分倒叙金鲤鱼在娶儿媳前请人做了一条喜鹊登梅的绣花大红百裥裙，以此来争名分；第四部分倒叙儿子振丰因母亲身份地位的尴尬而内心痛苦，逃避现实出国十年，在金鲤鱼病逝时才赶回家为母亲尽孝心；第五部分叙述了女儿珊珊要穿百裥裙，却发现那是一件未完工未穿过的裙子。

　　金鲤鱼悲剧的客观原因是根深蒂固的封建等级制度的影响。百裥裙穿还是不穿，穿在谁的身上，都是由许家大太太决定的。而身为小妾的金鲤鱼虽然生下了儿子，但直到死，她也未能如愿地穿上象征身份地位的百裥裙，甚至连她的棺材也不能从正门抬出去。金鲤鱼不过是许大太太放在老爷身边的一枚任由主人控制的棋子罢了。而嫁给老爷，人们对她的称呼也没有改变，人们对她的身份认识永远停在名为金鲤鱼的下人的那个阶段。小说表明，由于封建思想的根深蒂固，妇女只能任由封建等级制度的摆布而无能为力。

　　金鲤鱼内外交困，自身思想的牢笼也束缚着她。金鲤鱼聪明伶俐、温和善良，但逆来顺受、处处忍让。她也有梦想，面对儿子被夺走、身份被压迫，想要反抗。但是在封建等级制度的影响下，她在儿子的婚礼上也没敢穿上自己朝思暮想的、显示自己地位的百裥裙。表面上看，她与大太太之间的矛盾仅仅是穿衣之争，但问题的根本最终要归于金鲤鱼本人自身思想的局限性，只有彻底地从封建家庭走出去，同封建等级制度决裂才能找到出路。她只懂得用穿百裥裙来争名分，来表达不满，她并不懂得她的不幸是与她的传统思想缠绕在一起的。她对穿一次百裥裙的渴望还是出于与反对她的人一样的身份意识和等级意识，这是她受自身局限性摆脱不了的，是她悲剧的主观原因。

　　"百裥裙"在全文有重要的作用：第一，它是小说的中心线索，贯穿全文。开头写了女儿珊珊发现金鲤鱼的百裥裙从而引出下面的关于百裥裙的故事，百裥裙成为矛盾的开端。中间倒叙金鲤鱼做百裥裙等待在儿子婚礼上穿以争名分。结果许大太太故意让大家穿旗袍令金鲤鱼穿百裥裙的希望落空，能否穿上百裥裙又推动了故事的发展。儿子振丰在母亲葬礼上抗争，金鲤鱼直到死也没有穿上百裥裙，让人为她的命运所唏嘘，金鲤鱼至死也没有为自己争来名分，是残酷的封建等级制度把小人物压迫致死，百裥裙推动故事情节到达了高潮。到最后百裥裙并未完成的结局给金鲤鱼的死带来无尽的嘲弄。从矛盾的开端、发展、高潮、结局，都是百裥裙在推动着故事情节前进。第二，"百裥裙"在小说中象征着身份、地位和权力。尽管当时已经民国了，但人们的思想还停留在封建时代：大红百裥裙只能太太们穿。因此，当金鲤鱼在龚嫂子面前流露出自己想在儿子结婚时穿一次百裥裙的想法时，龚嫂子一时愣住了，答不上话。"丫头收房的姨奶奶，哪就轮上穿红百裥裙了呢？"龚嫂子的这种想法体现了当时等级制度森严的封建社会对下层人民的思想的束缚，作品以小见大地折射了封建社会女性的悲惨处境，女性无法主宰自己的命运、身份，连穿什么衣服也是不由自主的。第三，"百裥裙"凸显人物的个性。金鲤鱼想穿一次百裥裙的愿望说明封建等级观念已深入她的灵魂，同时体现了她反抗意识的觉醒，但在许大太太的命令下，金鲤鱼被迫放弃了穿百裥裙，则表现了她的懦弱。作品刻画了一个有抗争意识但又处处隐忍为安的下层妇女形象。第四，"百裥裙"使小说主旨鲜明。小说通过写金鲤鱼穿百裥裙梦想破灭的过程，以小见大地突出了封建礼教、等级观念对妇女的压迫，加强了小说的批判性。

小说在结构上的特点是：第一，采取倒叙方式，开头通过女儿珊珊发现金鲤鱼的百裥裙后对这件裙子进行了大段的细节描写，设置悬念，引出下文。结尾却发现百裥裙是一件未完工的裙子表现了金鲤鱼争取名分的希望落空。文章情节安排起伏跌宕，扣人心弦。第二，以百裥裙为叙事的中心线索，以小见大地反映了金鲤鱼一生的悲惨遭遇。文章开头以百裥裙的美丽来铺垫金鲤鱼悲惨的命运，中间以儿子振丰对母亲不幸遭遇的怨愤和反抗侧面烘托母亲形象，结尾以裙子未完工来画龙点睛。

小说语言平实自然，于不动声色中见深味，在写作手法上采用了排比、呼告、比喻修辞手法，比如排比句"那个声音，曾令她羡妒，令她渴望，令她伤心"。再如呼告"就这么一回！就这么一回！"连声呼告的作用表现了振丰让妈妈死后平等地做回家庭成员的心愿。这里表现出振丰的思想活动：对母亲一生的遭遇十分痛心，尽力对封建等级制度和封建等级观念进行抗争。文章在人物表现手法上主要运用了神态描写"脸涨红了"，动作描写"跑到母亲灵堂，趴伏在棺木上捶打"，心理描写"胸中有一把火"，以及语言描写等。

探究与思考

1. 金鲤鱼悲剧的主观、客观原因是什么？
2. 请结合文章内容分析"百裥裙"在小说中的作用。
3. 小说在结构上有什么特点？
4. 请谈一谈小说的修辞手法。

综合实践

单元主题文化践行活动：关爱弱势群体

一、文化践行主题

本单元文化践行活动的主题是"关爱弱势群体"。

当今社会中无疑依然存在着低收入职业者，残障人士，没有亲人照顾、丧失自理能力的老人等，这些都是社会的弱势群体。关爱弱势群体是一个国家文明的标志，也是社会责任感的体现。倡导青年学子关爱弱势群体，有助于增强社会责任感，培养人文情怀。

二、文化践行目的

为了提高当代大学生的社会实践能力，践行青年学生的时代使命，引领社会风尚，充分彰显青春的色彩，释放青春的激情。为了贯彻党的执政能力，稳定社会发展的重要趋势，平衡群体差异，走进弱势群体的生活，可以真正了解基层社会、深入弱势群体，鼓励更多青年人跻身于中国青年志愿者的队伍。

三、文化践行活动

根据本校实际情况，结合学生特点，在以下文化践行活动中选择一项进行。

文化践行活动一："关爱弱势群体"社会实践活动

1. 活动目标

关爱弱势群体，贡献自己的力量，同时培养学生关注社会的责任感和帮助他人的美好品德。

2. 活动类型

校外实践。

3. 活动方案

（1）联系福利院，确定活动时间，并协调相关工作。

（2）了解特殊教育学校的相关信息（基础设施、娱乐设施、管理制度以及同学们的生活空间及舒适度）。

（3）了解特殊孩子的相关信息（学生数量、学生年龄层次、学生的生活作息情况和一些基本锻炼方法）。

（4）确定特殊教育学校参与该活动的特殊孩子的人数，以及参加本次活动的志愿者人数。

（5）做好宣传工作，在校内做好海报宣传、广播呼吁，在各班级进行通知，鼓励同学们积极参与此次活动。

（6）划分小组，合理安排志愿者。

（7）出发前统一服装。

（8）在去福利院前带上一些零食送给小朋友，也可以带上个人想要捐献的东西，并准备一些小节目和游戏与老人、孩子们互动。

（9）事先了解去特殊教育学校时要注意的事项、处理突发事件的措施。

文化践行活动二：“关爱弱势群体”问卷调查

1. 活动目标

充分了解弱势群体的生存状态，了解社会上对弱势群体的情感和态度倾向，为弱势群体营造一个充满关爱的良好社会环境。

2. 活动类型

校内实践。

3. 活动方案

（1）实践分组：每班以小组为单位开展文化践行活动，每组 5 人左右，选定组长 1 人。

（2）以小组为单位，开展针对弱势群体的调查，各个小组自行设计调查问卷，重点了解社会对弱势群体的了解情况、态度倾向以及社会资源对于弱势群体的配置情况。

文化践行活动三：“关爱弱势群体”的倡议书

1. 活动目标

通过参加“关爱弱势群体”活动和问卷调查，对弱势群体的生活状态有一定了解，树立社会责任心。针对你了解的情况，写一封倡议书，提出一定的建议和意见，对弱势群体进行帮扶。

2. 活动类型

校内实践。

3. 活动方案

（1）实践分组：每班以小组为单位开展文化践行活动，每组 5 人左右，选定组长 1 人。

（2）请以“关爱弱势群体倡议书”为主题，小组成员对弱势群体的生存状态提出意见和建议。

下篇

表达应用

第七章 应用文基础知识

开篇导读

　　应用文体和应用写作具有悠久的历史。它基于人类的需要而产生又为适应人类历史进展多方面的需要而不断地发展。应用文起源于人类生活的实际需要，又直接为人类生活的实际需要而服务。例如，殷商时期甲骨卜辞所记载的内容涉猎多且广，有国家政务方面的记载，有经济方面的记载，有军事作战方面的记载，有帝王生活、活动方面的记载，还有占卜方面的记载。在《殷墟卜辞综述》中，把记载的各方面的内容归结为六大类，即祭祀、天时、年成、王事和旬夕等。这些都是对当时生产活动和生活等各方面情况的记述，是殷商时期人们生活、活动的文字标记。随着社会的发展和进步，应用文成了传递信息、组织生产、推广成果、发展科学，以及人们在社会交往、思想交流中使用的重要载体。

学习目标

　　知识目标：了解应用文的概念与作用；掌握应用文的特点与分类；掌握应用文写作的基本要求。

　　能力目标：能够正确认识应用文的概念与作用；能够正确理解应用文写作的基本要求；能够正确认识应用文写作与人们的生产生活的重要关系。

应用文

　　素质目标：培养大学生对应用文写作的浓厚兴趣；提高大学生对应用文写作重要性的认识；提升大学生在写作方面的文化素养。

　　知识广角：人们在现实社会里，无论从事何种职业，都离不开使用应用文。在文章体裁中，应用文体与人们的关系最密切、最直接，使用的频率最高、范围最广。其适用范围涵盖非常广，各行各业的人们都是应用文体的写作者。能否得心应手地撰写应用文，已成为衡量一个人工作能力高低的重要标准之一。

第一节　应用文的概念和作用

一、应用文的概念

　　关于应用文的概念，是个众说纷纭、颇有争议的问题。有人认为，应用文体是依靠概念来直接反映作者对客观事物的现象和规律的认识，并服务于人们的社会活动、生产活动和科学实验的一种文章样式；有人认为，应用文是国家机关、企事业单位、社会团体以及人民群众在日常工作、生产和生活中办理公务及个人事务时所使用的一种具有直接实用价值及某种惯用体式的交际工具；还有人认为应用文是社会团体、政党、国家机关、企事业单位和人们在日常工作、生活中，为处理公私事务而经常使用的具有某些比较固定格式的一种实用性文体。

大家比较认可从应用文具有特定的格式和实用价值两个本质特征来下定义，认为应用文的定义有广义和狭义之分。广义的应用文是指除文学作品之外的一切实用文；狭义的应用文则专指个人、社会组织、团体、机关之间在公私往来过程中，用约定俗成或特殊规定的方式传递信息以资信守所形成的一种文字形式。本书所涉及的是狭义的应用文。

我们可以这样理解：应用文是机关单位、团体或个人在工作、学习和日常生活中用于处理事务、沟通关系的具有一定惯用格式的书面材料的总称。

二、应用文的作用

所谓"应用"，即指"适应需要，以供使用"，如传达指令、汇报情况、办理公务、传递信息、沟通联系、协调行动等。研究应用文的功能应当与时代的发展和社会的进步联系起来，这样才能看清应用文的根本属性以及应用文的显性及隐性功能。应用文不仅是生产力的组成部分，而且是发展生产力的推动者。应用文不仅与制度变迁有密不可分的关系，而且是制度创新的介质。此外，应用文具有的语篇功能是指应用文写作本身前后连贯，并与语境发生联系的功能。应用文的语篇功能是与宏观篇章、微观词语和逻辑规律紧密相连的。应用文写作是一种社会行为，是社会语境中的一种社会实践，具有互动性。应用文的语篇功能具体表现为阐释现实、创造概念、认同作用、宣传作用。可见，应用文的适用范围最广，使用频率最高，与人们的社会、生活的关系最密切，其功用也最为直接有效。所以，叶圣陶先生特别强调："大学毕业生不一定要能写小说、诗歌，但是一定要能写工作和生活中实用的文章，而且非得写得既通顺又扎实不可。"

所以，应用文的社会功用，可以概括为如下几个方面。

第一，它是各级组织机构反映实际情况、表达自身意图、传达指令的载体。

第二，它是密切联系、统一协调各级组织机构的纽带之一。

第三，它是交流信息、沟通思想、宣传推介的工具之一。

第四，它是了解、认识、研究、处理各种现实问题的有效手段之一。

第五，它是既往工作之利弊、得失、正误的真实反映，因而也可成为后人参考、借鉴的文献依据。

第二节 应用文的特点与分类

一、应用文的基本特点

应用文同别的文体相比，既有共性，也有个性。它们都是对客观事物的反映，都要谋篇布局、用词造句，使用标点符号，讲究条理性、逻辑性，同样使用叙述、议论、说明等表达方式。同时，应用文也有自己鲜明的个性特点。

（一）应用文的目的——"用"

应用文最基本的特点和功用体现在实用性上。应用文的写作，总是直接地与工作、学习、生活中的某些具体问题、具体事项相联系，旨在解决现实存在的某些问题，满足客观实际需要，因而最讲究现实的效益。也就是说应用文的写作旨在应用、有用，能解决问题，满足客观实际需要。其生命在于应用、实用，而不在于欣赏，不在于给人以美的享受，不在于个人情感的宣泄。

（二）应用文的内容——"真"

应用文与文学作品的不同在于它必须坚持实事求是的原则，要求绝对的真实。应用文既以"用"为目的，则其内容，包括情况、时间、地点、数据，都必须真实可靠，准确无误，绝不允许杜撰、想象、讳饰、夸张，也决不允许有任何的艺术加工。应用文使用的所有材料都要经得起验证。

（三）应用文的形式——"严"

在长期的使用过程中，或因约定俗成，或因统一规定，不同的应用文均形成了相对固定的体制格式，因此必须根据实际需要，选择适合的文体，并按该文体的要求去撰写。写作应用文，不追求波澜起伏、曲径通幽，但要按照一定的程式，即开头写什么、中间写什么、结尾写什么。相对固定规范的程式对应用文的写作起到一定的制约作用。

（四）应用文的风格——"质"

应用文的语言必须质朴、平实、简洁、准确；应用文的表达需质直，布局清晰，首尾贯通，开门见山，不迂回，无赘言。修辞手法在应用文中要慎用或尽量不用，避免引起误解或者费解。

（五）应用文的主旨——"纯"

应用文是为了解决某项具体任务或具体工作的，所以应用文的主旨必须明确。写一篇应用文，不但自己要明确行文的目的与中心，明确为什么要写这一篇应用文，主要反映什么内容，而且要让读者能迅捷而准确地明了你行文的意图，了解你的观点、要求，了解你提出的主要问题，了解该行文所涉及的事务与关系。不能让读者在读了你的行文后仍不明白。

（六）应用文的时效——"速"

应用文总是为某项具体事务而写作的，而事物又总是不断发生变化的，所以要求应用文在第一时间内把问题处理好，适时提出解决问题的意见、办法，过期则失去效果或作用不大。及时迅速地解决问题，能较大地发挥应用文的作用。

（七）应用文的客体——"明"

应用文写给谁看，也就是应用文的客体必须有鲜明的针对性——对象明确和指事明确。许多应用文都有特定的收文和阅读对象，应用文就是为了办实事才应运而生的，所以它指事内容的针对性是显而易见的。特别是有些应用文体，其收文对象已有有关方面的明文规定。例如，行政机关制作的议案只能发往同级人民代表大会及其常务委员会。

（八）应用文使用范围——"广"

应用文使用范围广体现在以下几个方面：①使用者（作者和读者）广泛，包括一切组织与个人，任何组织与个人都要用到应用文。②时间方面。就整个社会而言，"自有文字以来"就有应用文；就个体而言，"终其一生"都与应用文相关（出生时有出生证，死亡时有死亡证）。③空间方面。从地理空间上说，中外、四方，凡有人群的地方，只要有文字的使用就会有应用文；从社会空间上说，社会生活的方方面面（工作、学习、生活、娱乐等方面）都会用到应用文。④使用频率高。无论是从整个社会看，还是从个体看，应用文的使用频率都是很高的。

二、应用文的分类

根据分类学的基本原则（①包举，即一个事物内部所包含的各小类的总和，应等于该事物的全体；②对等，即事物的各小类之间，要互相排斥，既不能重叠也不能越级；③正确，指要用统一的标准）和应用文的实际应用，我们认为可以把应用文分为以下四大类。

（一）法定公文

法定公文属狭义的公文，包括党政军各自规定的公文。法定公文是有法定的作者、特定的体式、一定的办理程序、严格的阅读范围的用于处理公务的文书，包括党、政、军等方面的法定公文。一般应用文教材中讲的应用文主要是国家行政机关公文。

（二）通用的机关事务文书

通用的机关事务文书属广义的公文，各种机关单位都要用到或经常使用，包括计划、总结、调查报告、会议记录、规章制度等。

（三）专用的部门业务应用文

专用的部门业务应用文有一定的专业性，如司法文书中的诉状、辩护书等（判决书有法定作者，是法院专用的，应属法定公文中的司法公文），外事部门的照会、备忘录等外交文书，文教部门的教学大纲、教案等，科技领域的科技报告等。

（四）日常生活应用文

日常生活应用文是轻便型的，主要供个人处理学习、工作和生活中的日常事务。包括书信、条据、一般告启（如启事、声明）等，品类最杂。

第三节　应用文写作的基本要求

应用文写作属于指向性明确、非自主性强的书面交际。应用写作的基本要求从实际运用方面来说，可以概括为以下六条。

一、对象要适宜

应用文对象要适宜，即正确地确定收文对象，做到指向正确、合适。弄错收文对象，应用文的现实效用将会受到很大的影响，有时还会损害所用应用文的合法性。这在行政公文和司法文书中表现得最为突出。例如，各级人民政府的"议案"的主送机关只能是同级人大及其常委会，不能向上一级人大及其常务委员会主送。又如，法律文书起诉状在书写法院名称时应严格遵守诉讼法中关于级别管辖、地域管辖、移送管辖和指定管辖的有关规定，正确选择受理法院。

二、文体要恰当

应用文文体要恰当是指根据行文的目的、范围、内容等正确使用文体。

应用文的文体与一般文章的文体含义略有区别。应用文的文体往往表现为文体的名称。因此，应用文写作中文体要恰当，也往往是指使用的文体名称要恰当。一般文章可淡化文体观念，而应用文则不然。各种应用文体都有一定的使用范围，适用的场合，具有一定的功能。

"文体要恰当"这在法定公文中尤为重要。因为不同的公文名称，反映着不同的目的和要求，也反映着行文机关之间的关系和发文机关的权限范围。划清各种公文名称的使用界限，正确地使用公文名称，对于做好文书处理工作，具有重要意义。

三、主旨要明确

（一）应用文主旨的含义和特点

应用文的主旨是指作者通过文章的全部内容所体现的核心思想和主要意图。

应用文的主旨是对客观事物的认识、判断、评价和意见。这一点是与其他体裁的文章相通的，但应用文的主旨又有某些特殊之处。

第一，从作者看，大多数应用文都是以"法定作者"的名义拟写并反映"法定作者"的观点和意图，故所立主旨不能掺杂撰写者的个人情感色彩。

第二，从目的看，应用文的撰写是为了理"事"，故主旨亦当依"事"而立，不可本末倒置或"剑走偏锋"。

第三，从表达来看，应用文应直截了当地显示或直陈主旨，读者只需"接受"，而无须"揣摩"。

主旨是应用文的"统帅"：材料依主旨而决取舍，结构依主旨而序伦次，语言依主旨而做推敲。主旨是判断应用文之效用和价值的根本依据，因此主旨又是应用文的"灵魂"。

（二）应用文主旨的要求

1. 正确

所谓正确，就是指文章的主旨必须从实际出发，不可主观臆断；必须符合相关的政策、法规，不能自开"绿灯"；必须以人为本，不能以公器谋私利。

2. 鲜明

所谓鲜明，是指作者的基本态度、文章的基本思想要十分明确，毫不含糊。对问题的认识，对事物的评价，主张什么，反对什么，应该怎样做，不应该怎样做，解决什么问题，达到什么目的，都要旗帜鲜明地表达出来，不能含糊其词，模棱两可，要用"直笔"显示"担当"。

3. 深刻

所谓深刻，就是要明辨事物之间的联系，揭示事物的本质特征，探究事物发展的必然规律，使读者不仅"知其然"，而且"知其所以然"。

4. 集中

所谓集中，是指一篇文章只能有一个中心，解决一个问题，即"一事一文"。材料的使用，谋篇布局，遣词造句，都要为突出这个主题服务。只有主旨突出单一，围绕一个问题说深说透，才利于掌握重点，抓住要害，提高办事效率。

5. 新颖

所谓新颖，即指主旨要有新意，有创见。它所凭依的，不是"心血来潮"，也不是"灵光一现"，而是科学发展观的正确指引和人类一切文明成果的学习借鉴。

四、内容要务实、完整

（一）务实

务实，指做扎实具体的工作。在这里指不尚空言藻饰，讲求实效；反映情况，提出要求、措施等要切合实际，具体、不笼统，具有可操作性，能解决实际问题；材料要真实、准确，不能想当然、虚构、夸大或缩小。

例如：申请经费、补助不能狮子大开口；订计划、定任务、定目标不能脱离实际，乱放"卫星"。"在×月×日前交货"与"在×月×日交货"是不同的，要根据合同的实际情况来进行约定，否则就会影响该合同的实用性。

（二）完整

应用文内容完整包括两个方面。

（1）不要遗漏了必要的内容，即"不少"。如有一份会议通知："现定于星期一在县里召开经济研讨会，时间一天半，请依时出席。"具体的时间、地点没有交代，与会者如何"依时出席"？又如一则寻物启事，不写自己或联系人的姓名、地址等，叫拾获者如何将拾获物交回你的手中？这都是遗漏了必要的内容。

（2）不要有多余的内容。这是"完整"的另一方面。所谓"过犹不及"，画蛇添足是内容不完整的另一种表现。一篇应用文，出现不必要的内容，不仅有碍行文的简约，也往往会损害应用文的实用价值。倘若出现不该有的内容，其后果就更为严重。如招领启事，倘若把普通拾获物的特征、数量等交代得一清二楚，在无须凭证件领取的情况下就很有可能造成被人冒领。有时，画蛇添足除损害应用文的实用价值外，也会造成文体使用不当。

因此，对应用文的内容，应做到不溢不缺、不多不少。也就是说，要从实际出发，既要考虑该篇应用文有何非写不可、必不可少的内容，也要顾及有哪些不必写、不该写的内容。

五、结构要合理

（一）应用文结构的含义

结构是指文章内部的组织和构造，是作者按照主题的需要，对材料所进行的有机组合和编排，又称谋篇布局。我们往往把主题称为文章的灵魂，把材料称为文章的血肉，那么结构就是文章的骨架，三者有机结合才能使文章骨肉丰满，充满生命力。

文章的结构具有两重含义：一是宏观结构，即文章的总体构思、大体框架；二是微观结构，即对文章的层次、段落、开头、结尾、过渡、照应和主次的具体设计。

（二）应用文结构的基本内容及写法

1. 标题

应用文的标题大致有两种：第一种是公文式标题，即由发文机关名称、主要事由、公务种类构成，或采用其省略形式，如《国务院关于第三批取消和调整行政审批项目的决定》《中华人民共和国公安部通告》等；第二种是文章式标题，即在标题中概括文章的中心内容或揭示文章的主题，如《小商品也要高质量》《积极财政政策仍将持续至少两到三年的时间》。

2. 开头与结尾

开头是全篇文章的第一步，可以起到统领全篇，展开全文的作用。结尾是全文的收束和结局，能帮助读者加深认识，把握全篇，达到预期的写作目的。

3. 层次与段落

层次是文章中作者表达主题的阶段和次序，是文章内容展开的次序。层次体现了事物发展的阶段，是问题的各个侧面和作者思维的过程，又称为"意义段""逻辑段""章""节"等。段落，又称"自然段"，是组成文章、表达思想，最基本且相对独立的单位。

段落的形式是层次的再分割，是文章意思的间歇或转换，以换行为标志。两者有明显的区别，层次侧重于内容的划分，段落侧重于文字形式的表现。有时一个段落恰好是一个层次，有时几个段落表现一个层次或一个段落内有好几个层次。

4. 过渡与照应

过渡是指层次与段落之间的衔接与转换，在文章中起着承上启下、穿针引线的作用。

照应是指文章内容的前后呼应和关照，可以使文章结构周密严谨，浑然一体，还能使某些关键内容得到强调，突出主题。

总之，应用文写作结构要求根据主旨及文种的需要，正确反映客观事物发展的规律，做到严谨自然，完整统一。

六、表达要得体

得体，即语言、行动等得当、恰当。俗话说"站有站相，坐有坐相"，说的就是人们日常生活中举止得体的问题。得体，对于应用文来说显得十分重要，因其往往直接影响到应用文处理事务、沟通关系的现实效益。得体的要求是多方面的，就应用文写作而言，主要反映在表达方式的运用和语言运用两方面。

（一）表达方式的运用要得体

这主要是指要根据文体的特点来正确运用表达方式。在一般文章写作中，不同文体对表达方式的运用各有一定的要求。如记叙文主要运用叙述、描写，有的还有较多的抒情，但不能过多使用议论。一般文章中的三大文体（记叙文、说明文、议论文）的区分，一个重要的根据便是看其主要运用什么表达方式。不同应用文体对表达方式的运用同样有自身的要求。例如，会议通知具有告知性、规定性，就表达方式而言，主要是运用叙述说明，而不用或少用抒情、描写。

（二）语言运用要得体

语言是社会交际的重要工具，语言运用要求符合交际的现实需要。语言运用不当、不得体，会影响交际的效果，甚至造成严重的后果。因此，我们要十分注意语言运用要得体的要求，要结合一定语境来恰当地选择和运用语言材料。一般说来，语言运用要得体的要求也就主要体现在让语言交际中的接受者易于接受和乐于接受这两个方面。在应用写作中要达到这种效果，需重视以下几点。

　　第一，要看对象说话。这里的"看对象"包括看对象的身份、地位、年龄、性别、学历、专业、职业、经历、个性特征、习惯、身体状况、情感、态度，以及其认知水平、原来的态度强度等。还要看彼此间的亲疏关系，对方的信任程度，与对方的利害关系，自身的吸引力、影响力等。

　　第二，要注意特定的场合与氛围，做到和谐协调，避免矛盾冲突。这是看场合说话的问题。不同的交际对象、交际目的、交际方式、交际的时间、地点、环境等会形成不同的交际场合，语言的运用就要与特定的场合与氛围相适应。例如，写请柬，用于商店开张、会议开幕的可以写"敬请光临指导"；而用于结婚宴请的则不宜写"指导"之类字眼。又如，讣告上写"欢迎光临"，就失去了讣告应有的严肃性，显得很不合适。

　　第三，语言色彩要符合特定的行文目的及内容性质的要求。这既是根据交际的主旨来运用语言的问题，也是看场合说话的一种表现。例如，颁布政令的要庄重严肃；通报错误的要显得说理严正、义正词严；申请要求的要平和委婉；报喜祝捷的要热烈欢快，等等。

　　第四，要符合应用文文体的语体要求，体现所用语体的个性。应用文主要使用事务语体。事务语体最根本的特点就是"平实"。平实是对应用文语言的总的要求。在这个总的要求下，不同的应用文文体对语言的运用还有其具体的要求。如公文、法律文书等，其语言除要求平实以外还要求简明、庄重。因此，在写作应用文时，语言的运用要注意符合不同文体的要求，也就是要体现出所用语体的个性。

第八章　常见应用文体写作应用

开篇导读

　　应用文的应用范围非常广泛，几乎涉及各个领域、各个部门、各个阶层，如党政机关的公务人员，经常会用到公文；科研单位的人员，经常会用到学术论文；工商企业经营，经常会用到合同、计划、总结等；大学生毕业与就业，经常会用到毕业论文、简历、求职书……相对于其他文体，应用文的使用频率更高。一个人可以一辈子不写小说、剧本、诗歌，但他在工作、生活和学习中免不了要写应用文，小到请假条，大到工作计划、科研论文等。正如叶圣陶先生所说的那样："大学毕业生不一定能写小说、诗歌，但是一定要能写工作和学习中实用的文章，而且非写得既通顺又扎实不可。"可以说，应用文已经到了无处不在的程度，已经成了企事业单位和个人日常工作、生活中不可或缺的重要工具。

学习目标

　　>> 知识目标：了解和掌握党政机关公文的概念、格式和特点；了解和掌握事务性文书的概念、格式和特点；了解和掌握求职信、简历和毕业论文的概念、格式和特点。

　　>> 能力目标：掌握党政机关公文的行文规则和适用范围，熟悉党政机关公文、事务性文书、求职信、简历和毕业论文的结构和写作要求，能够正确撰写相关党政机关公文、事务性文书、求职信、简历和毕业论文。

　　>> 素质目标：培养对常用文体写作的兴趣；提高应用文写作水平；提升大学生在写作方面的整体文化素养。

　　>> 知识广角：写作，直接或间接地影响着人们的工作效率，关系到社会生产和人们生活的顺利进行，这些已逐渐为人们所认识，也为事实所证明。学习写作，尤其是学习应用文写作知识，提高写作水平是现代化建设的迫切需要，是现代化社会生活提出的重要任务。对于一个大学生或工作人员来说，能否写出思想正确、观点鲜明、文理通顺、结构完整、语言流畅并有一定文采的应用文、文章，关系到我们信息沟通的成败、日常学习工作的正常进行。学会写应用文、文章，这是我们必须具备的技能。

第一节 党政机关公文写作

一、党政机关公文概述

公文有广义和狭义之分。从广义上讲，公文是指党政机关、人民团体、企事业单位在进行公务活动时所使用的体式完整、内容系统的各种书面材料。狭义的公文是指行政公文，主要是指国家行政机关在行政管理过程中形成的具有法定效力和规范体式的文书，是依法行政和进行公务活动的重要工具。本章主要学习行政公文的写法。

（一）公文的作用

（1）规范和指导。公文中有相当一部分是法律、规定、条例和办法，具有法定效力，能规范行为、指导行动。

（2）宣传和教育。公文承担着宣传、贯彻国家方针、政策的使命，具有教育群众、统一思想、统一行动的功能。

（3）交流和沟通。公文能使国家的各项方针、政策在上下级机关、平行机关间传递。通过沟通与交流，各部门相互配合，最终达到步调一致。

（4）凭证和依据。公文是办理公务的凭证和依据。离开了行政公文的凭证和依据作用，各级机关就难以开展正常有序的工作。

（二）公文的特点

1. 法定的权威性

法定的权威性主要表现在两个方面：一是具有法定的作者，即作者和发布者均是依法成立、合法存在的，是依法行使职能权利和履行义务的机关或法定作者，任何个人都不能随意制定、发布公文；二是具有法定的效用，制发公文是行使法定职权的行为，因此对受文者来说，公文具有法定的权威和效用，必须遵照执行。

2. 明确的政策性

明确的政策性是由行政公文的政治内容所决定的。党政机关的行政管理活动，如发布行政法规、宣布重大强制性行政措施、传达国家的方针政策等，都具有明确的政策性。

3. 严格的时效性

公文的效用具有时间性，也就是所说的时效。公文必须及时下发或上达，迅速地解决公务活动中的实际问题。超过一定时间，公文就失去了解决现实问题的效用。因此，行政公文在某一特定时间内发挥作用，不具备永久的效用。

4. 程式的规范性

程式是编制和办理公文的一系列方法、程序和格式。行政公文具有不同于一般文章的规范的程式。2012 年 4 月 16 日，中共中央办公厅、国务院办公厅印发的《党政机关公文处理工作条例》（以下简称《条例》）对公文种类、公文格式、行文规则、公文拟制、公文办理和公文管理有明确的规定，要求各单位遵照执行。

（三）党政机关公文的分类

根据《条例》规定，党政机关公文有 15 种：决议、决定、命令（令）、公报、公告、通告、意见、通知、通报、报告、请示、批复、议案、函和纪要。各种公文按不同标准有不同的分类。

1. 按照行文关系和行文方向分类

按照行文关系和行文方向，可将公文分为上行文、下行文、平行文三种。上行文是指具有隶属关系的下级机关或业务部门呈报给上级领导机关或业务主管部门的公文。下行文是具有隶属关系的上级领导机关或业务主管部门发给下级机关或业务部门的公文。平行文是指同系统内的平级机关或者不相隶属的机关、部门之间来往的公文。

所谓隶属关系，是指上下级机关具有直接管理和被管理的关系。例如，福建省政府与泉州市政府就有隶属关系，福建省政府与江西省政府所辖的南昌市政府就没有隶属关系。

2. 按照紧急程度分类

按照紧急程度，可将公文分为紧急公文和普通公文两大类。紧急公文又分为"特急"和"加急"两种。"特急"件应在接到来文后一天内办理完毕，"加急"件应在接到来文后三天内办理完毕。普通公文不做时间上的严格要求，但也要尽快办理，以提高文件的处理效率。另外，如果公文是以电报的形式发出的，应当按文件的"紧急程度"标注"特提""特急""加急"和"平急"。

3. 按照有无保密要求和秘密等级分类

按照有无保密要求，可将公文分为普通文件和保密文件两大类。保密文件又分为绝密文件、机密文件和秘密文件三类。绝密文件是指涉及党和国家最重要机密的文件；机密文件是指涉及党和国家重要机密的文件；秘密文件是指涉及党和国家机密的文件。所有这些保密文件，一旦泄露就会使国家的安全和利益遭受损害，因此必须严肃对待，严格管理。

（四）公文行文规则

行文应当确有必要，讲求实效，注重针对性和可操作性。

行文关系根据隶属关系和职权范围确定。一般不得越级行文，特殊情况需要越级行文的，应当同时抄送被越过的机关。

1. 上行文

向上级机关行文，应当遵循以下规则。

（1）原则上主送一个上级机关，根据需要同时抄送相关上级机关和同级机关，不抄送下级机关。

（2）党委、政府的部门向上级主管部门请示、报告重大事项，应当经本级党委、政府同意或者授权；属于部门职权范围内的事项应当直接报送上级主管部门。

（3）下级机关的请示事项，如需以本机关名义向上级机关请示，应当提出倾向性意见后上报，不得原文转报上级机关。

（4）请示应当一文一事。不得在报告等非请示性公文中夹带请示事项。

（5）除上级机关负责人直接交办事项外，不得以本机关名义向上级机关负责人报送公文，不得以本机关负责人名义向上级机关报送公文。

（6）受双重领导的机关向一个上级机关行文，必要时抄送另一个上级机关。

2. 下行文

向下级机关行文，应当遵循以下规则。

（1）主送受理机关，根据需要抄送相关机关。重要行文应当同时抄送发文机关的直接上级机关。

（2）党委、政府的办公厅（室）根据本级党委、政府授权，可以向下级党委、政府行文，其他部门和单位不得向下级党委、政府发布指令性公文或者在公文中向下级党委、政府提出指令性要求。需经政府审批的具体事项，经政府同意后可以由政府职能部门行文，文中须注明已经政府同意。

（3）党委、政府的部门在各自职权范围内可以向下级党委、政府的相关部门行文。

（4）涉及多个部门职权范围内的事务，部门之间未协商一致的，不得向下行文；擅自行文的，上级机关应当责令其纠正或者撤销。

（5）上级机关向受双重领导的下级机关行文，必要时抄送该下级机关的另一个上级机关。

3. 联合行文

同级党政机关、党政机关与其他同级机关必要时可以联合行文。属于党委、政府各自职权范围内的工作，不得联合行文。

党委、政府的部门依据职权可以相互行文。

部门内设机构除办公厅（室）外不得对外正式行文。

（五）公文格式

公文一般由份号、密级和保密期限、紧急程度、发文机关标志、发文字号、签发人、标题、主送机关、正文、附件说明、发文机关署名、成文日期、印章、附注、附件、抄送机关、印发机关和印发日期、页码等组成。

1. 版头

（1）份号。份号是指公文印制份数的顺序号。涉密公文应当标注份号，一般用6位3号阿拉伯数字，顶格编排在版心左上角第一行。

（2）密级和保密期限。密级和保密期限是指公文的秘密等级和保密的期限。涉密公文应当根据涉密程度分别标注"绝密""机密""秘密"和保密期限。如需标注密级和保密期限，一般用 3 号黑体字，顶格编排在版心左上角第二行；保密期限中的数字用阿拉伯数字标注。

（3）紧急程度。紧急程度是指公文送达和办理的时限要求。根据紧急程度，紧急公文应当分别标注"特急""加急"，电报应当分别标注"特提""特急""加急""平急"。

如需标注紧急程度，一般用 3 号黑体字，顶格编排在版心左上角；如需同时标注份号、密级和保密期限、紧急程度，按照份号、密级和保密期限、紧急程度的顺序自上而下分行排列。

（4）发文机关标志。发文机关标志由发文机关全称或者规范化简称加"文件"二字组成，也可以使用发文机关全称或者规范化简称。发文机关标志居中排布，上边缘至版心上边缘为 35 毫米，推荐使用小标宋体字，颜色为红色，以醒目、美观、庄重为原则。

联合行文时，发文机关标志可以并用联合发文机关名称，也可以单独用主办机关名称。需同时标注联署发文机关名称，一般应当将主办机关名称排列在前；如有"文件"二字，应当置于发文机关名称右侧，以联署发文机关名称为准上下居中排布。

（5）发文字号。发文字号由发文机关代字、年份、发文顺序号组成。联合行文时，使用主办机关的发文字号。

发文字号编排在发文机关标志下空二行位置，居中排布。年份、发文顺序号用阿拉伯数字标注；年份应标全称，用六角括号"〔〕"括入；发文顺序号不加"第"字，不编虚位（即 1 不编为 01），在阿拉伯数字后加"号"字。上行文的发文字号居左空一字编排，与最后一个签发人姓名处在同一行。

（6）签发人。上行文应当标注签发人姓名。由"签发人"三字加全角冒号和签发人姓名组成，居右空一字，编排在发文机关标志下空二行位置。"签发人"三字用 3 号仿宋体字，签发人姓名用 3 号楷体字。如有多个签发人，签发人姓名按照发文机关的排列顺序从左到右、自上而下依次均匀编排，一般每行排两个姓名，回行时与上一行第一个签发人姓名对齐。

（7）版头中的分隔线。发文字号之下 4 毫米处居中印一条与版心等宽的红色分隔线。

2. 主体

（1）标题。标题由发文机关名称、事由和文种组成。一般用 2 号小标宋体字，编排于红色分隔线下空二行位置，分一行或多行居中排布；回行时，要做到词意完整，排列对称，长短适宜，间距恰当，标题排列应当使用梯形或菱形。

（2）主送机关。主送机关是指公文的主要受理机关，应当使用机关全称、规范化简称或者同类型机关统称。主送机关一般编排于标题下空一行位置，居左顶格，回行时仍顶格，最后一个机关名称后标全角冒号。如主送机关名称过多导致公文首页不能显示正文时，应当将主送机关名称移至版记。

（3）正文。正文是公文的主体，用来表述公文的内容。公文首页必须显示正文。一般用 3 号仿宋体字，编排于主送机关名称下一行，每个自然段左空二字，回行顶格。文中结构层次序数依次可以用"一、""（一）""1.""（1）"标注；一般第一层用黑体字、第二层用楷体字、第三层和第四层用仿宋体字标注。

（4）附件说明。如有附件，在正文下空一行左空二字编排"附件"二字，后标全角冒号和附件名称。如有多个附件，使用阿拉伯数字标注附件顺序号（如"附件：1.×××××"）；附件名称后不加标点符号。附件名称较长需回行时，应当与上一行附件名称的首字对齐。

（5）发文机关署名、成文日期和印章。

发文机关署名，即署发文机关全称或者规范化简称。成文日期，是指署会议通过或者发文机关负责人签发的日期；联合行文时，署最后签发机关负责人签发的日期。印章，公文中有发文机关署名的，应当加盖发文机关印章，并与署名机关相符。有特定发文机关标志的普发性公文和电报可以不加盖印章。

1）加盖印章的公文。单一机关行文时，一般在成文日期之上、以成文日期为准居中编排发文机关署名，印章端正、居中下压发文机关署名和成文日期，使发文机关署名和成文日期居印章中心偏下位置，印章顶端应当上距正文（或附件说明）一行之内。联合行文时，一般将各发文机关署名按照发文机关顺序整齐排列在相应位置，并将印章一一对应、端正、居中下压发文机关署名，最后一个印章端正、居中下压发文机关署名和成文日期，印章之间排列整齐、互不相交或相切，每排印章两端不得超出版心，首排印章顶端应当上距正文（或附件说明）一行之内。

2）不加盖印章的公文。单一机关行文时，在正文（或附件说明）下空一行右空二字编排发文机关署名，在发文机关署名下一行编排成文日期，首字比发文机关署名首字右移二字，如成文日期长于发文机关署名，应当使成文日期右空二字编排，并相应增加发文机关署名右空字数。联合行文时，应当先编排主办机关署名，其余发文机关署名依次向下编排。

3）加盖签发人签名章的公文。单一机关制发的公文加盖签发人签名章时，在正文（或附件说明）下空二行右空四字加盖签发人签名章，签名章左空二字标注签发人职务，以签名章为准上下居中排布。在签发人签名章下空一行右空四字编排成文日期。联合行文时，应当先编排主办机关签发人职务、签名章，其余机关签发人职务、签名章依次向下编排，与主办机关签发人职务、签名章上下对齐；每行只编排一个机关的签发人职务、签名章；签发人职务应当标注全称。签名章一般用红色。

成文日期一般右空四字编排，印章用红色，不得出现空白印章。成文日期用阿拉伯数字将年、月、日标全，年份应标全称，月、日不编虚位（即 1 不编为 01）。

当公文排版后所剩空白处不能容下印章或签发人签名章、成文日期时，可以采取调整行距、字距的措施解决。

（6）附注。附注是公文印发传达范围等需要说明的事项。如有附注，居左空二字加圆括号编排在成文日期下一行。

（7）附件。附件是公文正文的说明、补充或者参考资料。附件应当另面编排，并在版记之前，与公文正文一起装订。"附件"二字及附件顺序号用 3 号黑体字顶格编排在版心左上角第一行。附件标题居中编排在版心第三行。附件顺序号和附件标题应当与附件说明的表述一致。附件格式要求同正文。如附件与正文不能一起装订，应当在附件左上角第一行顶格编排公文的发文字号并在其后标注"附件"二字及附件顺序号。

3. 版记

（1）版记中的分隔线。版记中的分隔线与版心等宽，首条分隔线和末条分隔线用粗线（推荐高度为 0.35 毫米），中间的分隔线用细线（推荐高度为 0.25 毫米）。首条分隔线位于版记中第一个要素之上，末条分隔线与公文最后一面的版心下边缘重合。

（2）抄送机关。除主送机关外需要执行或者知晓公文内容的其他机关，应当使用机关全称、规范化简称或者同类型机关统称。

抄送机关，一般用 4 号仿宋体字，在印发机关和印发日期之上一行、左右各空一字编排。"抄送"二字后加全角冒号和抄送机关名称，回行时与冒号后的首字对齐，最后一个抄送机关名称后标句号。

如需把主送机关移至版记，除将"抄送"二字改为"主送"外，编排方法同抄送机关。既有主送机关又有抄送机关时，应当将主送机关置于抄送机关之上一行，之间不加分隔线。

（3）印发机关和印发日期。印发机关和印发日期是指公文的送印机关和送印日期。一般用 4 号仿宋体字，编排在末条分隔线之上，印发机关左空一字，印发日期右空一字，用阿拉伯数字将年、月、日标全，年份应标全称，月、日不编虚位（即 1 不编为 01），后加"印发"二字。

版记中如有其他要素，应当将其与印发机关和印发日期用一条细分隔线隔开。

（4）页码。公文页数顺序号。一般用 4 号半角宋体阿拉伯数字，编排在公文版心下边缘之下，数字左右各放一条一字线；一字线上距版心下边缘 7 毫米。单页码居右空一字，双页码居左空一字。公文的版记页前有空白页的，空白页和版记页均不编排页码。公文的附件与正文一起装订时，页码应当连续编排。

公文的版式按照《党政机关公文格式》（GB/9704—2012）执行。公文使用的汉字、数字、外文字符、计量单位和标点符号等，按照有关国家标准和规定执行。民族自治地方的公文，可以并用汉字和当地通用的少数民族文字。

公文用纸幅面采用国际标准 A4 型。特殊形式的公文用纸幅面，根据实际需要确定。

二、常见党政机关公文的写作

（一）通知

通知是知照性公文，"适用于发布、传达要求下级机关执行和有关单位周知或者执行的事项，批转、转发公文"。

1. 通知的特点

（1）知照性。通知的主要功能在于知照。

（2）广泛性。通知的广泛性表现在多方面。

（3）时效性。通知有一定的时效要求。

2. 通知的种类

根据适用范围，通知大体可分为以下几种类型。

（1）颁布性通知，用于颁布法规、规章。

（2）批转性通知，用于上级机关批转下级机关的公文。

（3）转发性通知，用于转发上级机关或不相隶属机关的公文。

（4）传达性通知，用于传达要求下级机关执行和有关单位周知或者执行的事项。传达性通知又可具体分为指示性通知、任免性通知、事务性通知和会议通知。

3. 通知的格式与写法

通知包括标题、主送机关、正文、落款四部分。

（1）标题。标题由制发机关、事由、文种三部分组成。

（2）主送机关。主送机关在第二行顶格写接收通知的单位名称。

（3）正文。另起一行空两格写，正文因内容而异。开会的通知要写清开会的时间、地点、参加会议的对象和开什么会，还要写清参会要求。布置工作的通知，要写清所通知事件的目的、意义以及具体要求和做法。

（4）落款。落款处署名并写上成文日期。

4. 通知的写作要求

（1）颁布或转发性通知。此类通知要求在正文中简短地说明所颁布或转发公文的制发机关，制发（批准、生效）日期，公文标题以及颁发或转发的目的、意义与要求等。被颁布或转发的公文均为通知的附件，须注明附件的序号、标题和件数。

（2）指示性通知。此类通知须写明提出指示的根据与指示事项，内容要求明确、具体。

（3）会议通知。此类通知要求写明召开会议的名称、目的、议题、时间、会址，写明参加会议人员的联系人、联系地址、电话号码，写明会议食宿安排、去会址路线、接洽标志等。有的通知后面还要附上入场凭证或请柬等。总之，此类通知要写得清楚、具体，对必须写明的项目无一错漏，以保证会议按预定要求准时召开。

（4）任免性通知。此类通知要求写明批准的机关、日期与被任免人员的职务、姓名。

5. 例文示范

国务院关于提高个人所得税有关专项附加扣除标准的通知

国发〔2023〕13 号

各省、自治区、直辖市人民政府，国务院各部委、各直属机构：

为进一步减轻家庭生育养育和赡养老人的支出负担，依据《中华人民共和国个人所得税法》有关规定，国务院决定，提高 3 岁以下婴幼儿照护等三项个人所得税专项附加扣除标准。现将有关事项通知如下：

一、3 岁以下婴幼儿照护专项附加扣除标准，由每个婴幼儿每月 1000 元提高到 2000 元。

二、子女教育专项附加扣除标准，由每个子女每月 1000 元提高到 2000 元。

三、赡养老人专项附加扣除标准，由每月 2000 元提高到 3000 元。其中，独生子女按照每月 3000 元的标准定额扣除；非独生子女与兄弟姐妹分摊每月 3000 元的扣除额度，每人分摊的额度不能超过每月 1500 元。

四、3 岁以下婴幼儿照护、子女教育、赡养老人专项附加扣除涉及的其他事项，按照《个人所得税专项附加扣除暂行办法》有关规定执行。

五、上述调整后的扣除标准自 2023 年 1 月 1 日起实施。

国务院

2023 年 8 月 28 日

这是一则指示性通知。该通知是就提高个人所得税有关专项附加扣除标准的指示性通知。条理清晰，结构简洁，使通知内容更加具体、明白。

（二）通告

通告是"适用于在一定范围内公布应当遵守或者周知的事项"的公文。

1. 通告的特点

（1）制约性。通告公布的大都是让人们遵守或照此执行的事项，特别是规定性通告，在公布相关政策、规定、措施、要求的同时，还规定有惩处的办法，如果违犯了通告中的有关规定，将要受到不同程度的处罚。因此，通告具有一定的强制性和较强的约束力。

（2）广泛性。通告的广泛性体现在三个方面：一是内容的广泛性。大到国家的政策要求、管理措施，小到具体事务，通告都可以容纳。二是使用单位的广泛性。通告内容的广泛性，决定了通告的使用单位也非常广泛，国家机关、社会团体和企事业单位，都可以使用这一文种来公布有关事项（党的组织一般不使用通告）。三是公布形式的广泛性。既可以通过报纸、广播、电视等新闻媒介发布，也可以张贴。

（3）专业性。通告经常用来公布一些专业方面的政策规定或具体事务。在这类通告中，往往涉及许多专业知识和专业术语，因而其专业性的特点也十分突出。

（4）通俗性。通告的使用单位十分广泛，内容又涉及各行各业、千家万户，要求大家遵守或者周知，因此就要考虑到社会公众的阅读理解能力，使用明确、通俗、易懂的语言，以达到行文的目的。

2. 通告的种类

（1）周知类通告。主要使受文者了解重要情况、重要消息。因此，文中不提直接的执行要求。

（2）执行类通告。主要向受文者交代需要遵守、执行的政策、措施以及其他行为规范，具有一定的强制力。

3. 通告的格式与写法

通告由标题、正文和落款三部分组成。

（1）标题。标题由发文机关、事由和文种构成。根据具体情况，标题也可使用发文机关加文种、事由加文种或只写"通告"二字的格式。

（2）正文。正文由缘由和通告事项两部分组成。缘由为发布通告的原因和根据，事项为须知和遵守的内容。用"特通告如下"转承连接。通告事项是面向大众的，应简洁明了、通俗易懂、便于理解。结尾部分可提出要求、希望，并用"特此通告"作结。有时也可不写，形式比较灵活。

（3）落款。落款即在正文后签署发布通告的机关名称和日期。

4. 通告的写作要求

（1）通告的撰稿者，要有政策观念，以政策衡量通告的事项，确保其不与现行政策抵牾，不搞不符合法律程序的"土政策"。

（2）因通告可以用来处理带有一定专业性的公务，所以撰稿者在写有关专业性内容时难免会使用一些术语，但应尽量选择为大多数人所熟悉的行业用语。同时，撰稿者要具备一定的专业知识。

（3）通告的内容一定要突出，以给人深刻的印象。

5. 通告与公告的区别

（1）发布机关不同。公告一般只由国家权力机关、行政领导机关、经授权的国家机关职能部门和法律规定的有关单位发布，其他机关、团体、单位无权发布。通告的制发单位具有广泛性，各级国家机关、社会团体和企事业单位均可制发。

（2）内容特点不同。公告宣布的是重要事项或者法定事项，而且其内容大都是已经发生或确定的，是事后告知，因而具有重大性和很强的告知性。通告涉及的事项有大有小，且多用于事前制定某些规定与要求，让有关方面和广大公众遵照执行或知晓，因而具有预设性和很强的制约性。

（3）适用范围不同。公告宣布的范围是面向国内外的，而通告公布的范围则限制在国内一定范围内，甚至限于某些单位和场所。因而公告的知晓范围更为广泛，通告的知晓范围则相对窄小。

（4）发布方式不同。公告一般是通过大众传媒发布，不公开张贴；通告的公布方式则比较灵活，既可以由大众传媒发布，也可以公开张贴。

6. 例文示范

××电力工业局关于使用定期借记业务结算方式的通告

×局发〔××××〕××号

根据中国人民银行××分行的通知精神，从××××年×月起，原来使用××市专用委托收款方式结算电费的用电户，将统一××电子资金转账系统定期借记系统。为此，对于原使用专用委托收款结算方式缴交电费的企事业单位客户，我局将从××××年×月起改为使用定期借记方式收取电费。请有关用电户配合我局做好以下工作，以便顺利结算电费：

一、请各用电客户尽快与开户银行联系，按照中国人民银行××分行的统一要求签订《定期借记业务授权委托书》，并于××××年×月×日前将复印件送达所在区供电局。

二、部分商业银行由于系统升级原因更改了开户银行账号格式，请客户在签订《定期借记业务授权委托书》的同时与贵开户银行确认新的银行账号，并于××××年×月×日前以正式公函形式通知我局，若届时未受到客户的《定期借记业务授权委托书》及新的银行账号的，客户将无法使用定期借记方式缴交电费，我局将采取现金方式收取电费。

三、由于定期借记业务系统投运后，银行系统将不再代为传递电费票据，故我局将统一采取邮政递送，客户签收的方式派发电费票据予客户。为了确认各客户的邮递地址以及签收人，请客户于××××年×月×日至×月×日前往所在区供电局领取××××年×月份的电费发票，同时填报有关资料交我局工作人员（具体格式将在各营业点派发）。

特此通告！

××电力工业局

××××年××月××日

这则通告格式规范，要素齐全。正文由两个部分组成，先介绍通告的具体事项和实施时间，再提出具体的工作内容和工作要求，使相关用电客户对使用定期借记业务结算方式有明确的认识。

（三）通报

通报是"适用于表彰先进、批评错误、传达重要精神和告知重要情况"的公文。

1. 通报的特点

（1）典型性。通报的事实，不论是表彰性的、批评性的，还是通报情况的，都要求有典型意义。典型就是具有普遍性、代表性，事实越典型，其警示和借鉴意义就越大；只有个性没有普遍意义的题材，则缺乏广泛的指导价值。

（2）指导性。通报的内容，其价值往往并不单纯在于发布动态信息、宣布事件处理结果，而是要激励先进、督促后进，树立学习榜样，或者提供反面典型，使读者能够总结经验、吸取教训，得到有益的启示和警示。

（3）时效性。上级机关应适时发布通报，通报的事实较为具体，对发生的时间、地点等要素都要进行交代，这就要求通报及时发布。通报的内容总是跟特定的时期背景有着紧密的联系，通报过于迟缓，就失去了其沟通情况、宣传教育的目的。因此，通报的制发应该迅速及时，以免事过境迁，失去其应有的作用。

2. 通报的种类

（1）表彰通报。表彰通报是用来表彰先进人物或先进集体，介绍先进事迹、推广典型经验的，是从高层机关到基层单位都广泛采用的常用公文类型。

（2）批评通报。批评通报是对工作中发生、出现的重大事故、重大失误、错误倾向、不良风气提出批评时使用的公文文种，重在以儆效尤，有针砭、警示、纠正的作用。批评通报可以针对个人所犯的错误制发，也可以针对某一部门、单位的不良现象制发，还可以针对普遍存在的某种问题制发。

（3）情况通报。情况通报是用来传达重要精神、沟通重要情况的公文文种。为了让下级单位对一些重要事件或全局状况有所了解，上级机关应适时发布这样的通报。常见的工作情况通报内容主要有工作进展情况、落实情况、评比检查结果等。

3. 通报的格式与写法

通报由标题、主送机关、正文、落款组成。

（1）标题。其通常有两种构成形式：一种是由发文机关名称、事由和文种组成，如"国务院办公厅关于××××的通报"；另外一种是由事由和文种构成，如"关于给不顾个人安危勇于救人的王××同志记功表彰的通报"。此外，有少数通报的标题是在文种前冠以机关单位名称，如"中共××市纪律检查委员会通报"；也有的通报标题只有文种名称。

（2）主送机关。即指受理通报的机关。有的通报特指某一范围内，可以不标注主送机关。

（3）正文。

表彰及批评通报的主要内容如下：

1）介绍事实情况。介绍先进人物或集体的行动及其影响，要写清时间、地点、人物、基本事件过程。如果对个人的错误进行处理，要写明违纪人员的基本情况，然后对错误事实进行叙述，要写得简明、清晰。如果是针对某一普遍存在的问题进行通报，要选择一些有代表性的事实进行综合叙述。表达时应概括叙述，篇幅不宜过长，只要将事实讲清即可。

2）进行分析评价。对先进人物、典型事迹，应表明其代表的积极倾向，指出其意义，以激励先进、督促后进；对于单一错误事实，要对错误的性质、危害进行分析，一般都写得比较简短；对于综合性的不良现象或问题，分析要系统化。分析评价主要采用议论的写法，要注意文字的精练，措辞要有分寸感，不能出现过誉或贬低的现象。

3）作出表彰或处理决定。这部分写什么会议或什么机构决定，给予表彰对象以什么样的表彰和奖励，或者给予批评对象以什么样的处分和惩罚。在表达上要清晰、简洁，用词精当。

4）提出希望要求。结尾部分用来提出希望、发出号召。这部分表述的是发文的目的，是整篇的思想落脚点，应该写得有针对性，具有教育意义，以使受文单位对通报高度重视、认清性质、采取措施。

情况通报的具体内容如下。

1）缘由和目的。开头首先叙述基本事实，包括阐明发布通报的根据、原因、目的等。开头文字不宜过长，应该综合归纳、要言不烦。

2）情况和信息。主体部分主要叙述情况、传达信息，通常内容较多，篇幅稍长，要注意梳理归类，对结构进行合理安排。

3）希望和要求。在明确情况的基础上，对受文单位提出一些希望和要求。这部分是全文思想的归结之处，写法因文而异，总的原则是抓住要点，切实可行，简练明白。

4）落款。落款在正文的右下方，先写发文机关名称，然后在其下面写上发通报的具体日期。

4. 通报的写作要求

（1）一般不提出具体的工作要求。在实践中，一部分传达上级指示精神的公文既可用通知也可用通报。在内容上不同于通知的是，通报一般不提出工作上的具体要求以及需要具体组织实施的事项。

（2）通报文风要朴实。通报文字表述要简洁明快、言之有据，切忌夸张渲染。无论是表扬还是批评，通报都要以实事求是的态度对事实认真核查，一定不要拔高或扭曲。

（3）观点要鲜明。通报对要提倡什么、反对什么，要是非分明，忌含糊其词。另外，在行文篇幅上要详略得当，切忌把表彰通报写成报告文学，把批评通报写成情况纪实。一般来讲，即使长一点儿的通报，也要以不超过两千字为宜。

5. 例文示范

关于表彰 2022 年度先进单位和先进个人的通报

各县（市、区）行政服务中心管理办，机关各科室，公共资源交易中心：

2022 年，在市委、市政府的正确领导下，全市行政服务中心系统紧紧围绕市委、市政府主要工作部署，以开展"为民服务创先争优"和"窗口规范化管理服务年"活动为契机，不断创新工作机制，改进工作作风，强化服务意识，提高办事效率，扎实完成各项工作任务，各个岗位涌现出了一批先进代表。为充分调动全市行政服务中心系统全体工作人员工作积极性，经党组会议研究决定：授予××县公共资源交易中心等6个单位为"公共资源交易工作先进单位";市行政服务中心管理办秘书科、行政服务监管科、监察室，市公共资源交易中心工程建设项目交易部、综合部等5个科（部）室为"先进科（部）室"；×××等30人为"先进个人"；×××等5人为"优秀信息员"；×××等15人为"为民服务创先争优活动先进个人"，现予通报表彰。希望受到表彰的先进单位和个人发扬成绩，戒骄戒躁，再接再厉，在新的一年再创佳绩。全市行政服务中心系统全体干部职工要以先进为榜样，立足岗位，扎实工作，奋发有为，为推动××经济社会加快发展、转型发展，开创行政服务和公共资源交易工作新局面做出新的更大的贡献。

附件：2022年度先进单位和先进个人名单（略）

××人民政府办公厅（盖章）
2023年××月××日

这是一篇表彰性通报。正文由事迹介绍、分析评价、表彰决定、希望与要求四个部分组成。事迹介绍完整清楚，详略得当，重点突出。分析评价中肯适度，最后提出希望和要求，发出号召。

（四）请示

请示是"适用于向上级机关请求指示、批准"的公文。

1. 请示的特点

（1）请求性。只有本机关无权决定或无力解决而又必须解决的事项，才可以用"请示"行文。即请求上级机关给予指示、决断或答复、批准。

（2）超前性。请示必须在办理事项之前行文。

（3）单一性。请示要一事一请示，且主送机关只能是一个。

（4）呈批性。请示的目的是针对某一事项取得上级的指示或批准，上级机关对呈报的请求事项无论是否同意，都必须给予明确的"批复"，属于双向行文。

（5）隶属性。发文单位只能按照隶属关系向直接的主管机关发文请示。

2. 请示的种类

按照内容和性质的不同，可将请示分为请求指示性请示和请求批准性请示。

（1）请求指示性请示，即针对有关政策问题请求上级机关指示时所写的请示。

（2）请求批准性请示，即针对具体工作问题请求上级机关批准时所写的请示。

3. 请示的格式与写法

请示由标题、主送机关、正文、落款组成。

（1）标题。一般由请示单位、事由、文种或事由、文种组成。

（2）主送机关。即直属上级机关，一般只报送一个主管的领导机关。

（3）正文。正文一般由以下三部分组成。

1）请示缘由：提出请示的原因和理由。

2）请示事项：提出有关事项请求上级指示或批准。提出的请示要符合有关方针、政策，要切实可行，不可矛盾上交。

3）请示要求：应明确提出要求解决问题的方法或途径，常用结语有"以上妥否，请批示""以上当否，请批示"，等等。

（4）落款。请示的落款包括署名和日期，位置在正文后右下方，写上发文机关名称，在其下方写具体的年、月、日。

4. 请示的写作要求

（1）一事一请示。请示要一事一请示，且主送机关只能是一个。

（2）单头请示。一般只主送一个上级领导机关或主管部门，不多处主送；如果需要，可抄送有关机关。这样可以避免出现推诿、扯皮的现象。

（3）不越级请示。请示时，要同时抄送越过的直接上级机关。除个别领导直接交办的事项外，请示一般不直接送领导个人。

（4）不抄送下级机关。请示是上行公文，行文时不得同时抄送下级机关，以免造成工作混乱，更不能要求下级机关执行上级机关未批准和批复的事项。

5. 例文示范

省经济研究中心关于嘉奖刘××的请示

省总工会：

我中心是省政府的事业机构，负责全省的经济研究工作。由于中心尚无工会组织，故未能及时参加工会的有关活动。近闻总工会正在全省开展评奖活动，故将为我中心刘××同志立功一事请示如下：

刘××，男，52岁，1964年大学毕业，现为副研究员。该同志长期从事农业经济的研究工作，做出了许多卓著成绩，多次受到领导的好评，并为农业生产创造了显著效益。其中《×××××××》和《×××××××》两篇论文分别荣获全国农学会一、二等奖，《×××》一书被评为全国科普鼓励奖，其本人已被编入中青年科学家辞典。

根据×总发〔20××〕××号文件精神，刘××同志符合立功条件，望予嘉奖。

以上，妥否，请批示。

省经济研究中心

××××年×月×日

这份请示充分陈述了申请嘉奖刘××的理由，抓住了请示的重点，理由充分必要，有说服力。

（五）报告

报告是"适用于向上级机关汇报工作、反映情况，回复上级机关的询问"的公文。

报告属上行公文，应用相当广泛。它可以用于定期或不定期地向上级机关汇报工作，反映本部门、本单位贯彻执行各项方针、政策、批示的情况，反映实际工作中遇到的问题，为上级机关制定方针、政策或者做出决策、发指示提供依据；还可以用于回复上级机关的询问。

1. 报告的特点

（1）内容的汇报性。一切报告都是下级向上级机关或业务主管部门汇报工作，让上级机关掌握基本情况并及时对自己的工作进行指导，所以汇报性是报告的一个大特点。

（2）语言的陈述性。因为报告具有汇报性，是向上级讲述做了什么工作，或工作是怎样做的，有什么情况、经验、体会，存在什么问题，今后有什么打算，对领导有什么意见、建议，所以行文上一般都使用叙述手法，即陈述其事，而不是像请示那样采用祈使、请求等。

（3）行文的单向性。报告是下级机关向上级机关行文，是为上级机关进行宏观领导提供依据，一般不需要受文机关的批复，属于单项行文。

（4）成文的事后性。多数报告都是在事情做完或发生后，向上级机关作出汇报，是事后或事中行文。

（5）双向的沟通性。报告虽不需批复，却是下级机关以此取得上级机关的支持、指导的桥梁；同时上级机关也能通过报告获得信息，了解下情。报告成为上级机关决策指导和协调工作的依据。

2. 报告的分类

（1）例行报告（日报、周报、旬报、月报、季报、年报等）。例行报告不能变成"例行公事"，而要随着工作的进展，反映新情况、新问题，写出新意。

（2）综合报告。全面汇报本机关工作情况，可以和总结工作、计划安排结合起来。要有分析，有综合，有新意，有重点。

（3）专题报告。指向上级反映本机关的某项工作、某个问题，某一方面的情况，要求上级对此有所了解的报告。所写的报告要迅速、及时，一事一报。呈报、呈转要分清写明。

3. 报告的格式与写法

报告一般由标题、主送机关、正文和落款组成。

（1）标题。标题包括事由和公文名称。

（2）主送机关。报告的主送机关可以是一个，也可以是多个，顶格写于文首，其后用冒号。

（3）正文。一般由开头、主体和结语三部分组成。

1）开头。开头主要交代报告的缘由，概括说明报告的目的、意义或根据，然后用"现将××情况报告如下"一语转入下文。

2）主体。这是报告的核心部分，用来说明报告事项。它一般包括两方面内容：一是工作情况及问题；二是进一步开展工作的意见。

在不同类型的报告中，主体中报告事项的内容可以有所侧重。工作报告在总结情况的基础上，重点提出下一步工作安排意见，大多采用序号、小标题区分层次。情况报告主体是事项部分，一般包括基本情况、问题及原因、办法及措施三个层次的内容。有的情况报告也可以将"情况"及"分析"结合起来写。答复报告则根据真实、全面的情况，按照上级机关的询问和要求回答问题，陈述理由。递送报告只需写清楚报送的材料（文件、物件）的名称、数量即可。

3）结语。结语根据报告种类的不同一般都有不同的程式化用语，应另起段来写。工作报告和情况报告的结语常用"特此报告"；答复报告多用"专此报告"；递送报告则用"请审阅""请收阅"等。

（4）落款。落款处署名并写上成文时间。

4. 报告的写作要求

（1）报告不得夹带请示事项。

（2）工作报告的写作要求：①要写明工作进程、成绩与经验、问题与不足、改进的措施和未来的打算；②主次要分明，重点要突出，点面结合；③要客观全面报告工作情况，实事求是，从客观反映的成绩或问题中揭示出一定的规律。

（3）情况报告的写作要求：①重在反映"动态"情况，如突发情况，意外事故，工作中出现的新事物、新问题、新动向；②报告要及时，详略要得当。

（4）答复报告的写作要求：针对上级的询问，实事求是地回复。

（5）递送报告的写作要求：将报送材料（文件、物件）的名称、数量写清楚即可。结尾用"请审阅""请收阅"。

5. 例文示范

中国人民银行关于严格禁止各单位模仿人民币样式印制内部票券的报告

国务院：

据××省人民银行报告：××市一些企业单位，模仿人民币样式印发内部使用的票券，以致有的票券已经流入市场，对货币流通很不利。

我们认为，模仿人民币样式印发内部票券的做法是违法的，应当坚决制止。拟请国务院责成吉林省人民委员会迅速派人对吉林市一些企业单位模仿人民币印发内部票券的情况进行检查，查清楚共印制了多少？有多少流通到市场上去了？对于流入市场的票券要采取有效措施迅速收回。印发这种票券的企业单位，不仅应负经济上的责任，企业领导人还应当进行深刻检讨。为了防止其他地方再发生这类问题，我们建议明确规定以下几条，通令全国执行。

一、一切企业、事业单位和机关、团体，印制和使用内部核算的票券，必须经上级主管部门批准，并且一律不许模仿人民币的样式，不许不注明用途混入市场；违者以扰乱金融论处。

二、各企业、事业单位和机关、团体，应检查一下现在使用的内部票券，有没有模仿人民币样式和不注明用途的现象。如有这类票券，应当限期全部销毁，并向当地党政领导作出检查报告；违者按情节轻重论处。

三、所有的印刷厂，一律不准承印模仿人民币样式的票券。已经承印的应立即停止，并报告当地党政领导机关，把票版和成品全部销毁。以后如再承印这种票券，也以扰乱金融论处。

以上报告，如无不当，请批转各省、自治区、直辖市执行。

中国人民银行

××××年×月×日

这是一则中国人民银行向国务院反映本机关严格禁止各单位模仿人民币样式印制内部票券的专题工作报告。开头概括地介绍了当前××市一些企业单位，模仿人民币样式印发内部使用的票券的情况，然后提出了明确的建议和规定，最后提请其他地区执行，简洁明快，用语规范。

（六）批复

批复是指答复下级机关的请示事项时使用的文种，是机关应用写作活动中的一种常用公务文书。

1. 批复的特点

（1）被动性。批复的写作以下级的请示为前提，它是专门用于答复下级机关请示事项的公文，先有上报的请示，后有下发的批复，一来一往，被动行文。这一点与其他公文有所不同。

（2）针对性。批复要针对请示事项表明是否同意或是否可行的态度，批复事项必须针对请示内容来答复，而不能另找与请示内容不相关的话题。因此，批复的内容必须明确、简洁、有针对性，以利于下级机关贯彻执行。

（3）权威性。批复表示的是上级机关的结论性意见，下级机关对上级机关的答复必须认真贯彻执行，不得违背。批复的效用在这方面类似命令、决定，带有很强的权威性。

（4）明确性。批复的内容要具体明确，不能模棱两可。

2. 批复的种类

根据批复内容和性质的不同，批复可以分为指示性批复、批准性批复和批转性批复三种。

（1）指示性批复。即用于答复下级的指示性请示。

（2）批准性批复。即用于答复下级的批准性请示。

（3）批转性批复。即用于答复下级的批转性请示。

3. 批复的格式与写法

批复一般由标题、主送机关、正文、落款构成。

（1）标题。标题的写法最常见的是完全式的标题，由发文机关、事由和文种构成，在事由中一般将下级机关及请示的事由和问题写进去；还有一种完全式的标题是发文机关＋表态词＋请示事项＋文种，这种较为简明、全面；也有批复只写事由和文种。

（2）主送机关。主送机关一般只有一个，是报送请示的下级机关。其位置同一般行政公文，写于标题之下，正文之前，左起顶格。批复不能越级行文，当所请示的机关不能答复下级机关的问题而需要向更上一级机关转报"请示"时，更上一级机关所作批复的主机关不应是原请示机关，而是"转报机关"。如果批复的内容同时涉及其他的机关和单位，则要采用抄送的形式送达。

（3）正文。正文包括批复引语、批复意见和批复要求三部分。批复引语要点出批复对象，一般称收到某文，或某文收悉。要写明是对于何时、何号、关于何事的请示的答复，时间和文号可省略。批复意见是针对请示中提出的问题所作的答复和指示，意思要明确，语气要适当，什么同意，什么不同意，为什么某些条款不同意，注意事项等都要写清楚。批复要求（其实可以单独算作结尾），是从上级机关的角度提出的一些补充性意见，或是表明希望、提出号召。如果同意，可写要求；如果不同意，亦可提供其他解决办法。

（4）落款。落款部分写批复发文机关和成文日期。

4. 批复的写作要求

批复既是上级机关指示性、政策性较强的公文，又是对下级单位请求指示、批准的答复性公文，因此撰写批复要慎重及时，要根据现行政策法令及办事准则及时给予答复。撰写时，不管同意与否，批复意见都必须十分清楚明白、态度明朗，不可含糊其词、模棱两可，以免下级无所适从。同时，批复必须有针对性地一文一批复，即请示要求解决什么问题，批复就答复什么问题。

5. 例文示范

国务院关于东莞深化两岸创新发展合作总体方案的批复

国函〔2023〕87号

广东省人民政府，国家发展改革委、国务院台办：

你们关于报送东莞深化两岸创新发展合作总体方案的请示收悉。现批复如下：

一、原则同意《东莞深化两岸创新发展合作总体方案》。

二、要坚持以习近平新时代中国特色社会主义思想为指导，深入贯彻党的二十大精神，落实新时代党解决台湾问题的总体方略，立足新发展阶段，完整、准确、全面贯彻新发展理念，加快构建新发展格局，着力推动高质量发展，立足东莞对台交流合作基础和粤港澳大湾区资源禀赋，聚焦科技创新和先进制造，深入推进要素开放和制度开放，充分发挥台胞台企在建设现代化产业体系、实施创新驱动发展战略、构建开放型经济新体制、深化两岸交流合作、共同弘扬中华文化等方面的积极作用，不断探索新模式、优化台胞台企发展环境，努力打造两岸产业创新发展的新引擎、科技创新合作的新高地、社会人文交流的新枢纽、海峡两岸暨港澳地区交流合作的新平台，引导台胞台企携手建设现代化产业体系、打造两岸共同市场、共建两岸交流合作美好家园，为深化两岸融合发展、促进两岸同胞心灵契合等作出更加积极的贡献。

三、国家发展改革委、国务院台办要会同有关部门和单位与广东省人民政府，依托现有相关工作机制，对东莞深化两岸创新发展合作加强协调指导，研究解决《东莞深化两岸创新发展合作总体方案》实施中遇到的问题，探索深化两岸创新发展合作有效路径，促进两岸经济文化交流合作，深化两岸融合发展，及时总结推广经验做法，带动其他地区提升对台创新发展合作水平。重大事项及时向党中央、国务院报告。

国务院
2023 年 9 月 2 日

这是一则批准性批复。全文先引来文标题和文号，以便收文者明确这是针对自己哪篇请示的批复，然后表示对该请示的态度及意见，最后提出要求。

（七）意见

意见是"适用于对重要问题提出见解和处理办法"的公文。

这种公文往往是上呈然后批转下发的，一般是由主管机关或职能部门对自己认为重要的问题提出看法、主张、措施、办法，请求上级批准实施或批转更大范围实行。所以，可以说它是报请性公文中的呈转公文。

1. 意见的特点

意见属于可多个方向行文的公文。由领导机关或主管部门就某一个问题提出的意见，有关部门必须认真贯彻执行，不能把它当作一般意见来对待。意见的内容偏重于原则的阐述，具有普遍的指导意义。意见在提出处理问题的办法时，为使有关机构有所遵循，一般规定得比较具体，具有可操作性。

2. 意见的种类

（1）按照行文方式划分，意见可分为转发性意见和直发性意见两种。主管部门就自己主管的工作提出了指导性的意见，但是由于与执行单位没有隶属关系，不能直接行文，此类意见就叫作转发性意见。上级机关对下属机关的工作提出指导意见，可以直接下达，这类意见就叫做直发性意见。

（2）按照性质、内容划分，意见可分为指示性意见和计划性意见两种。指示性意见用于上级机关或有关主管部门阐述和说明开展某项工作的基本思想、原则、要求等，对工作进行原则性指导。计划性意见用于上级机关或业务主管部门制订开展某项工作的部署、要求、安排和具体措施等，带有工作计划的一些特点。

3. 意见的格式与写法

意见由标题、主送机关、正文、落款四部分组成。

（1）标题。意见的标题由发文机关、事由、文种三个要素组成，如"上海市人民政府关于加快本市民政事业发展的若干意见"。有时也可省略发文机关。

（2）主送机关。经上级批转下发的意见，因主送机关已标注在批转通知中，故无须再标注主送机关。而直接下发的意见则需要标注主送机关。因为下属的单位较多，主送机关很可能是多个。

（3）正文。正文包括前言、主体和结尾三部分。

1）前言：意见的正文一般先写前言，前言往往说明提出意见的目的，交代提出意见的依据，阐述布置工作的意义和重要性。

2）主体：如果是指示性意见，主体部分要写出意见的具体内容，包括明确工作任务，阐明对此工作应有的基本认识，提出原则性的要求、政策性的措施、处理的办法等。为了使表达有条理性，一般采用分层、段前加小标题的写法。如果是计划性意见，主体部分要写明目标、措施、步骤三项内容。

3）结尾：意见一般可以自然收束，不用专设结尾。如果需要，结尾往往是提出号召、希望或督查要求等。

（4）落款。落款署上发文机关名称和成文日期。直接下发的意见，一般都在文后盖上发文机关的印章，写上发文日期。由上级机关用通知等公文批转的意见，发文机关和成文日期均见于通知，意见本身不需要在正文之后盖上发文机关印章和写上成文日期。

4. 例文示范

教育部关于实施国家优秀中小学教师培养计划的意见

教师〔2023〕5号

各省、自治区、直辖市教育厅（教委），新疆生产建设兵团教育局，有关部门（单位）教育司（局），部属各高等学校：

为贯彻落实党的二十大精神，贯彻落实习近平总书记关于教育的重要论述特别是2023年在中央政治局第三次、第五次集体学习时的重要讲话精神，把加强教师队伍建设作为建设教育强国最重要的基础工作来抓，健全中国特色教师教育体系，推动高水平高校为中小学培养研究生层次高素质教师，让优秀的人培养更优秀的人，夯实拔尖创新人才培养基础，经商财政部等有关部门，现就实施国家优秀中小学教师培养计划（以下简称"国优计划"）提出如下意见。

一、目标任务

从2023年起，国家支持以"双一流"建设高校为代表的高水平高校选拔专业成绩优秀且乐教适教的学生作为"国优计划"研究生，在强化学科专业课程学习的同时，系统学习不少于26学分的教师教育模块课程（含参加教育实践），通过"国优计划"研究生培养吸引优秀人才从教，为中小学输送一批教育情怀深厚、专业素养卓越、教学基本功扎实的优秀教师。

二、选拔与培养

（一）选拔方式

1. 推免选拔。……

2. 在读研究生二次遴选。……

（二）培养模式

"国优计划"培养高校通过自主培养或者与师范院校联合培养的方式，为"国优计划"研究生系统开设教师教育模块课程，包括不少于18学分的教育学、心理学、中小学课程教学、科学技术史等内容，以及不少于8学分的教育实践，全面落实高校教师与中小学教师共同指导教育实践的"双导师制"，强化师范生专业素养培养与教学基本功训练。

支持"国优计划"培养高校为推免录取的"国优计划"研究生设计教师教育先修课程，通过线上线下等方式，指导学生从本科第4年开始学习。参加研究生支教团的"国优计划"研究生，支教实践计入"国优计划"研究生培养教育实践学分。

鼓励高水平高校面向全体在读学生普遍开设教师教育选修课程。"国优计划"研究生本科阶段选修教师教育课程所获学分可计入"国优计划"研究生培养相关模块课程学分。

攻读非教育类研究生学位且修完26学分教师教育模块课程的"国优计划"研究生，通过教育硕士专业学位论文答辩，毕业时同时获得教育硕士学位证书。专题研究论文、调查研究报告、案例分析报告和方案设计报告等都可作为教育硕士专业学位论文。

三、从教激励

（一）纳入免试认定

……

（二）探索"订单"培养

……

（三）组织专场招聘

……

（四）支持专业发展

……

四、实施保障

（一）加强政策激励引导

……

（二）优配教育实践基地

……

（三）强化人才培养统筹

……

五、工作要求

"国优计划"研究生培养要作为"双一流"建设高校的重要任务，先行试点，持续推进（首批试点安排见附件）。"双一流"建设高校等高水平高校要提高政治站位，切实做好"国优计划"研究生培养工作，为中小学培养输送高素质教师，夯实教育强国建设基点，服务高质量发展。

附件："国优计划"首批试点安排

教育部

2023 年 7 月 25 日

这是一篇指示性的意见，即就实施国家优秀中小学教师培养计划做出了指导性意见。意见内容具体明确，条理清晰，具有很强的指导性。

（八）函

函是"适用于不相隶属机关之间商洽工作、询问和答复问题、请求批准和答复审批事项"的公文。函为平行文。复函是指回答来函、来文所提出的问题或事情而被动发出的函件。除了只是告知事项不需要答复的函以外，接到对方来函，无论对来函内容同意与否，都应该给予复函。

1. 函的特点

（1）使用范围广泛。函没有机关单位使用权限的限制，而且涉及的内容比较广泛。

（2）写作灵活简便。函的写法灵活简便，篇幅短小，制作程序、手续一般也较为简易。函是公文中最轻便的一个文种。

2. 函的种类

（1）按性质划分，可以分为公函和便函两种。公函用于机关单位正式的公务活动往来；便函则用于日常事务性工作的处理。便函不属于正式公文，没有公文格式要求，甚至可以不要标题，不用发文字号，只需要在尾部署上机关单位名称、成文时间并加盖公章即可。

（2）按发文目的划分。函可以分为发函和复函两种。发函即主动提出了公事事项所发出的函。复函则是为回复对方所发出的函。

（3）从内容和用途上划分，还可以分为商洽事宜函、通知事宜函、催办事宜函、邀请函、请示答复事宜函、转办函、催办函、报送材料函等等。

3. 函的格式与写法

函由标题、主送机关、正文和落款四部分组成。

（1）标题。函的标题一般有两种形式：一种是由发文机关名称、事由和文种构成，如"山东省人民政府关于济南新机场名称的函"；另一种是由事由和文种构成，如"关于商请派车接送学生的函"。

（2）主送机关。即受文并办理来函事项的机关单位，于文首顶格写明全称或者规范化简称，其后用冒号。

（3）正文。正文一般由开头、主体、结尾、结语等部分组成。

1）开头。开头主要说明发函的缘由。一般要求概括交代发函的目的、根据、原因等内容，然后用"现将有关问题说明如下："或"现将有关事项函复如下："等过渡转下文。复函的缘由部分，一般首先引叙来文的标题、发文字号，然后交代根据，以说明发文的缘由。

2）主体。主体是函的核心内容部分，主要说明致函事项。函的事项部分内容单一，一函一事，行文要直陈其事。无论是商洽工作、询问、答复问题，还是向有关主管部门请求批准事项等，都要用简洁得体的语言把需要告诉对方的问题、意见叙述清楚。如果是复函，还要注意答复事项的针对性和明确性。

结尾。结尾部分一般用礼貌性的语言向对方提出希望，或请对方协助解决某一问题，或请对方及时复函，或请对方提出意见，或请主管部门批准等。

3）结语。通常应根据函询、函告、函商或函复的事项，选择运用不同的结束语。如"特此函询（商）""请即复函""特此函告""特此函复"等。有的函也可以不用结束语，如属便函，可以像普通信件一样，使用"此致""敬礼"。

（4）落款。落款部分署发函机关名称和成文日期。

4. 函的写作要求

函的写作，首先要注意行文简洁明确，用语把握分寸。无论是平行机关还是不相隶属机关的行文，都要注意语气平和有礼，不要倚势欺人或强人所难，也不必曲意逢迎。至于复函，则要注意行文的针对性和答复的明确性。

5. 例文示范

国务院办公厅关于同意建立数字经济发展部际联席会议制度的函

国办函〔2022〕63 号

国家发展改革委：

你委关于建立数字经济发展部际联席会议制度的请示收悉。经国务院同意，现函复如下：

国务院同意建立由国家发展改革委牵头的数字经济发展部际联席会议制度。联席会议不刻制印章，不正式行文，请按照党中央、国务院有关文件精神认真组织开展工作。

附件：数字经济发展部际联席会议制度

国务院办公厅

2022 年 7 月 11 日

这是一则答复函，是针对对方关于建立数字经济发展部际联席会议制度的请示做的答复函，内容事项明确。

（九）纪要

纪要是"适用于记载会议主要情况和议定事项"的公文。纪要产生于会议后期或者会后，是具有多个行文方向的纪实性公文。

纪要是根据会议情况、会议记录和各种会议材料，经过综合整理而形成的概括性强、凝练度高的文件，具有情况通报、执行依据等作用。任何类型的会议都可印发纪要，尚待决议或者有不同意见的内容也可以写入纪要。

1. 纪要的特点

（1）纪实性。纪要必须是会议宗旨、基本精神和所议定事项的概要纪实，不能随意增减和更改内容，任何不真实的材料都不得写进纪要。

（2）概括性。纪要必须精其髓、概其要，以简洁精练的文字高度概括会议的内容和结论。纪要既要反映与会者的一致意见，又要兼顾个别同志有价值的看法。有的纪要，还要有一定的分析说理。

（3）条理性。纪要要对会议精神和议定事项分类别、分层次予以归纳、概括，使之眉目清晰、条理清楚。

2. 纪要的种类

（1）办公纪要。这类纪要是用以传达由机关、单位召开的办公会议所研究的工作、议定的事项和布置的任务，要求与会单位和有关方面、有关人员共同遵守、执行。办公纪要行政约束力很强，具有明确的指示性。

（2）其他纪要。这类纪要是指由专门工作会议、专题讨论会、座谈会、学术研究会等形成的纪要，有的起通报会议情况的作用，使有关人员尽快知道会议的基本情况和主要精神；有的具有指导作用，它所传达的会议精神可对有关方面的工作予以指导。

3. 纪要的格式与写法

纪要的写法因会议内容与类型不同而有所不同。就总体而言，纪要一般由标题、成文日期、正文构成。

（1）标题。

单行标题。单行标题一般由会议名称＋文种组成，如"全国农村工作会议纪要"；也有召开会议的机关＋内容＋文种组成的形式，如"省卫生厅关于全省食品卫生监督工作会议纪要"。

双行标题。以正副标题形式出现：文章式标题＋文件式标题，如"穷追猛打，除恶务尽——××市扫黄打黑工作会议纪要"。

（2）成文日期。纪要成文日期的位置有两种：一种写于标题正下方；一种写于正文右下方。

（3）正文。正文由会议情况和议定事项两部分组成。

1）会议情况。会议情况主要包括会议时间、地点、名称、主持人、与会人员、基本议程。

2）议定事项。常务会、办公会、日常工作例会的纪要，一般包括会议内容、议定事项，有的还可概述议定事项的意义。工作会议、专业会议和座谈会的纪要，往往还要写出经验、做法、今后工作的意见、措施和要求等。

4. 纪要的写作要求和注意事项

（1）要正确地集中会议的意见。没有取得一致意见的一般不写入纪要，但对少数人意见中的合理部分也要注意吸收。

（2）要抓住要点来写，不要写成会议记录。

（3）善于归纳问题。即对会议内容做分类整理和理论概括。归纳概括会议情况的主要依据是会议的原始记录、会议印发的文件和领导人的讲话稿。

（4）必须实事求是，忠实会议内容。可以对与会者的发言进行概括和提炼，也可适当删减，但不可凭空增添内容和篡改原意。

5. 例文示范

关于协调解决沙面大街 56 号首层房屋使用权问题的会议纪要

第××号

××××年2月2日上午，市政府办公厅×××主任主持召开会议，协调解决沙面大街56号首层房屋使用权问题。参加会议的有省政府办公厅交际处、广东胜利宾馆、市商委、市国土房管局、二商局、市外轮供应公司等有关部门的负责同志。

会议认为，沙面大街56号首层房屋使用权的问题，是在过去计划经济和行政决定下形成的历史遗留问题。早几年曾多次协调，虽有进展，但未有结果。最近，按照省、市领导同志"向前看""了却这笔历史旧账"的批示精神，在办公厅的协调下，双方本着尊重历史，面对现实，互谅互让的原则，合情合理地提出解决这宗矛盾的方案。

经过协商、讨论，双方达成了一致的认识。会议决定如下事项：

一、……

二、……

三、……

四、……

会议强调，双方在房屋使用权移交中要各自做好本单位干部群众的工作，团结协作，增进友谊，保证移交工作顺利进行。

××市政府办公厅

××××年××月××日

这篇会议纪要开头简要介绍会议概括，包括会议召开的时间、地点、主持人、拟解决的问题、与会人员。然后以提示性短语"会议认为"写出会议达成的一致意见。接着，分条写明会议决定的事项，这是纪要的核心内容。最后，提出希望与要求。

除了上述9种类型，公文中还包括决议、决定、命令（令）、公报、公告、议案等类型。这里不再详细介绍。有想继续学习的同学可以扫描下方的二维码进行学习。

决议　决定　　　　　公报　议案　　　　　命令（令）　公告

第二节　事务文书写作（计划、总结、述职报告）

一、计划

（一）计划的概念

计划是人们对未来的行动预先制定目标，拟定相应的措施和步骤的书面材料。计划是一个统称，常见的计划有设想、规划、工作要点、方案、安排等，它们所涉及的范围大小、时间长短、内容详略是有区别的。

设想属初步构想的粗线条的计划，具有参考性、理想性、可变性，尚不成熟，但它为制定规划等长远计划提供了思路和参考。

规划是就全局性工作的开展从宏观上作出的长远性计划，是具有战略指导意义的总体设计或部署，涉及时间较长，范围较广，内容较为概括。

工作要点是对一定时期内的全局工作或专项工作所做出的提纲式的简要安排。它只明确工作的主要内容，不讲其他有关问题，内容具有提要性，便于为具体工作提供依据，具有指导性。

方案是对未来某一重要的专门事项作出全面安排的计划。方案相对于工作要点，在目标任务、保障措施、组织机构、参与人员等方面又具有较强的具体性和可操作性。

安排是对未来一段短时间内工作计划所作的具体分解与贯彻，涉及时间较短，范围较小，内容更加具体。在工作实施方面，人员、措施等更加明确，便于执行。

（二）计划的特点

1. 预见性

计划是人们在进行某项工作前预先所做的打算和安排，它的内容是有待于人们付诸行动去实现的。它必须对将要实施的工作进程中可能发生的问题、遇到的困难，进行充分的估计、分析，然后提出相应的解决或避免的有效措施、办法。可见，计划有明显的预见性。

2. 可行性

一份新计划的制订，必须是建立在对过去工作任务完成情况的回顾、总结以及科学地分析的基础上，因此它既有新的目标和相应的措施，也有前车之鉴。它必须是预见性、先进性和可行性的高度统一。

3. 约束性

计划一经制订实施，就具有约束性，一定范围内的人必须按既定计划行动，非特殊情况一般不得擅自改变。

（三）计划的种类

按照不同的分类标准，计划可以分成不同的种类。

（1）按性质分，可分为工作计划、学习计划、生产计划、销售计划、科研计划等。

（2）按适用时间分，可分为长期计划、中期计划、短期计划、年度计划、季度计划、月份计划等。

（3）按表述形式分，可分为条文式计划、表格式计划、条文表格综合式计划。

（4）按制度范围分，可分为国家计划、部门计划、单位计划、班组计划、个人计划等。

（5）按内容容量分，可分为综合计划、专项计划。

（四）计划的结构与写法

1. 计划的基本内容

（1）指导思想。这一部分主要应写明制订计划的依据、原因和目的。

（2）基本情况。这一部分主要阐述制订计划的基础，包括前期计划的执行情况、本期计划面临的形势及完成本期计划的利弊因素。这一部分内容，若是小型计划，也可省略。

（3）任务指标。这一部分主要说明拟实现的奋斗目标、要完成的各项任务、要达到的具体指标数据及质量要求等。

（4）措施办法。这一部分要交代清楚实现计划的具体途径，包括人力、物力、财力的安排，计划执行者的岗位责任以及计划执行过程中应注意的事项等。

（5）时间步骤。这一部分应写明执行计划的进程和时序。

总之，一份计划在内容上必须阐明为什么做、能否做、做什么、怎样做、何时做完等具体事项。

2. 计划的结构

计划一般由标题、正文、署名和日期几部分组成。

（1）标题。计划的标题，常见的写法有以下三种。

1）完全式。这种标题一般由计划制订单位名称、计划适用期限、计划内容、文种等组成，如《××财经高等专科学校20××年度教学工作计划》。

2）简略式。这种标题一般是在完整式标题中酌情省略某部分，如《××省财政厅2023年度主要工作计划》。

3）特殊式。这种标题常用于表格式计划，往往在上述两种标题的文种后面再加上"表"字，如《××大学 2023 年度选修课计划表》。

如果计划尚未成熟或是征求意见稿，一般要在标题之后或在标题下一行用括号注明"草案""讨论稿""征求意见稿"等字样，如《××市财政局 2023 年财政收支计划（草案）》。

（2）正文。正文是计划的基本内容所在。从标题下一行空两格写起，一般包括以下几方面内容。

1）前言。主要写明制定计划的依据、原因、目的、基本情况分析等（基本情况也可单独写）。这部分在表述上要求简明扼要。常用"为此，特制定本××"；或"为此，特将××工作计划如下"或"为此，本年度（季度、学期等）要抓好以下几项工作"之类过渡语来结束前言，领起下文。

2）主体。这部分既要明确提出计划要完成的任务，要达到的指标及质量、数量等要求，又要具体写出为完成任务所采取的各种措施以及完成任务的步骤。所有这些内容应该按事物发展的内在逻辑联系分块或分条列出。

3）署名和日期。署名是指在正文右下方署上计划的制定单位名称或个人姓名；日期是指制定计划的具体年、月、日，写在署名下方。

（五）计划的写作重点与难点

1. 坚持从实际出发，实行"两结合"

制订计划要坚持从实际出发，实事求是。既要以党和国家的有关方针政策及有关要求为制订依据，又要结合本单位的实际情况，正确认识和把握事物发展的内在规律，准确、敏锐地预见未来。只有这样，计划才能顺利实施。

2. 目标明确，任务具体，措施得力，步骤稳妥

计划要指导人们的行动，要达到预期的效果，就必须做到目标明确、任务具体、指标确切、办法措施全面得力，并且要落实到政治思想、人员调配、组织分工、方式手段、财物安排、后勤保障等各个环节。要科学安排工作进程，明确规定完成时间，以便于计划执行者互相配合、互相督促，共同保证计划的完成。

3. 随时检查，适时修改

由于计划是事先制订的，所以在执行过程中难免有不尽完善的地方，这就要求计划执行者和计划制定者共同在实践中考察计划的可行性，随时检查分析计划执行情况，结合实际，适时修改，不断完善，但切忌朝令夕改。

（六）例文示范

2024 学年第一学期校学生会工作计划

本学期我校学生会积极贯彻落实党的教育方针，以习近平新时代中国特色社会主

义思想为指导，结合实际，以"立德树人，全面发展，技能成就人生"为主题，展开多种形式的系列活动，充分发挥学生会干部模范带头作用，进一步推进我校校园文化建设。现计划如下。

一、进一步培养、规范学生会干部的模范带头作用和服务意识。本学期将进一步加强对学生会干部的培养和考核，增强学生会干部的自主管理意识，加强学生会干部队伍的建设，通过每周例会，邀请相关院领导，提高学生会干部的素质。

二、开展丰富多彩的各类文体活动，丰富校园生活，推进校园文化建设。由学生会各部门组织开展各种活动，如学习方法探讨会、播放健康有益的影视作品、名家讲座、演讲比赛、棋牌类比赛等，提高同学们的兴趣，丰富同学们的课余生活。

三、充分利用班级黑板报的宣传作用，展现各班的风采，使学校宣传栏水平得到提高。

四、组建校园纠察队，规范校园环境。为了培养同学们的自主管理能力和集体意识，规范校园环境，学生会将组建以学生会干部为成员的校园纠察队，利用业余时间进行早、中、晚巡逻，发现问题及时处理。要求学生干部做到公正而不徇私。

××省××职业技术学校学生会

××××年×月×日

这是一份学生接触得比较多的学生会工作计划。在学校中，学生会是学校管理学生的重要部门之一，学生会的管理工作是学生自我管理的一条重要途径。这份学生会工作计划内容丰富详尽，安排细致，并提出了相关注意事项，具有可行性。

二、总结

（一）总结的概念

总结是单位或个人对一定时期内的工作、学习、生产等完成情况所作的全面、系统的回顾、检查、评价和结论，并从中找出经验和教训，得出规律性认识，用以指导今后工作的一种事务文书。

从本质上说，总结是感性认识上升为理性认识的一个过程。在实际工作中，我们会获得丰富的知识，但它们往往是零散的，必须通过总结加以条理化、系统化，才能使我们对所做的工作给予客观的评价，得出正确的结论。

（二）总结的特点

1. 真实性

总结是对实践活动的概括，是对实际工作的再认识过程，因此总结的内容必须是真实可靠的。因为只有根据真实的事实才能得出可靠的结论，而正确、可靠的结论才能指导今后的工作。

2. 理论性

进行总结时，不能就事论事，而要就事论理，即上升到理论的高度进行分析，抓住事物的本质，找出其规律。只有这样，才能真正认识事物，才能通过总结正确指导今后的工作。

（三）总结的种类

（1）按性质分，有工作总结、学习总结、生产总结等。

（2）按范围分，有单位总结、个人总结等。

（3）按时间分，有年度总结、季度总结、月份总结、阶段总结等。

（4）按表现形式分，有全面总结和专题总结，又叫综合总结和单项总结。

全面总结（综合总结），是对本单位或本人在一定时期内所做的各项工作进行比较全面、系统的总结。其特点是内容丰富，涉及面广。

专题总结（单项总结），是对某项工作、某个问题或某一方面的经验进行深入细致的总结。其特点是内容集中、针对性强。

（四）总结的结构与写法

总结的结构一般包括标题、正文和落款三个部分。

1. 标题

常见的有以下两种形式。

（1）公文式。由单位名称、适用期限、总结内容、文种名称组成。如：《湖南省财政厅 2019 年工作总结》。

（2）新闻式。

1）单标题。既可突出总结的中心内容，也可突出主旨，如《我们是怎样贯彻执行新税制的》《把构建和谐社会任务落实到基层》《学贵多思》。

2）双标题。由正、副标题组成。正标题要求突出总结的中心内容，副标题要求标明单位名称、期限、内容、文种，如《治理整顿求发展，改革开放争效益——××省机械设备进出口公司 2020 年扩大机电产品出口总结》。

2. 正文

总结的正文一般包括前言、主体和结尾三个部分。

（1）前言。不同类型的总结，前言的内容各有所侧重：或交代与中心内容有关的情况；或概述主要经验；或总说成绩收获。

（2）主体。主体是总结的核心部分，一般包括成绩收获、经验体会、问题教训三个部分。

1）成绩收获，包括在工作实践中所取得的物质成果和精神成果。要用准确无误的事实材料和必要的统计数据予以具体、实在的陈述。

2）经验体会，通常是指要分析归纳成绩收获取得的原因，介绍工作中采取的有力措施及具体做法，并从中引出规律性的认识。

3）问题教训，既包括在实践活动中应该做到而未做到、做好或未做完的工作及尚待解决的问题，也包括由于种种原因产生过失或错误，造成损失而得出的反面经验。

在一份总结中，这三部分内容的详略应视总结的目的而定。

主体部分常用的结构形式有：横式结构、纵式结构、纵横交叉式结构。

1）横式结构，即将有关内容并列排放，相互间既有相对的独立性，又有密切的联系，共同为阐述某一中心内容（成绩收获、经验体会或问题教训）服务。

2）纵式结构，即按照事物的发展过程或工作进程的时间顺序依次阐述有关内容。

3）纵横交叉式结构，即综合使用上述两种结构方式，既考虑工作进程的时间顺序和事物的发展过程，又注意内容的性质和逻辑关系。

（3）结尾。总结的结尾一般是在总结经验教训的基础上，提出今后的努力方向。有的总结也可不单独写结尾段。

3. 落款

总结在正文的右下方标明写作者（单位名称或个人姓名）、写作日期（年、月、日）。公开发表的总结一般在标题的下方标明写作者（单位名称或个人姓名）。

（五）总结的写作重点与难点

1. 注重分析，总结规律

写总结的目的是使我们对所做的工作有一个正确的认识和客观的评价，从而发扬成绩，改正错误和缺点。所以，写总结一定要注重分析，通过透彻的分析，总结出规律，用以指导今后的工作。

2. 要一分为二，实事求是

俗话说："金无足赤，人无完人。"无论我们的工作做得怎样好，都会或多或少地存在一些不足。所以写总结一定要本着实事求是的态度，对所作工作进行如实的总结。如果只报喜不报忧，将对今后的工作贻害无穷。

3. 要详略得当，重点突出

我们平常做工作是事无巨细，什么都做，但写总结不能将鸡毛蒜皮一概写出。应该是重点的情况详细汇报，次要的一笔带过，要做到详略得当、抓住要领、突出重点，并善于提炼小标题或段首主旨句来凸显每部分或每一段的中心内容。这样的总结才能给人以启示。切不可主次不分，面面俱到，写成"流水账"。

（六）例文示范

把构建和谐社会任务落实到基层

谢××

近年来，四川省双流区根据中央精神，结合实际，针对具体问题，积极探索构建和谐基层的有效途径，取得显著效果。

一、注重干群和谐，把矛盾化解在基层

在构建和谐基层的实践中，我们紧紧抓住干群和谐这个关键，在切实解决干群矛盾、增进干群和谐方面做了大量工作。一是在广大干部中开展"我是人民的儿子"主题实践活动。通过开展活动，使广大干部切实摆正"主仆"关系，满怀对人民群众的深厚感情，主动与群众融为一体，真正做到真心敬民、诚心爱民、实心为民，努力为群众办实事、解难事、做好事。二是近年来，我们在农村大力实施以带头致富能力强、带民致富能力强为主要内容的"双带双强"工程，提高了农村党员在群众中的威信，增强了农村党组织的活力。目前，全县有6000多名党员干部与农户结成帮带对子，共帮扶特困户1522户，脱贫877户、2769人，投入帮扶资金108万元。三是进一步健全调查研究、群众接待日、领导干部亲自处理来信来访、机关干部到基层特别是贫困地区锻炼等制度，不断拓宽与人民群众的联系渠道，努力增进与人民群众的感情。

构建和谐基层，必须及时化解改革发展中的各种矛盾。我们在地方经济发展中，坚持"三个杜绝"，即坚决杜绝劳民伤财的形象工程，坚决杜绝牺牲环境的经济增长，坚决杜绝损害百姓利益的虚假繁荣。通过坚持"三个杜绝"，保持经济社会在和谐的氛围中实现可持续发展。双流区作为成都市的近郊大县，县域经济综合实力连续10年位居四川省"十强县"之首，经济社会发展实力跻身全国"百强县"行列。经济实力的不断增强，确保了群众安居乐业，为构建和谐基层创造了物质条件。

二、统筹城乡发展，建设稳定和谐的社会主义新农村

为了统筹城乡经济社会发展，双流区承担了成都市推进城乡一体化的试点工作。通过搞好科学规划、做强支柱产业、利用市场配置资源、建立新型城乡管理体制和推进农民生产、生活和居住方式转变等一系列措施，促进了城市基础设施向农村覆盖、城市公共服务向农村延伸、城市文明向农村辐射的进程，实现了工业与农业、城市与乡村发展的良性互动，形成了县域经济社会协调发展的良好格局。

在推进城乡一体化的过程中，我们以农民利益、农村的长治久安为根本出发点，创新和完善了各种政策。一是建好安居房。采取统拆统建、统一安置的模式，大力实施集中安置工程，改善农民居住环境。二是广开就业路。加大培训力度，实行政策扶持，增加就业岗位，实施充分就业计划，全力做好失地农民就业工作。三是大力推动农村教育发展。全力推动城乡教育的均衡发展，着力为广大农村孩子提供享有优质教育的机会，全力实施帮困助学。通过上述一系列举措，为农村基层和谐打下扎实基础。

三、激发创造活力，营造积极健康向上的和谐社会氛围

和谐社会必然是一个充满活力、崇尚创造、健康向上的社会。必须尊重人民群众的创造精神，通过深化改革、创新体制，调动一切积极因素，激发全社会的创造活力。

为了激发创造活力，我们稳步实施全民创业计划。通过鼓励广大群众辛勤劳动、艰苦奋斗，努力使千家万户实现家有恒产，生活殷实；积极发展"能人经济"，充分利用双流区成功创业者的示范效应，鼓励有一定实力的能人自主创业，促进他们由个体户向私营或股份制企业转变，在全县形成"集中资金兴产业、你追我赶办企业"的浓厚氛围；鼓励现有企业家将产业做大做强，对市场前景好、发展后劲足的企业进行强力扶持，培育壮大一批项目，力争较短时间内在企业家中培养一批实业精英、"创业巨

人"；鼓励双流区在外人员中具有先进技术、科学管理经验和一定实力的人才回乡兴办工业企业和各类经济实体，为县域经济发展注入新的动力；鼓励广大干部职工立足本职，把工作当成事业去追求，把事业当成学问去研究，在促进双流区经济社会的大发展中释放潜能、建功立业，努力实现人生价值。

在实施全民创业计划的过程中，我们着力创新工作机制，比如，在确定今年首批200户"百姓创家业"的过程中，我们坚持公开、公平、竞争、择优的原则，在全县发布公告，公布重点产业、激励政策、申报办法等事项，由百姓自己制定并申报创业方案，在全县范围内通过竞标评选的办法确定。确定后，我们用财政设立每年200万元的专项资金，以"以奖代补"的方式进行扶持。通过大力实施全民创业计划，有效克服了贪图安逸、不思进取、小富即安的消极思想，在双流大地形成创业活力竞相迸发、创业精英不断涌现、创业财富充分涌流的大好局面。同时解决了一些社会热点难点问题，从而为构建和谐基层提供了不竭动力。

这是一篇专题总结，标题采用新闻式单标题。专题总结通常采用纵横交叉式结构，将工作内容分成若干小标题，同时融入相应的做法、结果及体会，并以分条列项的方式排列。

三、述职报告

（一）述职报告的含义及特点

1. 述职报告的含义

述职报告指将自己履行的职责是否称职的情况以书面形式所呈现的文体，亦指机关负责人就任职一定时期内所做工作向任命机关或机关群众进行汇报并接受审查和监督的陈述性文案。个人述职报告是随着人事管理制度改革而出现的一种新文体，它是考察干部履行职责情况的一种手段。

2. 述职报告的特点

述职报告的主要特点有自述性、自评性、报告性。

（1）所谓自述性就是要求报告人述说自己在一定时期内履行职责的情况。因此，述职报告必须使用第一人称，采用自述的方式，向有关方面报告自己的工作实绩。报告人按照岗位规范要求，报告取得的成绩和作出的贡献。报告所写的内容必须真实，事实必须确凿无误，切忌弄虚作假。

（2）所谓自评性就是要求报告人依据岗位规范和职责目标，对自己任期内的德、能、勤、绩等方面的情况作自我评估。述职人必须持严肃、认真的态度，既要对自己负责，也要对组织负责、对群众负责，对工作的走向、前因后果，要叙述清楚、评价恰当。所叙述的事情，要概述，让人一目了然，并从中引出自评。但切忌空谈或引经据典，定性分析必须在定量证明的基础上进行。

（3）所谓报告性就是要求报告人明白自己的"身份"，放下官架子，以被考核，接受评议、监督的身份，履行职责做报告。要认识到，自己是在向上级汇报工作，它是严肃的、庄重的、正式的汇报，是让组织了解自己、评审自己工作的过程，因此语言必须得体，应谦逊、诚恳、朴实、掌握分寸，切不可傲慢、盛气凌人，不可夸夸其谈、浮华夸饰。报告内容必须实在、准确，而且要用叙述的方式，将来龙去脉交代清楚。

（二）述职报告的种类

1. 从内容上划分

（1）综合性述职报告，指报告内容是一个时期所做工作的全面、综合的反映。

（2）专题性述职报告，指报告内容是某一方面工作的专题反映。

2. 从时间上划分

（1）任期述职报告，是指从任现职以来对总体工作进行的报告。一般来说，时间较长，涉及面较广，要写出一届任期的情况。

（2）年度述职报告，是一年一度的述职报告，要写出本年度的履职情况。

（3）临时性述职报告，是指担任某一项临时性的职务所作的述职报告，需要写出其任职情况。比如，负责了一期的招生工作或主持了一项科学实验或组织了一项体育竞赛等，述职报告需写出其履职情况。

3. 从表达形式上划分

（1）口头述职报告，是指需要向本单位职工群众述职的、用口头形式表达的述职报告。

（2）书面述职报告，是指向上级领导机关或人事部门报告的书面述职报告。

（三）述职报告的写作要求

1. 充分反映工作实绩

述职报告需要写出自身在岗位上办了什么实事，结果怎么样，有哪些贡献，还有哪些不足，包括工作效率、完成任务的指标、取得的效益等。工作实绩如何是检验工作称职与否的主要标志。

2. 实事求是的评价自己

述职报告要理直气壮摆成绩，诚恳大胆讲失误；不能把集体之功归于个人，也不要抹杀个人的作用；以叙述为主，把自己做过的工作实绩写出来即可。

3. 抓住重点，突出个性

述职报告，如果用口头报告表述，一般宜占用 30 分钟；如果用书面报告表述，一般以 3000 字左右为宜。因此，表述的内容应抓住重点，抓住最能显示工作实绩的大事件或关键事，将其写入述职报告。述职报告应显示自己的特色，突出自己独有的气质、独有的风格、独有的贡献。

（四）述职报告与总结的区别

述职报告是向上级管理机关陈述自身某一阶段工作履行职务情况，进行总的回顾，找出内在规律以指导未来实践的报告，作为普通文书，属于报告的一种，与总结相似。述职报告可以说是工作报告中的总结性报告。但它和总结也有很多不同之处，所以不可将述职报告写成总结。具体而言，有以下几点。

（1）写作目的不同。总结的目的是通过回顾以往所做过的事情，指导未来的工作实践，用正确的立场、观点、方法对已有的实践进行全面、系统、深刻的分析，并归纳出一些新鲜而又具有一定指导意义的规律性的东西。述职报告的目的就是为了考核干部。

（2）阅读作用不同。总结是给他人汲取经验或教训，或供他人借鉴和推广；述职报告是考核者全面了解述职人履行职责的情况，审查是否升迁、留任、降职。

（3）文章内容不同。总结是对照计划，检查做了哪些工作，取得了哪些成绩，有什么经验、体会、看法、意见，存在什么问题，今后怎么干，等等。可以是单位的、集体的，也可以是个人所作，其写作角度是全方位的、实事求是的。述职报告是对照岗位责任和目标，自我评述、自我检查，报告履职情况、指导思想、决策水平、工作能力等，它要求侧重写个人履行职守方面的有关情况，往往不与本部门、本单位的总体业绩、问题相掺杂，按照德、能、勤、绩四方面汇报。

（4）表达方式不同。总结用叙述的方式概括反映工作过程，用议论的方式对理性思考的结果加以归纳，采取夹叙夹议的方法；述职报告则主要采用说明的表达方式，以实述说。

（五）述职报告的写法

述职报告没有固定的写作模式，根据不同类型和主旨，可灵活安排结构，一般由标题、抬头、正文、落款四部分组成。

1. 标题

常见的写法有以下三种。

（1）文种式标题，只写"述职报告"。

（2）公文式标题，格式为姓名＋时限＋事由＋文种名称，如"李四××××年－××年任商业局长职务的述职报告"。

（3）文章式标题，指用正题或正副标题配合，如"思想政治工作要结合经济工作一起抓——××造纸厂厂长王××的述职报告"。

2. 抬头

（1）书面报告的抬头，写主送单位名称，如"××党委""××组织部"或"××人事处"等。

（2）口述报告的抬头，写对听者的称谓如"各位代表""各位委员""各位同志"或"各位领导、同志们"。

3. 正文

由开头、主体、结尾三部分组成。

（1）开头，又叫引语，一般交代任职的自然情况，包括何时任何职、变动情况及背景、岗位职责和考核期内的目标任务及个人认识。开头一般是对自己工作的整体评判，确定述职范围和基调。这部分要写得简明扼要，给听者一个大体印象。

（2）主体。述职报告的主体要选择几项主要工作，细致地将过程、效果或失误及认识表述出来。这一部分要写详细，对一些重大问题的决策过程，对棘手事件的处理思路，对群众迫切关心的问题的认识和处理，都要交代清楚。要对履行职责的情况和对履行职责的事迹进行深入的分析研究，做出具有一定理论层次的概括。要回答称职与否的问题，应从思想道德素质、政治理论素质、开拓进取精神、政策法律水平、处事决断能力、分析综合能力、文字和口头表达能力、廉洁模范作用、上下左右关系、工作作风和工作方法等方面描述自己的形象，回答好称职与否的问题。述职报告的主体还要说明履行职责过程中的得与失。如果这部分内容涉及面广、量多，可以分条列项写出。

（3）结尾。在述职报告的结尾可简述对自己的评价，并表明自己的态度，最后以"谢谢大家"之类的语言结束。

4. 落款

落款写上述职人姓名和述职日期或成文日期。署名可放在标题之下，也可以放文尾。

（六）例文示范

员工转正述职报告

从入职至今不知不觉已快三个月了，通过这三个月的锻炼和磨合，在领导和同事的指导帮助下，我对工作有了一定的了解，经过这三个月的工作学习，个人综合素质有了新的提高。回顾这三个月来的工作历程，特总结如下。

一、工作中的体会以及成长

（1）能够较好地完成上级安排的任务。认真遵守公司的各项规章制度，严格约束自己。

（2）用心做事，能够较好地完成本职工作。把客户遇到的问题当作自己的问题来解决，对来访的客人以礼相待，热情、耐心地帮助他们。

（3）努力学习相关知识。初到公司时，我对房地产开发行业了解不多，通过一些基本工作，如一些数据统计、合同的备案、文件归档等，我对房地产开发有了一定的了解与认识。

（4）关于态度与责任。身处什么样的岗位，就应该承担什么样的责任，有了正确的态度，才能运用正确的方法，找到正确的方向，进而取得正确的结果。具体而言，我对工作的态度就是既然担起来了，就要尽自己最大的努力去完成。

（5）在各位领导指导和同事的帮助下，我不断地完善各个方面，把事情条理化、规范化，这是一种态度，诚然，这也是一种责任。

（6）在日常工作中，必须踏踏实实、认认真真，扎实地做事，不以事小而马虎，不以事多而敷衍，真正将每件事情都做好，力求完美，只有这样才能有好的工作成果。

二、今后的工作

我将努力做到以下几点，希望领导和同事们对我进行监督指导。

（1）不断加强专业知识学习。向身边的同事学习，积累工作经验，逐步提高自己的理论水平和业务能力。从工作中总结经验，提高效率，提高工作能力。

（2）经过三个月的时间，我虽然在思想和工作上都有了一定的进步，但与其他同事相比还存在着很大差距。因此，在今后的工作中，我不但要继续发扬自己的优点，还要客观地面对自己的不足之处，如工作中存在粗心、急躁、考虑事情不周全的缺点，应变能力、协调能力都还有待于进一步提高。应克服年轻气盛，做到脚踏实地，提高工作主动性，不怕多做事，不怕做小事，在点滴实践中努力完善提高自己，弥补不足。

（3）任劳任怨、孜孜不倦。对领导的安排是完全地服从，并不折不扣地执行，一如既往地做好每天的工作。始终以一个初学者的身份向同事请教工作中的经验，不断地提升自己的专业水平及综合素质。

经过三个月的试用期，我认为我能够积极、主动、熟练地完成自己的工作，并积极全面地配合公司的要求来展开工作，与同事能够很好地配合和协调。在以后的工作中，我会一如既往，与人为善，对工作力求完美，不断地提升自己的业务水平及综合素质，以期为公司的发展尽自己的一份力量。

谢谢大家！

这是实习员工的一篇转正述职报告，针对三个月以来自己的工作情况、成长等，对领导和同事进行口头汇报。主体部分对履行职责的情况和所取得的成绩作了分点汇报，也认清了自己的不足之处和今后的努力方向。最后一段则表达了对今后工作的希望和决心，以期转正。

第三节　求职文书写作（求职信、简历）

一、求职信

（一）求职信的概念

求职信，顾名思义，是求职者向用人单位介绍自己情况，以求得录用的书面材料。它是一种私人对公并有求于公的信函，是一种专用性文书。

（二）求职信的特点

（1）针对性。一是针对用人单位的实际情况，二是针对读信人的心理，三是针对自己的实际情况。

（2）自荐性。毛遂自荐，恰当地介绍自己。

（3）竞争性。由择人与择业的双向选择机制决定。

（三）求职信的类型

（1）应聘式求职信。即求职人根据用人单位招聘人员的条件向用人单位进行自我介绍而谋职的书信。

（2）非应聘式求职信。这是不知晓对方单位是否有用人需求而径自投递过去的求职信。

（四）求职信的结构与写法

1. 标题

用较大字体在纸上方居中标注"求职信"或"应聘信"。

2. 称谓

求职信不同于一般的私人书信，不能用"亲爱的""我最尊敬的"等字眼。为了礼貌起见，可用"尊敬的××"来称呼。求职信若是写给国有企事业单位，通常称谓写单位名称或单位的人事处

如何写作求职信

（组织人事部）；若是写给民营、私营或合资、独资企业，称谓一般写公司老板或人事部负责人。

3. 导言

要写明求职、应聘的缘由。也有的求职信不写导言。

4. 主体

这是求职信的重点部分，内容通常包括以下几方面。

（1）个人的学历、年龄、专长、经历、业绩。

（2）个人的志向、兴趣、性格。

（3）求聘的工种、职位。

（4）待遇要求（也可不写）。

（5）通信地址、电话、电子邮箱等。

5. 结尾

要诚恳地表达希望被录用的愿望，如"希望领导给我一次面试的机会""盼望答复""静候佳音"等。结尾可与主体衔接写在一起，也可另起一段。最后写上附件名称。附件通常是个人简历、所学专业课程一览表、各门课程的成绩一览表、学历证书、获奖证书、能力证书、实践活动证书等有关材料的复印件。如能提供求职者本人发表的论文或论著以及原单位（学校）或行业专家、知名教授的推荐信等，效果会更好。选用的证明材料，应有必要的签名和盖章。

注意按信函的格式写"此致""敬礼"一类的敬语。

6. 落款

应按信函格式写上个人姓名、日期。求职函如果是打印件，必须由求职人亲笔签名。

（五）求职信的注意事项

（1）要以"情"感人。一是把握用人者的心理，投其所好；二是寻找共同点，引起共鸣。

（2）要以"诚"动人。态度诚恳，不夸夸其谈。如实地写出你想从事某项工作所具备的条件，以及选择某项工作的原因，或者是为了发挥某项专长与特长，或者是为了照顾家里的父亲母亲，或者是受对方单位的某些优越条件的吸引等。

（3）要以"美"迷人。语言要饱含感情，写作中可适当选用一些谦辞、敬辞，如"恳请""敬请""您""贵公司"等。印有信头的公文笺是绝对不能用的。信封的颜色和质地也必须与信纸相匹配。亲笔书写时，字体要清晰整洁，不能涂改。如果是打印，要注意字号及字体的选用，要求清晰明了，且书写的文法、标点、拼写都不能出现错误。

（六）例文示范

求职信

尊敬的××公司领导：

蒙您垂爱，在百忙之中为我开启了成功的大门。在此，非常感谢您给予我展示自我的舞台和施展才华的机会！

我是一名来自××大学的英语专业大四学生，我应聘的是××职位。在大学宝贵的四年中，我系统地掌握了外贸英语的有关知识，具备良好的英语听、说、读、写、译能力，已顺利通过大学英语六级和专业英语四级考试，现正积极准备专业英语八级考试。另外，由于对会计学的酷爱和面对日益激烈的竞争和挑战，我又加修了第二专业会计学，已熟练掌握会计学专业的相关知识，精通相关财务软件，对会计、税法、经济法具有浓厚兴趣。此外，能熟练操作office办公软件，熟悉网络和编程，已获全国计算机等级考试二级证书。大学期间，我学习刻苦认真，取得了优异成绩，连续三年获综合和专业奖学金。

大学四年，我积极参加学校和社会各种实践活动，曾任校晨曦文学社的秘书部长和摄影协会的组织部部长，参与策划了大型晚会"把自信留给自己"和"奔腾岁月"，参与组织了摄影协会的野外实习活动，受到院系领导的好评和广大同学的积极响应。我注重各方面能力的培养，曾两度担任初中学生的家教，推销过太阳能热水器，在××日报社当过实习记者等。实践活动使我有了较强的组织协调能力和团队合作精神，实习工作培养了我吃苦耐劳、积极进取的工作作风，而知识的积累让我满怀希望和信心。

我为人谦和大方、乐于助人、充满活力、富有幽默感。具有良好的团队协作精神和集体主义荣誉感；工作认真负责，做事细致严谨，富有责任感；生活态度积极乐观，坚韧向上。对生活和工作充满了热情和信心。

据我所知，贵公司管理有方，实行人才、信誉并重的方针，尤其能选贤任能，人尽其才。因此，贵公司办事效率高，人际关系融洽，上下员工团结，工作氛围和谐，无论是科研，还是生产，都搞得生气勃勃、有声有色。今年上半年在贵公司实习期间，我对此深有感受。我想，在如此和谐、团结、有爱的环境里工作，不仅会心情愉快，而且会早出成果，不断进步。

正所谓学以致用，大学四年所学就是为了能在实际的工作中得到运用和发挥。我深深知道贵公司是人才济济的单位，像我这样一个刚要走出校门的学生想要进入是相当困难的。但我坚信自己有信心、有能力叩开贵公司的大门。如果贵公司选择了我，不管是贫穷还是富有，顺境还是逆境，我都将投入全部的热情，与之风雨同舟，荣辱与共！即使贵公司认为我还是不符合条件，我也将一如既往地关注贵公司的发展，并在此致以最诚挚的祝愿。

恳请回复！我的联系地址为：……，联系电话是：××××××××××。

此致！

敬礼！

××财政经济学院××系×××

××××年×月××日

这是一篇应聘求职信。作者在文章开篇向应聘者致以了问候，尊敬而不谄媚。第二段开头便简单介绍了自己的基本情况，明确了自己的求职意向，让招聘者能马上了解其意图。紧接着列出了与应聘职业相关的个人所长和相应的成功经验，包括校内实践、社会实践和用人单位实习经验，实事求是、言之有物，突出了自己的优点，对所求职位有很强的针对性。其中还穿插了自我评价，言辞恳切，没有夸夸其谈、弄虚作假。最后在信尾明确写出联系电话等可以有效联系自己的联络信息。如果求职者能谈谈对行业前景的展望、市场分析或建设性意见将会收到更好的求职效果。这封信总体来说，态度诚恳、措辞得当，用语不隐晦，恭敬而不卑微，自信而不自大，是一封目的明确、情意真挚的求职信。

二、简历

（一）简历的概念

简历又称求职简历、个人履历等，是求职者客观简要地介绍自己的学习经历、实践和社会工作经历、能力、个性、业绩等个人基本情况的文书。简历要突出个人特长或特点，以利求职或应聘。如果说求职函告诉别人"为什么你是这份工作的最佳人选"，那么简历则是告诉别人有关你个人的基本信息、学习工作经历和专业技能。

个人简历

大学生求职简历通常包含个人基本情况、教育经历、能力和特长、求职意向、联系方式等基本要素。

（二）简历的特点

1. 真实性

简历必须客观真实地叙述个人学习经历、实践和社会工作经历等情况，任何编造都可能给求职或应聘造成难以预料的后果。

2. 自评性

简历需对个人的专业特长等做出自评，突出个人特点，以达到求职或应聘目的。

3. 简要性

篇幅最好不超过两页 A4 复印纸。据相关的调查，招聘者只是想通过求职简历来大概了解应聘者的一些初步情况，他们平均在每份简历上花费约 3 分钟，一般会阅读 1 页半材料，之后再用 30 秒的时间决定是否让该应聘者参加考核。

（三）简历的类型

按写作方式分，简历可分为表格式简历、文字式简历和文字表格综合式简历。大学生求职通常会选用表格式简历。

（四）简历的结构与写法

1. 标题

可以直接标明文种"简历""个人简历"，位于首行居中位置。

2. 正文

（1）求职意向。简短清晰，表明本人对哪些岗位感兴趣及相关的适当要求。

（2）基本信息。其包括姓名、性别、出生年月、籍贯、民族、政治面貌、身高、专业、学历、职称、毕业院校和毕业时间等。

（3）教育履历。包括个人从高中阶段至所获最高学历阶段之间的就读学校及专业，一般按倒序时间来写自己的学习过程。

（4）主要学习课程。此部分可以列上主要的、有特色的专业课程及成绩，尤其要体现与自己所谋求的职位有关的教育科目、专业知识。

（5）与求职目标相关的实践、社会工作经历。此部分一定要突出最主要、最有说服力的资历、能力和工作经历。在每一项工作经历中先写工作日期，接着是工作单位和职务。对于初出校门的大学生，工作经历可以改为社会实践和实习经历，包括在学校和班级所担任的职务、勤工助学、课外活动、义务工作、参加的社团组织、实习经历和实习单位的简要评价等。

（6）获奖、获取职业技能证书情况。所获得的各种奖励和证书包括发表的论文、社团成员资格、奖励和获得承认的计算机技能、英语等级、语言技能等资格证书，有关个人兴趣爱好的荣誉证书也可以针对求职意向有选择地列举两三项。这部分内容主要是向用人单位证明自己的应聘资格。

（7）能力、特长及个性评价。介绍要恰如其分，尽可能使自己的专长、兴趣、性格与所谋求的职业特点、要求相吻合。事实上，"教育履历""实践、社会工作经历"已隐含了个人的能力、性格等，因而必须前后相互照应。

（8）通联方式与备注。即写明电话号码、E-mail、QQ、详细通信地址、邮政编码等。求职材料通常有一个封面，封面的通联方式必须和内文的一致。

（五）写作注意事项

（1）内容。内容重点突出。

（2）语言。语言简明扼要，准确清楚。

（3）形式。版面设计清晰整洁，便于阅读。

（4）传递有效的信息。个人简历要有明确的求职意向，重点介绍与工作相关的学历、证书、知识、技能和实践经验。

（六）例文示范

个人简历

求职意向	工业企业中产品设计、宣传、推广、销售、信息、翻译等工作					
姓　名	张××	性别	出生年月	××××年3月		
民　族	汉	户籍	广东×××	目前所在地	广东×××	照片
政治面貌	中共党员	学历	本科	所学专业	工业企业管理	
毕业院校	××理工大学					
联系方式	电话	××××××××××		E-mail	some@sina.com	
	通信地址	××省××市××镇××街		邮政编码	××××××	
教育简历	××××年9月—××××年7月××理工大学					
	××××年9月—××××年7月××市第一中学					
主要学习课程	高等数学、运筹学、预测与决策、市场营销、西方经济学、国际贸易、推销与谈判、计算机销售管理、电子商务					
实践经历	××××年7月在××化工网站进行电子商务实习。实习期间主要职责是：①协助网站编辑在互联网查阅国内以及国外的化工信息；②搜集、整理相关的中英文资料；③整理和翻译英文资料					
求职意向	工业企业中产品设计、宣传、推广、销售、信息、翻译等工作					
获奖情况	三次校二等奖学金，一次校单项奖学金					
个人能力	英语水平：能熟练地进行听、说、读、写。通过国家英语四级考试。尤其擅长撰写和回复英文商业信函，熟练运用网络查阅相关英文资料并能及时予以翻译。计算机水平：国家计算机等级考试二级，熟悉网络和电子商务。精通办公自动化，熟练操作Windows系统，能独立操作并及时高效地完成日常办公文档的编辑工作					
自我评价	做事踏实，遵守纪律，忠诚可靠；能够与人友好相处					

第四节 毕业论文

一、毕业论文概述

毕业论文，泛指专科毕业论文、本科毕业论文（学士学位论文）、硕士研究生毕业论文（硕士学位论文）、博士研究生毕业论文（博士学位论文）等，即需要在学业完成前写作并提交的论文，是教学或科研活动的重要组成部分之一。

毕业论文是毕业生总结性的独立作业，是学生运用在校学习的基本知识和基础理论，去分析、解决一些实际问题的实践锻炼过程，也是学生在校学习期间学习成果的综合性总结，是整个教学活动中不可或缺的重要环节。撰写毕业论文对于培养学生初步的科学研究能力，提高综合运用所学知识分析问题、解决问题能力有着重要意义。具体表现在：①培养学生综合运用、巩固与扩展所学的基础理论和专业知识，培养学生独立分析、解决实际问题能力；②培养学生正确的理论联系实际的工作作风，严肃认真的科学态度；③培养学生进行社会调查研究，文献资料收集、阅读和整理、使用，提出论点、综合论证、总结写作等基本技能。

毕业论文在进行写作的过程中，需要经过开题报告、论文撰写、论文上交评定、论文答辩以及论文评分等五个环节。

二、毕业论文的写作格式与要求

（一）题目

题目应简洁、明确、有概括性，字数不宜超过 20 个字（不同院校可能要求不同）。

标题是文章的眉目。各类文章的标题，样式繁多，但无论何种形式，都要以全部或不同的侧面体现作者的写作意图、文章的主旨。毕业论文的标题一般分为总标题、副标题、分标题几种。

1. 总标题

总标题是文章总体内容的体现。常见的写法有以下几种。

（1）揭示课题的实质。这种形式的标题，高度概括全文内容，往往是文章的中心论点。它具有高度的明确性，便于读者把握全文内容的核心。例如，《关于经济体制的模式问题》《经济中心论》《县级行政机构改革之我见》等。

（2）提问式。这类标题用设问句的方式隐去要回答的内容，实际上作者的观点是十分明确的，只不过语意婉转，需要读者加以思考罢了，如《家庭联产承包制就是单干吗?》《商品经济等同于资本主义经济吗?》等。

（3）交代内容范围。这种形式的标题，从其本身的角度看，看不出作者所指的观点，只是对文章内容的范围做出限定。拟定这种标题，一方面是文章的主要论点难以用一句简短的话加以归纳；另一方面，交代文章内容的范围可引起读者的关注，以求引起共鸣。例如，《试论我国农村的双层经营体制》《正确处理中心和地方、条条与块块的关系》《战后西方贸易自由化剖析》等。

（4）用判定句式。这种形式的标题给予全文内容的限定，可伸可缩，具有很大的灵活性。文章研究对象是具体的，面较小，但引申的思想又须有很强的概括性，面较宽。这种从小处着眼，大处着手的标题，有利于科学思维和科学研究的拓展。例如，《从乡镇企业的兴起看中国农村的希望之光》《科技进步与农业经济》《从"劳动创造了美"看美的本质》等。

（5）用形象化的语句。如《激励人心的治理体制》《科技史上的曙光》《普照之光的理论》等。

标题的样式还有很多，作者可以在实践中大胆创新。

2. 副标题

副标题是为了点明论文的研究对象、内容、目的，对总标题加以补充、解说。凡是一些商榷性的论文，一般都有一个副标题，如在总标题下方，添上"与××商榷"之类的副标题。另外，为了强调论文所研究的某个侧重面，也可以加副标题，如《如何看待现阶段劳动报酬的差别——也谈按劳分配中的资产阶级权利》《开发蛋白质资源，提高蛋白质利用效率——探讨解决吃饭问题的一种发展战略》等。

3. 分标题

设置分标题的主要目的是清楚地显示文章的层次。有的用文字，一般都把本层次的中心内容揭示出来；有的用数码，标明"一、二、三"等的顺序，起承上启下的作用。需要注意的是：无论采用哪种形式，都要紧扣所属层次的内容以及上文与下文的联系紧密性。

（二）摘要

摘要（内容提要）是全文内容的缩影，要有高度的概括力，语言精练、明确，中文摘要100～300字（不同院校可能要求不同）。作者应以极简的笔墨，勾画出全文的整体面目，提出主要论点、揭示论文的研究成果、简要叙述全文的框架结构。摘要是正文的附属部分，一般放置在论文的篇首。写作摘要的目的有如下几个方面。

（1）为了使指导老师在未审阅论文全文时，先对文章的主要内容有个大体上的了解，知道研究所取得的主要成果，研究的主要逻辑顺序。

（2）为了使其他读者通过阅读摘要，就能大致了解作者所研究的问题，假若产生共鸣，则再进一步阅读全文。此时，摘要成了把论文推荐给众多读者的"广告"。因此，摘要应把论文的主要观点提炼出来，便于读者一看就能了解论文内容的要点。

摘要可分为报道性摘要和指示性摘要。报道性摘要，主要介绍研究的主要方法与成果以及成果分析等，对文章内容的提示较全面。指示性摘要，只简要地叙述研究的成果（数据、看法、意见、结论等），对研究手段、方法、过程等均不涉及。毕业论文一般使用指示性摘要。

（三）关键词

关键词是标示文献关键内容。它是为了文献标引工作，从论文中选取出来，用以表示全文主要内容、信息款目的单词或术语。一篇论文可选取 3～8 个词作为关键词（不同院校可能要求不同）。

（四）目录

一般来说，篇幅较长的毕业论文，都设有分标题。设置分标题的论文，因其内容的层次较多，整个理论体系较庞大、复杂，故通常设目录。

设置目录的目的：①使读者能够在阅读该论文之前对全文的内容、结构有一个大致的了解，以便读者决定是读还是不读，是精读还是略读等。②为读者选读论文中的某个分论点时提供方便。长篇论文，除中心论点外，还有许多分论点。当读者需要进一步了解某个分论点时，就可以依靠目录而节省时间。

目录一般放置在论文正文的前面，因而是论文的导读图。要使目录真正起到导读图的作用，必须注意这几点：①准确。目录必须与全文的纲目相一致，即论文的标题、分标题与目录存在着一一对应的关系。②清楚。目录应逐一标注该行目录在正文中的页码，标注页码必须清楚无误。③完整。目录既然是论文的导读图，就必须具有完整性，也就是要求文章的各项内容，都应在目录中反映出来，不得遗漏。

目录有两种基本类型：用文字表示的目录和用数码表示的目录。

（五）正文

正文包括前言、本论、结论三个部分。

前言（引言）。论文的开头部分，主要说明论文写作的目的、现实意义、对所研究问题的认识，并提出论文的中心论点等。前言要写得简明扼要，篇幅不要太长。

本论。毕业论文的主体，包括研究内容与方法、实验材料、实验结果与分析（讨论）等。在本部分要运用各方面的研究方法和实验结果，分析问题，论证观点，尽量反映出自己的科研能力和学术水平。

结论。毕业论文的收尾部分，是围绕本论所作的结束语。其基本的要点就是总结全文，加深题意。

（六）注释

在论文写作过程中，有些问题需要在正文之外加以阐述和说明，就需要注释。

（七）参考文献

在毕业论文末尾要列出在论文中参考过的专著、论文及其他资料，所列参考文献或按文中参考、引证的先后顺序排列，或按文献名称首字的音序排列。

在学术论文后列出参考文献（表）的目的是反映出真实的科学依据，体现严肃的科学态度，分清是否为自己的观点或成果，以及表示对前人的科学成果的尊重，也是为了指明引用资料出处，便于检索。

（八）附录

对于一些不宜放在正文中，但有参考价值的内容，可编入附录中。例如，问卷调查原件，相关数据、图表及其说明等。

（九）谢词

简述自己做毕业论文的体会，并对指导教师和协助完成论文的有关人员表示谢意。

三、撰写毕业论文的注意事项

毕业论文的撰写及答辩考核是能否顺利毕业的重要环节之一，也是衡量毕业生是否达到结业要求的重要依据之一。但是，由于许多写作者缺少系统的课堂授课和平时训练，往往对毕业论文的独立写作感到压力很大，心中无墨，难以下笔。因此，对毕业论文的撰写进行必要指导，具有重要的意义。

毕业论文是学生的总结性独立作业，目的在于总结学习专业的成果，培养综合运用所学知识解决实际问题的能力。从文体而言，它也是对某一专业领域的现实问题或理论问题进行科学研究探索的具有一定意义的论说文。完成毕业论文的撰写可以分两个步骤，即课题选择和课题研究。

（一）课题选择

选题是论文撰写成败的关键。因为选题是毕业论文撰写的第一步，这一环节实际上就是确定"写什么"的问题，亦即确定科学研究的方向。如果"写什么"不明确，"怎么写"就无从谈起。选好课题是毕业论文成功的一半。要坚持选择有科学价值和现实意义的课题。科学研究的目的是更好地认识世界、改造世界，以推动社会的不断进步和发展。

毕业论文的选题，要结合所学专业和国家建设的需要，以促进科学事业发展和解决现实存在问题为出发点和落脚点。选题要符合科学研究的正确方向，要具有新颖性，有创新、有理论价值和现实的指导意义或推动作用。具体地说，可从以下三个方面来选题。首先，要从现实的弊端中选题。学习专业知识，不能仅停留在书本上和理论上，还要下一番功夫，理论联系实际，用已掌握的专业知识去寻找和解决工作实践中亟待解决的问题。其次，要从寻找科学研究的空白处和边缘领域中选题。科学研究还有许多没有被挖掘的地方，还有许多缺陷和空白，这些都需要填补。写作者应有独特的眼光去发现，有超前的意识去思索研究。最后，要从寻找前人研究的不足处和错误处选题。前人已提出来的研究课题中，许多虽已有初步的研究成果，但随着社会的不断发展，其还有待于丰富、完善和发展的地方，这种补充性或纠正性的研究课题，也是有科学价值和现实指导意义的。要根据自己的能力选择切实可行的课题。

毕业论文的写作是一种创造性劳动，不但要有写作者个人的见解和主张，同时还需要具备一定的客观条件，结合自己的特长、兴趣及所具备的客观条件来选题。具体地说，可从以下三个方面来综合考虑。

首先，要有充足的资料来源。"巧妇难为无米之炊"，在缺少资料的情况下，是很难写出高质量的论文的。选择一个具有丰富资料来源的课题，对课题深入研究与开展很有帮助。其次，要有浓厚的研究兴趣。选择自己感兴趣的课题，可以激发自己研究的热情，调动自己的主动性和积极性，能够以专心、细心、恒心和耐心的积极心态去完成。最后，要结合和发挥自己的业务专长去选题。

（二）课题研究

选好课题后，接下来的工作就是课题研究。课题研究的一般程序是搜集资料、研究资料、明确论点与选定材料，最后是执笔撰写、修改定稿。

第一，研究课题的基础工作——收集资料。作者可以从查阅图书馆、资料室的资料，做实地调查研究，实验与观察等方面来搜集资料。搜集资料越具体细致越好，最好把想要搜集资料的文献目录、详细计划都列出来。

查阅资料。在查阅材料时要熟悉、掌握图书分类法，要善于利用书目、索引，要熟练地使用其他工具书，如年鉴、文摘、表册、数字等。

做实地调查研究。调查研究能获得最真实可靠、最丰富的第一手资料，调查研究时要做到目的明确、对象明确、内容明确。调查的方法有普遍调查、重点调查、典型调查、抽样调查。调查的方式有开会、访问、问卷等。

实验与观察。实验与观察是搜集科学资料数据、获得感性知识的基本途径，是形成、产生、发展和检验科学理论的实践基础，本方法在理工科、医类等专业研究中较为常用，运用本方法时要认真全面地记录。

第二，研究课题的重点工作——研究资料。作者要对所搜集到手的资料进行全面浏览，并对不同资料采用不同的阅读方法，如通读、选读、研读。通读即对全文进行阅读；选读即对有用部分、有用内容进行阅读；研读即对与研究课题有关的内容进行全面、认真、细致、深入、反复的阅读。在研究过程中要积极思考。要以书或论文中的论点、论据、论证方法与研究方法来触发自己的思考，要眼、手、脑并用，发挥想象力，进行新的创造。在研究资料时，还要做好必要的记录工作。

第三，研究课题的核心工作——明确论点和选定材料。在研究资料的基础上，作者提出自己的观点和见解，根据选题，确立基本论点和分论点。提出自己的观点要突出新创见。创新是灵魂，不能只是重复前人或人云亦云，同时还要防止贪大求全的倾向，生怕不完整，大段地复述已有的知识，那就体现不出自己研究的特色和成果了。

根据已确立的基本论点和分论点选定材料，这些材料是自己在对所搜集的资料加以研究的基础上形成的。组织材料要注意掌握科学的思维方法，注意前后材料的逻辑关系和主次关系。

第四，研究课题的关键工作——执笔撰写。下笔时有两个方面要加以注意：拟定提纲和基本格式。拟定提纲包括题目、基本论点、内容纲要。内容纲要包括大项目，即大段段旨；中项目，即段旨；小项目，即段中材料或小段段旨。拟定提纲有助于安排好全文的逻辑结构，构建论文的基本框架。关于格式要求，不同的院校有所不同，同学们在撰写时按照自己学校的要求进行即可。

总之，撰写毕业论文是一项复杂的思维活动，对于缺乏学术文章写作经验的毕业生来说，确实有一定的难度。因此，一定要多学习、多请教。